NUEVOS MUNDOS

Lectura, cultura y comunicación

CURSO DE ESPAÑOL
PARA BILINGÜES
SECOND EDITION

ANA ROCA
Florida International University

con la contribución de

HELENA ALONSO
Maritime and Science Technology (MAST) Academy

JOHN WILEY & SONS, INC.

PUBLISHER	Anne Smith
ACQUISITIONS EDITOR	Helene Greenwood
EDITORIAL ASSISTANT	Christine Cordek
MEDIA EDITOR	Lisa Schnettler
SENIOR PRODUCTION EDITOR	Sujin Hong
	Production management services provided by Christine Cervoni, Camelot Editorial Services
ILLUSTRATION COORDINATOR	Anna Melhorn
PHOTO EDITOR	Hilary Newman
PHOTO RESEARCHER	Ramón Rivera Moret
SENIOR DESIGNER	Dawn Stanley
COVER PHOTO	Jamie Colson, *Merengue,* 1937. Photograph provided courtesy of Museo Bellapart, Santo Domingo, Dominican Republic. Reproduced with permission.

This book was set in 10.5/12 New Baskerville by Preparé, Inc. and printed and bound by R. R. Donnelley & Sons, Inc. The cover was printed by Phoenix Color Corp.

This book is printed on acid free paper. 

ISBN 978-0-471-26925-0

Printed in the United States of America

10 9 8 7 6 5 4

A Juan Gabriel Roca-Paisley,
nuestro querido hijo bilingüe.

Preface

To the Instructor

Nuevos mundos: lectura, cultura y comunicación is designed primarily for Hispanic bilingual students whose home language is Spanish but whose dominant and school language is English. Depending on the abilities of the students, it can be used in intermediate or advanced courses. Its emphasis on reading and communication skills makes the text—with minor adaptations—suitable for high-intermediate to advanced courses for non-native speakers.

Nuevos mundos uses the cultures and voices of the major Hispanic groups in the United States, as well as those of Latin America and Spain, to familiarize students with a variety of issues and topics, which are sometimes controversial and always thought-provoking.

Nuevos mundos contains eight chapters that are structured thematically. A selection of high-interest topics is presented vis-à-vis literary, cultural, and journalistic readings, thus providing contact with a variety of narrative styles, voices, registers, and genres. The first four chapters revolve around the major Hispanic groups in the United States: Mexican-Americans, Puerto Ricans, and Cubans. Other Hispanic voices are also represented through the inclusion of selected authors from Spain and Latin America. The final four chapters of the book are: *La herencia multicultural de España*; *Los derechos humanos*; *La mujer y la cultura*; and *Cruzando puentes: El poder de la palabra, la imagen y la música.*

The text can be covered in either one or two semesters. Instructors who use the book in a single-semester course will necessarily pick and choose from the reading selections and topics that most suit their interests and those of their students. Teachers who emphasize more formal oral presentations, individual and group projects which require some research, and the optional assignments suggested in each chapter will find that there is room for creativity, as well as ample material and ideas for use over two semesters. A workbook designed for Hispanic bilingual students is also available. It provides a variety of straightforward exercises in spelling and selected grammar, as well as language-related practice dealing with false cognates, anglicisms, idiomatic expressions, proverbs, and other vocabulary topics.

Each chapter of ***Nuevos mundos*** contains a brief "warm up," *Para entrar en onda,* followed by five sections: *Conversación y cultura, Lectura, Mundos hispanos, El arte de ser bilingüe,* and *Unos pasos más: fuentes y recursos. Conversación y cultura* is a short, easy-to-understand essay, which introduces the chapter theme and offers some activities for class conversation and small group work. The *Lectura* section presents students with a selection of readings including poetry, short stories, selections from novels, drama, autobiographies and biographies, and journalistic pieces. *Mundos hispanos* is a short section about a particular person or a topic of interest related to the reading selections or the chapter theme. *El arte de ser bilingüe* provides an extended activity which requires that students use their communicative skills, either orally, in writing, or both. Sample activities include writing a short autobiographical composition, translating a short narrative, role-playing, writing an editorial for a newspaper, preparing a resumé, and preparing for a job interview.

Finally, *Unos pasos más* should be thought of as a brief resource section providing a starting point for further full-class, small-group, or individual activities which may be given as supplementary or extra-credit assignments and practice. This section provides projects based on film reviewing and interpretation, out-of-class readings, library research, community involvement (conducting interviews in Spanish, for example), reporting, and exploration and research through Web sites easily found via links in the ***Nuevos mundos*** home page (http://www.wiley.com/college/roca). The text also offers useful appendices. These include maps, a list of dictionaries, cultural and media resources (films, videos, recordings), and useful Web sites in Spanish and English.

It is my hope that instructors will be creative and flexible in using this text, and incorporate a variety of pedagogical strategies and techniques. There are several models or approaches which I think go well with these materials. Among these are: 1) content-based language instruction, also known as integrated language instruction; 2) theme-based approach (sections evolve around carefully-selected topics which should be interesting and relevant to the target audience); and 3) language across the curriculum, since an effort has been made to include subject matter which directly relates to other fields of study, such as political science, history, feminism, anthropology, communications, computer science, and literature.

Cooperative learning, involving group work and interpersonal communicative skills, sharing information and working as a team, is an integral part of the text. Strategies which emphasize meaningful communication (for example, exchange of information, explaining and defending opinions, debating a point or a position, defending one's stance on an issue in a formal or informal context, writing reading-response journal entries, etc.) would be worth experimenting with in multiple ways.

In the last decade we have seen a proliferation of articles and books on theories, approaches, strategies, and techniques, mostly aimed at the second-language learner. And while we have also made significant progress with regard to teaching Spanish as a heritage language, we still have much to explore both as classroom practitioners and researchers in bilingual literacy development.[1] It is my sincere wish that you find this textbook useful and enjoyable as a starting point from which your students can learn about their cultural and literary heritage, while expanding their bilingual range and their interest in the Spanish language itself.

Ana Roca
Department of Modern Languages
Florida International University
Miami, Florida 33199
Rocaa@fiu.edu

[1] For recommended readings on teaching Spanish to bilingual students, see *Apéndice D.*

To the Student

Welcome to ***Nuevos mundos***, where to read is to enter new worlds, and where Spanish is your visa.

If you learned to speak Spanish at home—perhaps because that was the only language you could use to communicate with your grandparents, or perhaps because your parents insisted on speaking to you in Spanish (just as you may have sometimes insisted on responding to them in English)—then this might be among the first formal courses that you will take in Spanish. Or perhaps you and your family immigrated to the United States, and Spanish is your mother tongue. Indeed, some of your schooling may have been in Spanish when you were young and you want to brush up on the skills you learned in grade school. In any of these cases, while you probably understand and speak Spanish, your academic skills in this language did not have an opportunity to develop on a par with your academic skills in English.

Your class, if it is like many Spanish for native speakers classes, consists of students with a wide range of language abilities and life experiences. You and your classmates may also have the idea that certain types of Spanish are somehow "better" than others, or that you don't really know how to speak Spanish because you sometimes mix English words into your own speech. Well, this is simply untrue. Linguists, the scientists who study language, will tell you that all languages are created equal, and that the mixing of languages has likely taken place since human beings first began speaking them.

Whether you are a Hispanic bilingual student or an advanced non-native speaker of Spanish, this text is designed to provide you with opportunities to develop your academic and communicative skills. In one-to-one conversations with peers, in small discussion groups, as well as interacting with your instructor and with the entire class, you will practice using and building upon your interpersonal language skills. You will also practice writing, as well as prepare for and present formal class presentations in Spanish. Finally, you will discuss films, literature, ideas, and current events and issues, so that you can convey and defend your point of view, perhaps even win more than an argument or two in Spanish. This exposure to and practice with more formal registers of Spanish will give you new abilities and confidence with the language, honing a very marketable skill which may come in handy in your chosen career or profession.

Building and maintaining such mastery takes time and study—indeed, it is a lifelong task. As a bilingual speaker, you should congratulate yourself on how far you have already come. The purpose of expanding your bilingual repertoire and cultural horizons is to help you to communicate more effectively and with more confidence with others—be they from Spain, Latin America, or the United States. I hope that this text will help you to do just that, and that you enjoy your journey into new worlds through literature, culture, films, discussion, and an exploration of the vast territories of the Spanish-language Internet. I hope, too, that it will encourage you to explore and observe other corners of your own community, and perhaps to see your own world in a different light.

Acknowledgments

First Edition

The work of the following scholars has been a beacon for me as I developed the ideas about bilingualism, pedagogy, and heritage language learners that guided me in writing this text: Guadalupe Valdés, Stephen Krashen, Richard V. Teschner, Frances Aparicio, and John M. Lipski.

I am particularly grateful to the colleagues and friends who gave me advice and offered their ideas at various stages of this book's development: Cecilia Colombi, Isabel Campoy, Librada Hernández, Sandy Guadano, Lucía Caycedo Garner, Claire Martin, María Carreira, Nora Erro-Peralta, Margaret Haun, Reinaldo Sánchez, and Isabel Castellanos. I must also thank my students at Florida International University, who provided me without fail with a realistic gauge to register interest level in the many topics and readings I considered for inclusion in this text.

I am indebted also to my former graduate assistant, Eloy E. Merino, for his contributions and his assistance with most of the preliminary version of the manuscript. My most heartfelt gratitude goes to Helena Alonso, not only for her work on the text, but for serving as my sounding board and rock of Gibraltar throughout the book's development.

I would also like to express my sincere thanks to the following colleagues who served as anonymous reviewers, offering valuable and constructive suggestions which I have tried to incorporate in the final version: Gabriel Blanco, *La Salle University*; Maria Cecilia Colombi, *University of California at Davis*; María C. Dominicis, *St. John's University*; Nora Erro-Peralta, *Florida Atlantic University*; Barbara González Pino, *University of Texas at San Antonio*; Librada Hernández, *Los Angeles Valley College*; Lillian Manzor, *University of Miami*; Ximena Moors, *University of Florida*; Cheryl L. Phelps, *University of Texas at Brownsville*; Lourdes Torres, *University of Kentucky*.

Finally, to my mother, María Luisa Roca, who gave me the gift of Spanish and made sure that I valued, developed, and preserved it, *un millón de gracias.*

A Word about the Second Edition

The second edition of ***Nuevos mundos*** has been revised to reflect the valuable suggestions made by anonymous reviewers of the first edition. The changes we have incorporated include new essays on current Latino topics, as well as additional readings which capture the vibrant and varied landscape of Spanish-speaking cultures throughout the world. We hope that the revised text will provide a springboard for reflection, discussion and writing that leads students to a deeper awareness of the Hispanic experience and motivates them to continue developing their Spanish-language skills.

We wish to thank the reviewers, Evelyn Canabal and Sergio Guzmán, who took the time to carefully and closely evaluate the text. I am also grateful to Anne Smith, Publisher; Helene Greenwood, Acquisitions Editor; Christine Cordek, Editorial Assistant; Ramón Rivera Moret, Photo Researcher; Hilary Newman, Photo Editor; Anna Melhorn, Illustration Coordinator; Dawn Stanley, Senior Designer; and the rest of the John Wiley staff who have helped with the project. Lastly, to Christine Cervoni and Camelot Editorial Services, my heartfelt gratitude for their unflagging generosity, professionalism, and good humor. Last but not least, I thank my graduate assistant, Daína Chaviano, for her assistance in proof-reading.

Índice

Capítulo Uno

La presencia hispana en los Estados Unidos, 1

Capítulo Dos

Los mexicanoamericanos, 39

Capítulo Tres

Los puertorriqueños, 73

Capítulo Cuatro

Los cubanos y cubanoamericanos, 103

Capítulo Cinco

La herencia multicultural de España, 135

Capítulo Seis

Los derechos humanos, 163

Capítulo Siete

La mujer y la cultura, 195

Capítulo Ocho

Cruzando puentes: El poder de la palabra, la imagen y la música, 237

Apéndices

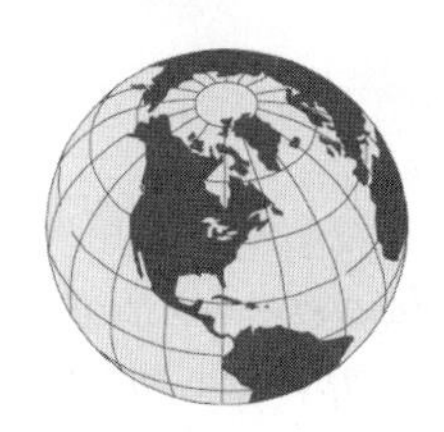

Capítulo Uno

La presencia hispana en los Estados Unidos

"La historia más antigua de los Estados Unidos está escrita en español." [Traducción]

—Thomas Jefferson

Grupo de estudiantes hispanos universitarios de Estados Unidos

PARA ENTRAR EN ONDA

Para ver cuánto sabe del tema del capítulo, responda a este cuestionario lo mejor que pueda. Escoja la respuesta apropiada. Luego compruebe sus conocimientos consultando la lista de respuestas que aparecen invertidas al pie de este ejercicio.

1. Se calcula que para el año 2050, los latinos formarán aproximadamente el 25% de la población de los Estados Unidos.
   a. verdadero
   b. falso

2. La ciudad más antigua de los Estados Unidos es:
   a. Boston, MA
   b. Nueva York, NY
   c. San Diego, CA
   d. San Agustín, FL

3. ¿Cuál de estas palabras en inglés <u>no</u> viene del español?
   a. pueblo
   b. ranch
   c. yard
   d. barbecue

4. ¿Cuáles de los siguientes alimentos se conocían en Europa antes de la colonización de las Américas?
   a. el chocolate
   b. el trigo
   c. el plátano
   d. el tomate

5. Los conquistadores españoles trajeron el tabaco a las Américas, donde lo intercambiaban con los indígenas por oro y joyas.
   a. verdadero
   b. falso

6. ¿Cuál de estos presidentes se negó a servir como soldado en la guerra entre los EE.UU. y México?
   a. Andrew Jackson
   b. Abraham Lincoln
   c. Theodore Roosevelt
   d. Ulysses S. Grant

7. ¿De dónde son los músicos de la popular banda de salsa "Orquesta de la Luz"?
   a. Puerto Rico
   b. Nueva York
   c. Japón
   d. Miami

8. ¿Quién no es hispano/a?
   a. la cantante Mariah Carey
   b. el actor Charlie Sheen
   c. la actriz Raquel Welch
   d. el actor Tom Cruise

9. Los españoles llegaron al territorio que hoy día es los Estados Unidos mucho antes que los franceses y los ingleses.
   a. verdadero
   b. falso

10. El idioma más hablado en los Estados Unidos después del inglés es:
    a. francés
    b. alemán
    c. español
    d. italiano

Respuestas: 1a, 2d , 3c, 4b, 5b, 6b, 7c, 8d, 9a, 10c

I. Conversación y cultura

LATINOS EN LOS ESTADOS UNIDOS

Las raíces de los hispanos del suroeste de los Estados Unidos se remontan al siglo XVI, cuando las tierras de la región fueron exploradas, tomadas y pobladas por los españoles. Es de señalar que ya se hablaba español en el siglo XVI en lo que son hoy día los Estados Unidos decenios antes de que los primeros peregrinos de habla inglesa llegaran y establecieran el poblado de Jamestown (1607), y luego desembarcaran del *Mayflower* y fundaran la colonia de *Plymouth Rock* en Massachusetts (1620). Desde esa época, el español no ha dejado de usarse en lo que actualmente es los Estados Unidos. Es importante también recordar que durante aquella época de "descubrimientos" del Imperio Español, los españoles exploraron gran parte del continente, fundaron misiones, pueblos y ciudades, y se establecieron en la Florida y por toda la región del suroeste desde Texas hasta California. En 1512 Juan Ponce de León descubrió la Florida y para 1521 ya había fundado San Juan, en Puerto Rico; para 1542 los españoles habían arribado a lo que en la actualidad es la zona de San Diego. La ciudad que se identifica como la más antigua de los Estados Unidos, San Agustín (en la Florida), fue fundada por Pedro Menéndez de Avilés en 1565. En lo que hoy es el estado de Nuevo México, Juan de Oñate fundó la Misión de San Gabriel en 1598, y la ciudad de Santa Fe en 1609. El estado de la Florida, recordemos, fue territorio español desde los 1500 hasta 1819, una fecha que desde un marco histórico no es tan distante a la de hoy.

El descubrimiento del Mississippi por de Soto, *William Powell, 1853. Se encuentra en la Rotonda del Capitolio en Washington, D.C.*

San Agustín, La Florida, fundada en 1565 por Pedro Menéndez de Avilés.

Son de notar en los Estados Unidos los numerosos topónimos, o nombres propios de lugar, de origen español, los cuales se siguen aún usando, aunque no siempre se mantenga la ortografía normativa propiamente española. Existen topónimos en los nombres de los estados que a través de los años mantuvieron sus nombres en español (por ejemplo, California, Florida, Nevada, Colorado, Texas, Arizona y Nuevo México). Igualmente se encuentran numerosos nombres en español de pueblos y ciudades (Nogales, Los Ángeles, San Francisco, Palo Alto, San Rafael, San José, San Diego, San Antonio, El Paso, Amarillo, Las Cruces y Santa Fe); nombres de montañas (Sierra Nevada, Sierra de Salinas, Santa Ana), de ríos, misiones y calles.

Los hispanohablantes en los Estados Unidos forman en el presente la minoría lingüística más grande del país, dato que se traduce en un 14 por ciento de la población estadounidense total. Las estadísticas actualizadas del Censo del 2000 de los Estados Unidos, muestran que existen más de 38 millones de hispanos en nuestra nación y que es el grupo étnico minoritario que aumenta más rápidamente de todos. Es importante recordar que muchas personas, por una razón u otra, no llenaron las planillas o formularios que utiliza el gobierno para oficialmente "contar" la población. Muchos hispanos, por ejemplo, que carecen de documentos legales de inmigración, no llenan los formularios del Censo por temer ser señalados y hallados por el gobierno federal, lo que significaría para ellos tener que regresar a su país y, posiblemente, ir a la cárcel. Al tener en cuenta a los que no se han contado oficialmente por el Censo, se calcula que debe haber más de 40 millones de hispanos en la nación, incluyendo a los ilegales que residen aquí pero que

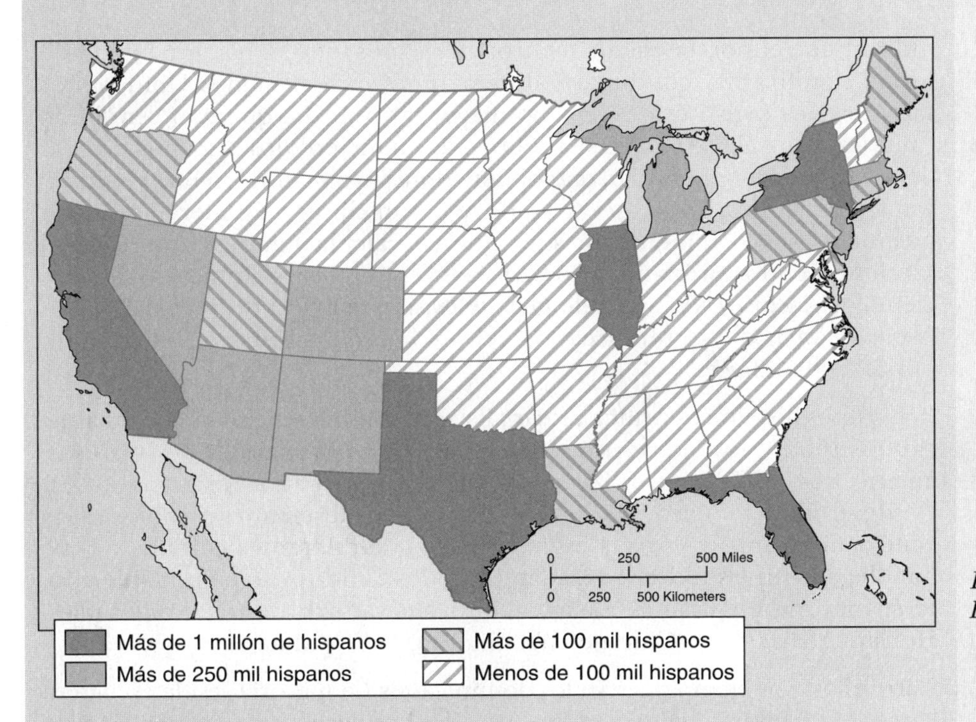

La población hispana de los Estados Unidos

no participan en el conteo. Se ha atribuido el aumento de la población hispana a la inmigración (legal e ilegal), pero también se debe al número de nacimientos de familias hispanas en la nación.

Algunos demógrafos predicen también que para el año 2050, más del 25 por ciento de la población de los Estados Unidos estará compuesta por una población hispana muy diversa. Las proyecciones de los demógrafos además

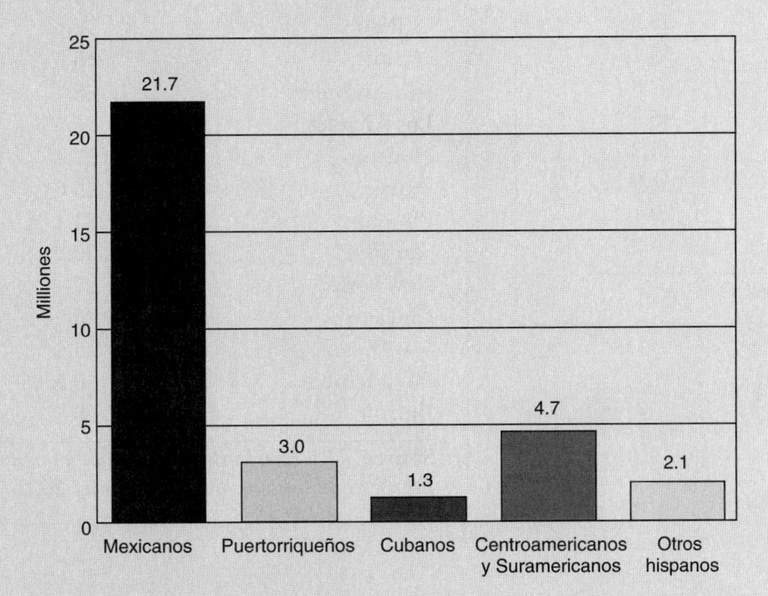

Source: *U.S. Census Bureau, 2001*

indican que el porcentaje de centroamericanos, que ya ha aumentado de forma significativa, continuará aumentando en los Estados Unidos. Los salvadoreños constituyen el grupo mayoritario de los que han venido de
55 América Central. En lo que se refiere a lo financiero, los hispanos hoy día tienen más acceso al crédito, más poder adquisitivo y compran más viviendas y autos que antes. Todo esto se traduce en un ritmo de poder adquisitivo que no sólo ha aumentado, sino que se calcula también que seguirá creciendo en los próximos años. En la esfera de las comunicaciones, por
60 ejemplo, Viacom y NBC, la cadena de televisión más grande del país, viendo la importancia del sector hispano, compró la cadena hispana, Telemundo, por $2,700 millones.

Los grupos hispánicos principales en Estados Unidos son los mexicanoamericanos (66%), los puertorriqueños (9%), los centroamericanos y los sur-
65 americanos (15%) y otros hispanos (6%), y los cubanoamericanos (4%). Desde el último Censo del 2000 se ha podido observar que millones de centroamericanos y otros latinoamericanos de diferentes culturas y razas han llegado en las últimas décadas a Estados Unidos y se han establecido, en su mayoría, en grandes ciudades como Nueva York, Boston, Los Ángeles,
70 Houston, San Diego, Chicago, Washington, D.C. y Miami.

Entre ellos, por ejemplo, están los dominicanos (la mayoría reside en Nueva York), los salvadoreños, los guatemaltecos, los hondureños y los nicaragüenses.

Table 1.1 Proportion of U.S. Hispanics Born in the U.S., by City

CITY	PERCENT
San Antonio	85.5
El Paso	65.6
Houston	58.3
San Diego	55.1
Chicago	47.8
Los Angeles	45.4
San Francisco	43.2
New York	41.0
Jersey City	29.1
Miami	20.2

Source: *Fradd and Boswell 1999, p. 2*

Table 1.2 Hispanics as a Fraction of the Total Population

CITY	PERCENT
East Los Angeles	96.8
Laredo	94.1
El Paso	76.6
Miami	65.8
San Antonio	58.7
Los Angeles	46.5
Houston	37.4
Dallas	35.6
Phoenix	34.1
San Jose	30.2
New York	27
Chicago	26
San Diego	25.4
Philadelphia	8.5
Detroit	5

Source: *U.S. Census Bureau, Population Division, Ethnic and Hispanic Statistics Branch, 2002*

En el caso de los nicaragüenses, desde fines de los años sesenta y durante las décadas de los setenta y ochenta, empezaron a llegar miles de nicaragüenses a Estados Unidos debido a la inestable situación política en su país, primero bajo la dictadura de Anastasio Somoza y después con el gobierno sandinista. Se calcula que en Miami posiblemente haya más de 130,000 nicaragüenses, pero miles de *nicas*—como ellos mismos se llaman orgullosamente— también se han establecido en otras regiones del país. En los últimos años también hemos visto llegar a Estados Unidos a cientos y cientos de argentinos que salen de su patria debido a los difíciles y serios problemas económicos que enfrenta Argentina.

En Nueva York, aparte de la presencia significativa de puertorriqueños y/o *nuyoricans*, continúa creciendo el número de dominicanos, colombianos y otros latinoamericanos. En California, Texas y Washington, D.C., en particular, se cuentan miles de centroamericanos, sobre todo muchísimos salvadoreños y guatemaltecos. Se cree, por ejemplo, que hay más de 300,000 hispanohablantes en Washington, D.C. y en los suburbios de Virginia y Maryland que rodean la capital. En algunas partes del país, como California, los latinos forman más de un tercio del total de la población y las escuelas públicas están llenas de estudiantes hispanos que, a la vez que necesitan aprender o mejorar el inglés, tratan de mantener su idioma heredado, el español.

Aparte de ser el segundo idioma más usado en los Estados Unidos, el español es de gran importancia global en múltiples esferas profesionales y sociales, gubernamentales, políticas, legales, educacionales, económicas y comerciales. El español es uno de los principales idiomas oficiales de las Naciones Unidas. Como idioma, ha adquirido más auge y poder a través de la tecnología, la Internet y los medios de comunicación; la popularidad del cine y de los DVD, que ofrecen audio en español; la creciente publicidad visual y auditiva en español; y por medio del aumento de la distribución de libros en español (sean originales o traducciones), disponibles lo mismo en grandes librerías comerciales que en pequeñas librerías independientes de libros en español. En resumen, la presencia del español en los Estados Unidos ha estado presente por siglos, y su influencia, tanto en la política como en la cultura y la vida diaria, seguirá creciendo junto con el aumento proyectado de la población.

MESA REDONDA

A. *En grupos pequeños, contesten las preguntas y comenten los siguientes temas.*

1. ¿Cómo se identifica usted? ¿Se describe como norteamericano, americano, sudamericano, latinoamericano, caribeño, *U.S. Latino*, hispano, o usa usted otra denominación que refleja sus raíces de una manera más específica? ¿Usa el mismo término tanto en español como en inglés?

2. ¿De dónde son sus amigos hispanos? ¿Vienen sus familias de diferentes partes del mundo hispano? ¿De qué lugares son o eran originalmente?

3. ¿Cuáles son dos o tres ventajas o beneficios de su herencia hispana? ¿Por qué cree que son ventajas o beneficios?
4. ¿Qué grupos hispanos hay en el lugar donde vive? Si hay varios grupos, ¿cree usted que tienen una experiencia y cultura comunes o que existen muchas diferencias? Explique.
5. Se calcula que, para mediados del siglo XXI, aumentará considerablemente el número de hispanos en Estados Unidos. ¿Qué efectos cree que puede tener este aumento?

B. Intercambio. *En parejas, entrevístense uno al otro para empezar a conocerse mejor. Puede cada uno usar las siguientes ideas como base. Averigüe de la persona entrevistada:*

a. si nació en los EE.UU. o no, y dónde se crió
b. si estudió español anteriormente, dónde y cuándo
c. si ha servido de intérprete alguna vez para ayudar a alguien
d. si está familiarizada con películas o representaciones teatrales en español
e. cuál es el origen de su familia
f. cuándo y por qué vino su familia a los EE.UU., o si sus antepasados vivían en lo que hoy es EE.UU. desde antes que esas tierras fueran parte del territorio estadounidense
g. con qué frecuencia emplea el español para comunicarse
h. qué es lo que más le gusta de la cultura latina
i. con qué frecuencia ve la televisión o escucha la radio en español; cuáles son sus programas de televisión favoritos
j. con qué frecuencia lee revistas o periódicos en español
k. con qué frecuencia visita sitios en la red de Internet en español
l. en qué se especializa en la universidad (¿qué estudia y cuál es su objetivo profesional?)
m. cómo piensa que le ayudaría ser bilingüe en su carrera o en su vida personal

C. *Al terminar la actividad B, presente la persona entrevistada al resto de la clase, haciendo un resumen de la información obtenida.*

D. Composición diagnóstica. *Escriba el primer borrador de una composición dirigida y breve, titulada* Autobiografía lingüística: ¿Quién soy y de dónde vengo? *Según indique su profesor o profesora, esta actividad se hará en clase o de tarea. Refiérase a la página 32 de* **El arte de ser bilingüe** *para más detalles.*

II. Lectura

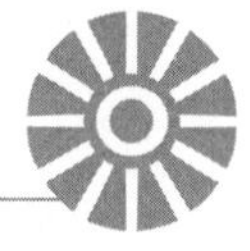

Poesía

Francisco X. Alarcón, nativo de Los Ángeles y criado en México, es profesor de español en la Universidad de California en Davis. Ganador de muchos premios y de becas prestigiosas como las de Danforth y Fulbright, Alarcón ha sido llamado un líder de su generación. Sus poesías y traducciones han sido publicadas en varias colecciones, en revistas y en periódicos como *La Opinión* (Los Ángeles), *Estos Tiempos* (Stanford) y el *Berkeley Poetry Review.* La siguiente poesía se encuentra en su libro titulado *Body in Flames/Cuerpo en llamas* (San Francisco: Chronicle Books, 1991). La traducción de la poesía al inglés es del autor.

ANTES DE LEER

En grupos de dos a cuatro estudiantes comenten lo siguiente. Compartan después sus observaciones con el resto de la clase.

1. ¿Se habla español en su casa? ¿Con quién lo habla? ¿Con qué frecuencia?
2. ¿Cambia del español al inglés frecuentemente, o viceversa? ¿Con qué personas tiende a hacer eso? Dé dos o tres razones.
3. ¿A quién o a quiénes les debe el hecho de poder hablar y entender el español?
4. ¿Desempeñaron sus abuelos o abuelas un papel importante en el desarrollo de su español? ¿Y sus padres? ¿Hermanos o hermanas? ¿Tíos y tías? ¿Primos? ¿Otros parientes? Comente sobre el uso del español en su familia.
5. ¿Le leían o hacían cuentos en español en su niñez? ¿Recuerda alguno en particular? Cree que cuando tenga hijos (o si ya los tiene), ¿querrá pasarles a ellos los mismos cuentos?
6. ¿Recuerda algunas canciones infantiles o juegos en español de su niñez?

Una señora hispana mayor de edad. ¿Cómo recuerda usted a su abuela? ¿Y a su abuelo?

	EN UN BARRIO DE LOS ÁNGELES	IN A NEIGHBORHOOD IN LOS ANGELES
	el español	I learned
	lo aprendí	Spanish
	de mi abuela	from my grandma
	mijito	*mijito*
5	no llores	don't cry
	me decía	she'd tell me
	en las mañanas	on the mornings
	cuando salían	my parents
	mis padres	would leave
10	a trabajar	to work
	en las canerías	at the fish
	de pescado	canneries
	mi abuela	my grandma
	platicaba	would chat
15	con las sillas	with chairs
	les cantaba	sing them
	canciones	old songs
	antiguas les bailaba	dance
	valses en	waltzes with them
20	la cocina	in the kitchen

	cuando decía	where she'd say
	niño barrigón	*niño barrigón*
	se reía	she'd laugh
	con mi abuela	with my grandma
25	aprendí	I learned
	a contar nubes	to count clouds
	a reconocer	to point out
	en las macetas	in flowerpots
	la yerbabuena	mint leaves
30	mi abuela	my grandma
	llevaba lunas	wore moons
	en el vestido	on her dress
	la montaña	México's mountains
	el desierto	deserts
35	el mar de México	ocean
	en sus ojos	in her eyes
	yo los veía	I'd see them
	en sus trenzas	in her braids
	yo los tocaba	I'd touch them
40	con su voz	in her voice
	yo los olía	smell them
	un día	one day
	me dijeron	I was told:
	se fue muy lejos	she went far away
45	pero yo aún	but still
	la siento	I feel her
	conmigo	with me
	diciéndome	whispering
	quedito al oído	in my ear
50	mijito	*mijito*

PARA COMENTAR

Trabajando en parejas, conteste las siguientes preguntas sobre ***En un barrio de Los Ángeles.*** *Justifique su opinión cuando sea necesario. Luego puede comprobar sus respuestas con las de otros compañeros.*

1. En su opinión, ¿cuál fue el mejor regalo que la abuela le pudo dar al nieto?
2. En la poesía de Alarcón, ¿cuándo se indica que la abuela ya ha muerto?
3. ¿Qué clase de educación recibió el narrador de su abuela? ¿Qué aprendió de la vida?

4. ¿Cómo son diferentes las relaciones entre abuelos y nietos a las relaciones entre padres e hijos? Explique.
5. Halle en el poema palabras del español informal o que hayan sido adaptadas del inglés.
6. ¿Cuáles son las ventajas que tiene el uso estándar de un idioma? Explique.
7. ¿Cuáles piensa que son las ventajas de conocer y poder usar o no usar expresiones coloquiales y expresiones que no sean estándares, en cualquier idioma? Dé varios ejemplos.

PARA ESCRIBIR

Lea los siguientes temas. Luego escoja el que le interese más para escribir sobre el mismo. Comparta su trabajo con otro(a) compañero(a) e intercambien comentarios sobre lo que han escrito.

1. **Poema.** Si desea experimentar con la poesía autobiográfica en español, o de forma bilingüe, puede escribir una poesía acerca de un ser querido de su familia, o sobre algún recuerdo o sentimiento de su niñez.
2. **Descripción o retrato.** Escriba de uno a tres párrafos sobre alguien de su familia o sobre algún recuerdo o sentimiento de la niñez.
3. **Entrevista.** Haga una entrevista a una persona hispana de cierta edad. Puede ser su abuelo o abuela, un miembro de su familia o alguien de su comunidad. Debe primero pedir permiso a la persona que piensa entrevistar y explicarle que realiza la entrevista como tarea para una clase. Pregúntele sobre su vida cuando era más joven, el mantenimiento de la lengua y de las tradiciones hispanas, los cambios que ha visto en la comunidad y su opinión sobre esos cambios. Edite y transcriba la entrevista o haga un resumen de la misma. Puede ilustrar su trabajo con una foto de la persona entrevistada, si le da permiso.

La escritora Sandra Cisneros

Narrativa

Sandra Cisneros, de familia mexicana y chicana, nació en Chicago en 1954, de raíces humildes. Estudió en *Loyola University* y más adelante obtuvo un título superior de la Universidad de Iowa. Es conocida por su poesía y su narrativa, y ha ganado muchos premios literarios. Vive y trabaja actualmente en la ciudad de San Antonio, Texas. *The House on Mango Street* es un relato basado en breves viñetas sobre la niñez de Esperanza Cordero, el barrio donde se crió, los amigos, la escuela y su familia. Esta obra fue traducida al español por Elena Poniatowska, la conocida autora mexicana. Otros libros que ha publicado Cisneros son: *My Wicked, Wicked Ways* (1987), *Woman Hollering Creek and Other Stories* (1991).

ANTES DE LEER

En grupos de tres o cuatro estudiantes comenten lo siguiente. Compartan después sus observaciones con el resto de la clase.

1. ¿Cuáles son dos de sus autores hispanos predilectos en inglés o en español? ¿Por qué? ¿Qué libros de esos autores o autoras ha leído? ¿Lee revistas populares o periódicos en español de vez en cuando? ¿Cuáles ha leído o le gustaría leer?
2. ¿Ha leído en español o en inglés a algún escritor hispano o escritora hispana durante sus estudios de secundaria o de la universidad? ¿Cuál o cuáles? ¿De qué país eran? ¿Eran autores clásicos o contemporáneos?
3. ¿Está contento o contenta con su nombre? Si es de origen latino, ¿ha pensado alguna vez en americanizarlo? ¿Se perdería algo al cambiárselo?
4. El origen de los nombres propios es muchas veces curioso. El nombre Lidia, por ejemplo, significa "combate", y por eso existen en España y otros países hispanoamericanos "toros de lidia". ¿Sabe qué significa su nombre propio u otros que conoce?
5. ¿Cómo puede ser un nombre propio una señal importante de identidad étnica y cultural? Explique.

MI NOMBRE

En inglés mi nombre quiere decir esperanza. En español tiene demasiadas letras. Quiere decir tristeza, decir espera. Es como el número nueve, como un color lodoso°. Es los discos mexicanos que toca mi padre los domingos en la mañana cuando se rasura°, canciones como sollozos°.

°como el lodo o fango
°afeitarse / °llanto, lloro

5 Era el nombre de mi bisabuela y ahora es mío. Una mujer caballo nacida como yo en el año chino del caballo —que se supone es de mala suerte si naces mujer— pero creo que esa es una mentira china porque a los chinos, como a los mexicanos, no les gusta que sus mujeres sean fuertes.

Mi bisabuela. Me habría gustado conocerla, un caballo salvaje de mujer, 10 tan salvaje que no se casó sino hasta que mi bisabuelo la echó de cabeza a un costal° y así se la llevó nomás, como si fuera un candelabro elegante, así lo hizo.

°saco grande

Dice la historia que ella jamás lo perdonó. Toda su vida miró por la ventana hacia afuera, del mismo modo en que muchas mujeres apoyan su tristeza 15 en su codo. Yo me pregunto si ella hizo lo mejor que pudo con lo que le tocó, o si estaba arrepentida porque no fue todas las cosas que quiso ser. Esperanza. Heredé su nombre, pero no quiero heredar su lugar junto a la ventana.

En la escuela pronuncian raro mi nombre, como si las sílabas estuvieran 20 hechas de hojalata° y lastimaran el techo de la boca. Pero en español está hecho de algo más suave, como la plata, no tan grueso como el de mi hermanita —Magdalena— que es más feo que el mío. Magdalena, que por

°combinación de metales que se usa en las conservas

lo menos puede llegar a casa y hacerse Nenny. Pero yo siempre soy Esperanza.

25 Me gustaría bautizarme yo misma con un nombre nuevo, un nombre más parecido a mí, a la de veras, que nadie ve. Esperanza como Lisandra o Maritza o Zezé la X. Sí, algo como Zezé la X estaría bien.

PARA COMENTAR

Trabajando en parejas conteste las siguientes preguntas sobre ***Mi nombre.*** *Justifique su opinión cuando sea necesario. Luego puede comparar sus respuestas con las de otros compañeros.*

1. ¿Por qué el nombre Esperanza puede también significar "tristeza"?
2. ¿Qué quiere decir Esperanza cuando afirma que no quiere heredar el puesto de la abuela junto a la ventana? ¿Qué significa esta afirmación?
3. ¿Por qué el nombre de Zezé la X es apropiado para la narradora? Explique, usando su imaginación.
4. ¿Qué quiere decir la narradora al escribir que a los mexicanos y chinos no les gustan las "mujeres fuertes"?
5. ¿Por qué dice que su nombre suena como plata en español, como hojalata en inglés?

ANTES DE LEER

En grupos de tres o cuatro estudiantes comenten lo siguiente. Compartan después sus observaciones con el resto de la clase.

1. Piense en un deseo especial que tuvo en la infancia. ¿Qué sintió cuando se realizó o no se pudo realizar?
2. ¿Qué recuerda sobre los almuerzos de la escuela primaria? ¿Puede describir la gente que trabajaba en la cafetería, su almuerzo favorito, el comportamiento de sus compañeros y compañeras?
3. Si hizo la primaria en una escuela religiosa o particular, ¿cuál fue su experiencia? Si estuvo en una escuela pública, ¿cómo fue?

UN SÁNDWICH DE ARROZ

Los niños especiales, los que llevan llaves colgadas del cuello, comen en el refectorio°. ¡El refectorio! Hasta el nombre suena importante. Y esos niños van allí a la hora del lonche porque sus madres no están en casa o porque su casa está demasiado lejos.

° *habitación destinada para la merienda o almuerzo en las escuelas religiosas*

5 Mi casa no está muy lejos pero tampoco muy cerca, y de algún modo se me metió un día en la cabeza pedirle a mi mamá que me hiciera un sándwich y le escribiera una nota a la directora para que yo también pudiera comer en el refectorio.

Ay no, dice ella apuntando hacia mí el cuchillo de la mantequilla como si yo fuera a empezar a dar la lata, no señor. Lo siguiente es que todos van a querer una bolsa de lonche. Voy a estar toda la noche cortando triangulitos de pan: éste con mayonesa, éste con mostaza, el mío sin pepinillos pero con mostaza por un lado por favor. Ustedes niños sólo quieren darme más trabajo.

Pero Nenny dice que a ella no le gusta comer en la escuela —nunca— porque a ella le gusta ir a casa de su mejor amiga, Gloria, que vive frente al patio de la escuela. La mamá de Gloria tiene una tele grande a color y lo único que hacen es ver caricaturas. Por otra parte, Kiki y Carlos son agentes de tránsito infantiles. Tampoco quieren comer en la escuela. A ellos les gusta pararse afuera en el frío, especialmente si está lloviendo. Desde que vieron esa película, *300 espartanos,* creen que sufrir es bueno.

Yo no soy espartana y levanto una anémica muñeca para probarlo. Ni siquiera puedo inflar un globo sin marearme. Y además, sé hacer mi propio lonche. Si yo comiera en la escuela habría menos platos que lavar. Me verías menos y menos y me querrías más. Cada mediodía mi silla estaría vacía. Podrías llorar: ¿Dónde está mi hija favorita?, y cuando yo regresara por fin a las tres de la tarde, me valorarías.

Bueno, bueno, dice mi madre después de tres días de lo mismo. Y a la siguiente mañana me toca ir a la escuela con la carta de Mamá y mi sándwich de arroz porque no tenemos carnes frías.

Los lunes y los viernes da igual, las mañanas siempre caminan muy despacio y hoy más. Pero finalmente llega la hora y me formo en la fila de los niños que se quedan a lonchar. Todo va muy bien hasta que la monja que conoce de memoria a todos los niños del refectorio me ve y dice: y a ti ¿quién te mandó aquí? Y como soy penosa no digo nada, nomás levanto mi mano con la carta. Esto no sirve, dice, hasta que la madre superiora dé su aprobación. Sube arriba y habla con ella. Así que fui.

Espero a que les grite a dos niños antes que a mí, a uno porque hizo algo en clase y al otro porque no lo hizo. Cuando llega mi turno me paro frente al gran escritorio con estampitas de santos bajo el cristal mientras la madre superiora lee mi carta, que dice así:

Querida madre superiora:

Por favor permítale a Esperanza entrar en el salón comedor porque vive demasiado lejos y se cansa. Como puede ver está muy flaquita. Espero en Dios no se desmaye.

Con mis más cumplidas gracias,
Sra. E. Cordero

Tú no vives lejos, dice ella. Tú vives cruzando el bulevar. Nada más son cuatro cuadras. Ni siquiera. Quizás tres. De aquí son tres largas cuadras. Apuesto a que alcanzo a ver tu casa desde mi ventana. ¿Cúal es? Ven acá, ¿cúal es tu casa?

Y entonces hace que me trepe en una caja de libros. ¿Es ésa? dice señalando una fila de edificios feos de tres pisos, a los que hasta a los pordioseros les da pena entrar. Sí, muevo la cabeza aunque aquélla no era mi casa y me echo a llorar. Yo siempre lloro cuando las monjas me gritan, aunque no me estén gritando. 55

Entonces ella lo siente y dice que me puedo quedar —sólo por hoy, no mañana ni el día siguiente. Y yo digo sí y por favor, ¿podría darme un *Kleenex*? —tengo que sonarme.

60 En el refectorio, que no era nada del otro mundo, un montón de niños y niñas miraban mientras yo lloraba y comía mi sándwich, el pan ya grasoso y el arroz frío.

PARA COMENTAR

Trabajando en parejas, contesten las siguientes preguntas sobre ***Un sándwich de arroz.*** *Justifiquen su opinión cuando sea necesario. Luego pueden comprobar sus respuestas con las de otros compañeros.*

1. ¿Por qué quiere Esperanza comer en el refectorio?
2. ¿Cúal es el trabajo especial de Kiki y Carlos?
3. ¿Por qué necesita Esperanza un permiso especial para comer en la escuela?
4. Cuando la directora le pregunta a Esperanza por su casa, y señala un edificio equivocado, ¿por qué cree que Esperanza no la corrige? Explique su opinión.
5. Compare como actúa Esperanza en su casa, en privado con su mamá, con su forma de actuar en la escuela.

PARA ESCRIBIR

Lea los siguientes temas. Luego escoja uno de la catagoría A y otro de la B para escribir sobre el mismo. Comparta su trabajo con otro(a) compañero(a) e intercambien comentarios sobre lo que han escrito.

A. Párrafos breves

1. Escriba un párrafo sobre su nombre, utilizando los textos de Cisneros como guía.
2. Si tuviera mellizos, ¿qué nombres les pondría? En una hoja aparte, haga una lista de los diez nombres en español que le gusten más. Comente por qué le gustan.

B. Composiciones

1. Escriba una composición de 2 ó 3 párrafos en la que analice diferentes "caras" que usted ofrece al mundo. Compare su comportamiento en privado con su comportamiento en público. ¿Cambia su personalidad? ¿Cómo?

2. Escriba una composición de 2 a 3 páginas en la que describa uno de los grandes deseos de su infancia. ¿Qué ocurrió? ¿Obtuvo su deseo? ¿Por qué sí o por qué no?

Narrativa: Artículo periodístico

Los artículos que siguen vienen de uno de los libros recientes del conocido periodista, **Jorge Ramos,** *La otra cara de América: Historias de inmigrantes latinoamericanos que están cambiando a los Estados Unidos.* Mexico: Editorial Grijalbo, 2000.

Conocido periodista mexicano y autor polémico y universal, Jorge Ramos

ANTES DE LEER

En grupos de dos a cuatro estudiantes comenten lo siguiente. Compartan después sus observaciones con el resto de la clase.

1. ¿Ve usted las noticias en español o en inglés? ¿Cuáles prefiere? ¿Por qué? Si ha visto programas de noticias en los dos idiomas, comente lo que ha podido observar en general y en particular sobre las diferencias que ha notado en ambos programas en cuanto al contenido y el estilo de comentar las noticias.
2. En su opinión, ¿cuáles son algunos de los prejuicios que enfrentan los inmigrantes hispanos, bien sean legales o ilegales, al llegar a este país?
3. ¿Cree usted que las leyes migratorias deben ser más estrictas o no? Justifique su opinión.

EL LABERINTO

Miami. Ser inmigrante en Estados Unidos es un rollo. De verdad. No es suficiente enfrentar los ataques injustos, prejuicios y discriminación, sino que además hay que ser un erudito en leyes migratorias —y tener mucha suerte— para no ser deportado. El esfuerzo, desde luego, vale la pena: millones de inmigrantes hemos encontrado en los Estados Unidos las libertades y oportunidades que no tuvimos en nuestros países de origen. Pero el proceso para legalizar nuestra situación migratoria es un campo minado.

No exagero. Tras la amnistía de 1986 —cuando más de tres millones de personas se hicieron residentes legales de Estados Unidos—, las leyes de inmigración se han convertido en un verdadero laberinto. ¿A ver quién entiende esto?: Nacara, TPS, HR-36, amnistía tardía, 245-I, CCS... Se trata de distintos programas migratorios, cuyos detalles son tan complicados y barrocos que sólo algunos obsesivos abogados y maniáticos funcionarios públicos pueden entender.

Para no echarles a perder el día con detallitos, basta decir que frente a los ojos del gobierno de Estados Unidos un inmigrante nicaragüense o salvadoreño no es lo mismo que uno de Honduras o Guatemala, y que un balsero cubano que pisa territorio norteamericano tiene muchísimas más ventajas que un mojado mexicano que cruzó a nado la frontera.

¿Por qué estas diferencias? ¿Por qué este trato tan disparejo? Bueno, las respuestas son muchas (aunque ninguna satisfactoria).

(continúa en la página siguiente)

30 Algunos grupos, como los cubanos y nicaragüenses, han sido mejor defendidos y representados en el congreso norteamericano que los hondureños, por ejemplo, a pesar de que sufrieron por el huracán *Mitch* de manera desproporcionada. Huir de las más de 35 cuatro décadas de dictadura de Fidel Castro es más redituable —desde el punto de vista migratorio— que huir de las más de siete décadas de corrupción y autoritarismo priísta de México. Escapar de la violenta política de El Salvador es visto con mejores ojos que 40 escapar de los escuadrones de la muerte en Guatemala o de la pobreza en Haití y República Dominicana.

Si vienes a Estados Unidos como inversionista, tienes las puertas (migratorias) abiertas; si vienes aullando de hambre y de miedo, como refugiado político, tienes 45 que convencer a un burócrata de que si te deportan, te matan... y ojalá te crea. En otras palabras, los reglamentos migratorios en este país parecen un montón de leyecitas particulares echadas arbitrariamente a un costal, revueltas, incongruentes, 50 sin orden lógico.

Y cuando nadie entiende nada, quienes salen ganando son los abogados. Incluso los trámites migratorios más sencillos requieren de asesoría legal. Sé de muchas personas que se han presentado a las oficinas del 55 Servicio de Inmigración y Naturalización para preguntar o legalizar un documento y que han terminado arrestadas, deportadas y sin posibilidades de regresar durante años.

Ante este ambiente confuso y de terror, millones de 60 inmigrantes prefieren ahorrar sus centavitos y ver a un abogado. Y ése es otro problema. En mi caso he tenido la suerte de toparme con abogados muy buenos, eficaces y responsables. Pero conozco también, a unos impresentables rateros.

65 Hace unos días una humilde amiga mexicana, madre de cuatro, me pidió que tratara de localizar a su abogado. Él había desaparecido durante dos años (¡dos años!) tras recibir un pago de 250 dólares. En lugar de realizar el simple trámite para el que se le 70 había contratado, se esfumó. Después de muchos esfuerzos y llamadas, di con él. Me prometió resolver el caso de mi amiga o devolverle el dinero. La siguiente vez que traté de localizarlo ya había cambiado de domicilio, teléfono y *beeper*. Es una rata.

75 Les cuento esto sólo para tratar de entender la verdadera dimensión del problema. Las leyes migratorias de Estados Unidos son tan laberínticas y arbitrarias que nadie, sin ayuda, las puede entender y aplicar. Ni siquiera los mismos funcionarios de Inmigración interpretan de la misma manera casos 80 idénticos.

Ante este panorama, ¿qué se puede hacer? ¿Cuál es la alternativa? ¿Cuál es la solución? Una amnistía general, como la de 1986.

En Estados Unidos viven alrededor de 10 millones de 85 latinoamericanos con problemas migratorios; más de la mitad son indocumentados y la otra mitad vive con permisos temporales, deportaciones suspendidas, solicitudes sin resolver, la esperanza de quedarse y la angustia de poder ser expulsado, sin explicaciones, en 90 cualquier momento. Estos 10 millones de seres humanos no son, ni siquiera, ciudadanos de segunda clase.

Además de sufrir en carne propia los prejuicios contra los hispanos, son más fáciles de explotar en sus trabajos (porque viven con miedo de quejarse y ser 95 denunciados a la migra) y sus hijos no pueden disfrutar de todos los beneficios educativos y de salud que recibe el resto de la población. Es una subclase de 10 millones de personas pobres, discriminadas, explotadas y, por ahora, sin recursos legales para 100 normalizar su situación migratoria.

El primer paso para ayudarlos a salir de esa existencia escondida y temerosa es otorgarles una amnistía migratoria. Cuando un inmigrante sabe que no será deportado, hay más posibilidades de que obtenga un 105 trabajo digno y mejores escuelas y doctores para su familia.

La amnistía migratoria no es nada nuevo. De lo que se trata es que todos los latinoamericanos que se encuentran viviendo actualmente en los Estados Unidos tengan derechos migratorios similares a los de 110 los cubanos. Los cubanos, cuando tocan territorio estadounidense, están protegidos. Claro, ellos tienen una situación especial —y la desgracia— de huir de la única dictadura que queda en el continente. Pero el resto de los hispanoamericanos no deberían ser 115 tratados de forma tan desigual.

Una amnistía general; ése es el camino más rápido y directo para desenrollar el laberinto migratorio en que viven más de 10 millones de personas en los Estados Unidos. 120

Posdata. En la amnistía migratoria de 1986 pudieron normalizar su situación alrededor de tres millones de extranjeros. Un millón 600 mil vivían en California, y de ellos, 800 mil en Los Ángeles.

PARA COMENTAR

Trabajando en parejas, contesten las siguientes preguntas sobre la lectura. Justifiquen su opinión cuando sea necesario. Luego pueden comprobar sus respuestas con las de otros compañeros.

1. ¿Por qué cree que la selección se titula "El laberinto"?
2. Jorge Ramos propone al final de su ensayo una amnistía migratoria como la de 1986. ¿Está usted de acuerdo con esa propuesta para resolver los problemas a que se refiere?
3. ¿Qué alternativas sugeriría usted como forma de mejorar las políticas y leyes que tienen que ver con los inmigrantes latinoamericanos que ya están aquí? ¿Qué sugerencias tiene acerca de los que quieren venir legalmente y no consiguen el permiso?
4. ¿Qué explicación ofrece Ramos acerca de por qué se trata de forma diferente a los cubanos que llegan ilegalmente a tierras estadounidenses? ¿De qué manera es diferente la situación de los cubanos?
5. ¿Qué haría usted si tuviera que trabajar como inmigrante indocumentado? ¿Cómo sobreviviría y qué tipo de dificultades cree que enfrentaría?
6. ¿De qué manera ha cambiado la situación de los inmigrantes en este país debido a los sucesos trágicos del 11 de septiembre de 2001?

EL FUTURO DEL ESPAÑOL EN ESTADOS UNIDOS

El otro día llamé al rufero para que revisara el techo de mi casa porque había un liqueo. Toda la carpeta estaba empapada. Vino en su troca a wachear la problema y quería saber si yo iba a pagar o la aseguranza. Después de contar cuántos tiles tenía que cambiar me dio un estimado. Yo le dije que me dejara el número de su celfon o de su biper. Si nadie contesta, me advirtió, deja un mensaje después del bip y yo te hablo p'atrás.

La primera sugerencia para los que se escandalizan con párrafos como el anterior —y que tengan un legítimo interés en saber qué es lo que hablamos los latinos en Estados Unidos— es dejar a un lado a los académicos de largas barbas, panza prominente y seria actitud, para empezar a escuchar a la gente de la calle. En ciudades como Hialeah en la Florida, Santa Anna en California, Queens en Nueva York, Pilsen en Chicago y el West Side en San Antonio, quien no hable español —o algo parecido— se puede sentir claramente discriminado. Pero es un español que ni Cervantes o el pragmático de Sancho Panza entendería.

Aquí en Estados Unidos se entiende mejor *greencard* que tarjeta de residencia. (Incluso una profesora chilena proponía que se escribiera grincar, tal y como se pronuncia, y que nos olvidáramos de problemas.) Para quienes utilizan los beneficios del *welfare*, el *medicaid* o el *unemployment* es más fácil referirse a una palabra que a una extensa e incomprensible explicación.

Luego, por supuesto, están esas seudotraducciones del *espanglish* que se han apoderado del habla. Ganga es una oferta, pero en las calles del Este de Los Ángeles nadie confundiría a una pandilla con una oportunidad de compra. También todos saben que el bordo o el borde queda al sur, aunque no hayan tenido que cruzar ilegalmente la frontera. Tener sexo es usado frecuentemente en lugar de hacer el amor,

(continúa en la página siguiente)

aunque quien lo tiene casi nunca se queja de las palabras. Hacer lobby es tan usado como cabildear. Surfear es más fácil que correr tabla. Ambientalista es más corto que defensor del medio ambiente. Sexista no existe en el diccionario pero es un término más amplio que machismo. Y soccer busca remplazar a fútbol.

Las cosas se complican cuando la misma palabra en español significa cosas distintas para los grupos que conforman ese híbrido llamado "hispanos". Darse un palo en Puerto Rico es tomar un trago. Darse a palos, entre cubanos, es una golpiza. Darse un palo en México, bueno, mejor imagíneselo usted. Incluso las tareas más sencillas tienen su reto. Los chilenos dicen corchetera a lo que los cubanos llaman presilladora, los mexicanos engrapadora, algunos puertorriqueños clipeadora y los norteamericanos *stapler*.

Todo lo anterior apoya una hipótesis muy simple: el español que se habla en Estados Unidos es un idioma vivo, cambiante, dinámico, sujeto a las influencias del medio y es una batalla perdida el tratar de resistirlo o rechazarlo. Estados Unidos, en estos días, puede aportar más al crecimiento del idioma español que cualquier otro país de habla hispana.

No, no estoy promoviendo el español mal hablado o mal escrito, pero sí creo que debemos tener una mente mucho más abierta para aceptar constantemente los nuevos términos y expresiones que nos aporta nuestra experiencia en este país. Los nuevos conceptos enriquecen nuestra cultura, no la denigran.

La aspiración más realista es hablar bien el inglés y el español y tener hijos bilingües —o bilinguales, como decía un conocido político de Los Ángeles. La misma discusión que tenían los romanos con el latín clásico y el latín vulgar la tenemos ahora en Estados Unidos con el español y el *espanglish*. Ya conocemos la lección: el latín vulgar predominó, al igual que en Estados Unidos va a predominar un español irreconocible en Madrid.

Cualquier padre o madre de familia que quiera mantener el español en la casa sabe a lo que me refiero. Lo más frecuente es intercambiar el inglés y el español en una misma conversación. Por más esfuerzo que se haga, el inglés tiende a predominar en las nuevas generaciones. La necesidad de hablar inglés para tener éxito en este país, la influencia de la escuela y el bombardeo de la televisión y la Internet le van ganando la guerra al español palabra por palabra. Y al mismo tiempo, el *espanglish* se ha convertido en un puente: generacional, linguístico, tecnológico, cibernético y cultural.

Responder a la pregunta: ¿qué van a hablar los hispanos del futuro? es vital para el desarrollo de los medios de comunicación en español en Estados Unidos. Los ejecutivos de la radio y televisión quisieran tener la bolita mágica para saber si los hispanos en dos o tres décadas hablarán más inglés que español; si se adaptarán o si se mantendrán más independientes que otros grupos étnicos —como italianos y polacos— en sus costumbres culturales. Actualmente, de los más de 30 millones de latinos en Estados Unidos, la mitad prefiere comunicarse en español, un 35 por ciento en inglés y un 15 por ciento es bilingüe.

¿Cómo se comunicarán en un futuro los latinos? Por el momento no hay de qué preocuparse. La constante migración a Estados Unidos, calculada por la Oficina del Censo en 1.3 millones al año (así como los altos niveles de fertilidad entre los latinos), asegura una audiencia cautiva que hablará español (o al menos lo entenderá) por los próximos años.

Muchos puristas se escandalizan al ver que el *espanglish* —palabra por palabra— le está ganando terreno al español de los diccionarios. Pero la verdad, ni vale la pena molestarse. Sólo escuchen la radio, la televisión, la calle. Hablen con las nuevas generaciones de hispanos. Fácilmente podrán corroborar cuál es su futuro. Y en el futuro de los hispanos no hay un español puro.

Posdata. El viernes 4 de febrero del 2000 un carpintero de apellido Casillas se convirtió en el primer miembro de un jurado en Estados Unidos que no habla inglés. Casillas, que entonces tenía 43 años, utilizó a un traductor en un juicio por narcotráfico en el condado de Doña Ana.

Cuento

José Antonio Burciaga, (1940–1996) de El Paso, Texas, escritor bilingüe, artista y activista, estuvo becado (*Resident Fellow*) en Stanford University. Escribió poesía y narrativa. Entre sus libros encontramos, *Undocumented Love* (1992) de poesía, el que le ganó el premio literario "American Book Award"; y *Drink Cultura* (1993), donde cultiva el humor. Fue uno de los creadores originales del grupo latino conocido como *Culture Clash*, que se ha especializado en satirizar la situación del hispano en Estados Unidos, como su mismo nombre lo dice.

El escritor chicano José Burciaga

ANTES DE LEER

En grupos de tres o cuatro estudiantes comenten lo siguiente. Compartan después sus observaciones con el resto de la clase.

1. ¿Cómo recuerda usted el primer día que asistió a la escuela? ¿Hablaba inglés o no?
2. ¿Piensa que se debe permitir a los estudiantes hispanos usar el español en las escuelas para comunicarse entre sí? ¿Por qué?
3. ¿En algún momento se le ha prohibido hablar español en un lugar público? ¿Cuál fue su reacción y cómo se sintió si tuvo esa experiencia? ¿Conoce algunas anécdotas relatadas por sus padres o familiares sobre este tema? (Si desea leer un ensayo interesante sobre el tema de la prohibición del español en las escuelas, lea en Internet el escrito de Patricia McGregor Mendoza: *Aquí no se habla espanol: Stories of Linguistic Repression in Southwest Schools.* Bilingual Research Journal. Fall 2000. Vol. 24, #4. BRJ Online. http://brj.asu.edu/v244/articles/art3.html)

MAREO ESCOLAR

Me acuerdo de mi tercer grado en El Paso, Texas, en 1949. Yo era uno de los niños mexicanos. Éramos diferentes... y lo sabíamos. Muchos nos sentíamos orgullosos.

Me sentaba en el parque de la escuela para comerme mi burrito de chorizo
5 con huevo, el cual manchaba la bolsa de papel y mis pantalones de caqui. Frente a mí se sentaba una niña llamada Susy quien sacaba su sándwich de mantequilla de cacahuate con jalea de su lonchera Roy Rogers.

Las monjas anglo-sajonas entendían muy bien a Susy, pero nuestra cultura y nuestra lengua era un misterio para ellas. Lo mismo era la de ellas para
10 nosotros: Dick y Jane tenían una casa de dos pisos, su papá se vestía con saco y corbata y hasta su perro Spot ladraba en inglés: ¡Bow Wow! Mis perros siempre ladraron en español: ¡Guau, Guau!

Me acuerdo que la maestra siempre le gritaba a Memo que se metiera la camisa en los pantalones. La camisa era una guayabera. Memo obedecía,
15 pero se ponía furioso. Nos reíamos de él, porque se veía muy chistoso con su guayabera metida en los pantalones.

Me sentaba en la clase y veía, por la ventana, la tienda de enfrente. Tenía un letrero que decía *English Spoken Here*—Se habla inglés. Otras tiendas decían se habla español. Pero en nuestra escuela católica, el undécimo
20 mandamiento era: No hablarás español. Cuando nos descubrían hablando la lengua extranjera prohibida, nos castigaban después de clase, o nos ponían a escribir cien veces *I will not speak Spanish.*

Mi hermano Pifas podía escribir con tres lápices a la vez y era el más rápido para cumplir el castigo.

25 *I will not speak Spanish.*
I will not speak Spanish.
I will not speak Spanish.

La maestra de música, quien también nos enseñaba latín, nos decía que no ejercitábamos bien los músculos faciales cuando hablábamos español.
30 Nos explicaba que ésa era la razón por la cual los mexicanos viejos tenían tantas arrugas. Se me ocurrió que en los tiempos de antes los mexicanos vivían largos años en lugar de sucumbir a las enfermedades estadounidenses como cáncer, úlceras o ataques cardíacos.

Nunca perdimos la habilidad de hablar nuestra segunda lengua. En la
35 secundaria a veces nos llamaban a interpretar para algún estudiante nuevo que venía de México cuando el conserje o la cocinera estaban ocupados.

Aunque el recién llegado normalmente había estudiado inglés, hablarlo en clase por primera vez lo aturdía.

A todo contestaba *¿Wachusei?* (¿Qué dices?). Entonces alguno de nosotros
40 inevitablemente le daba la traducción errónea de la pregunta del maestro. Le susurrábamos en español: El hermano Amedy quiere ver tu pasaporte.

Como estudiante cortés, él le entregaba sus papeles de inmigración al hermano Amedy que se quedaba perplejo.

Pero más chistoso todavía fue cuando el Director, el hermano Raphael, nos advirtió que iba a colgar al joven llamado P-U-T-O, por escribir su nombre en todas las paredes del baño.

El noventa y cinco por ciento de los estudiantes éramos méxico-americanos, pero en la Cathedral High School éramos todos irlandeses. Echábamos porras a nuestro equipo de fútbol al son de la canción de batalla de la Universidad de Notre Dame, en español, en espanglish y en inglés con acento. Pero no sirvió de nada; la escuela todavía mantiene el récord de partidos perdidos.

Todas aquellas palabras que inventamos nosotros los estudiantes chicanos de la frontera, ahora forman parte de los diccionarios de caló. Algunas han llegado hasta el interior de México, a pesar del disgusto de ese país.

Los jóvenes cubano-americanos están ahora reinventando algunas palabras en espanglish que los chicanos crearon hace años en Texas.

Aunque los Estados Unidos es el cuarto país hispanohablante en el mundo, todavía no tenemos un miembro en la Real Academia Internacional de la Lengua Española. Tan, tán.

PARA COMENTAR

Trabajando en parejas, contesten las siguientes preguntas sobre ***Mareo escolar.*** *Justifiquen su opinión cuando sea necesario. Luego pueden comprobar sus respuestas con las de otros compañeros.*

1. El cuento que acaba de leer transcurre en 1949. ¿Ha escuchado comentarios de alguien que haya tenido una experiencia similar a la de Memo? Puede preguntarles a sus padres, familiares u otras personas de esa generación de la comunidad hispana sobre el tema.
2. ¿Por qué cree usted que las maestras no permitían que se hablara en español en la escuela? ¿Se justifican las razones?
3. ¿Por qué se ríen de Memo los niños cuando lo obligan a meterse la camisa dentro de los pantalones?
4. ¿Cuál era la situación respecto a los idiomas en su escuela primaria o secundaria?

¿Se confunden los niños si se les habla en más de un idioma? ¿Qué sabemos sobre las comunidades bilingües y qué nos informa la lingüística?

PARA ESCRIBIR

Comente primero en grupos de dos o tres estudiantes los puntos siguientes. Escriba una breve composición resumiendo los comentarios y expresando su propia opinión.

El español en los Estados Unidos

- ¿Cómo mantiene, nutre y desarrolla usted su español?
- ¿Qué papel tiene el español en su comunicación diaria?
- ¿Se comunica usted en español con los miembros de la familia? ¿Con quiénes? ¿Y con sus amigos?
- ¿Qué recursos disponibles existen en las comunidades latinas, las escuelas, las bibliotecas y los medios de comunicación?
- ¿Cómo planea usted mantener y nutrir el uso del español en el futuro? Sea específico.
- ¿Cree usted que gran parte de los jóvenes latinos de los Estados Unidos mantendrán su español?
- ¿Qué piensa sobre el futuro del español en los Estados Unidos?
- ¿De qué manera cree que saber bien los dos idiomas es una gran ventaja para los que viven en Estados Unidos?
- Si ha viajado a algún país de habla hispana, ¿cómo fue su experiencia lingüística y cultural?

ACTIVIDAD

Más información sobre el bilingüismo. Explore información sobre los niños y el bilingüismo. Busque "Raising Children Bilingually" en Internet e informe a su clase en español sobre lo que aprendió: http://www.cal.org/resources/faqs/RGOs/benes.html. Otro excelente recurso disponible en español es la siguiente guía acerca del tema de los niños y el desarrollo del bilingüismo: Ada, Alma Flor & Baker, Colin. *Guía para padres y maestros de niños bilingües.* Parent's and Teacher's Guides: No. 5. Clevedon: United Kingdom, 2001.

III. Mundos hispanos

Celia Cruz: ¡Azúcar!

¡Embajadora magistral inigualable para siempre!

Celia Cruz (1925–2003), cantante inigualable del sentir de su gente y de su tierra, Cuba, ha sido y continuará siendo indiscutiblemente la voz incomparable y más conocida de la música cubana popular, y su más importante ícono cultural. De familia de orígenes pobres, cuando era adolescente Celia empezó a concursar en emisoras de radio y a ganar premios desde jovencita. Terminó sus estudios y se certificó para ser maestra, pero su misma profesora le aconsejó que siguiera el camino del canto. Comenzó a hacerse famosa con la orquesta cubana llamada "Sonora

La popular cantante cubana Celia Cruz: La guarachera de Cuba, la Reina de la Salsa

Matancera" hace más de cuarenta años, en la cual conoció a su futuro esposo, Pedro Knight, a quien ella llamaría afectuosamente años después, "cabecita de algodón". Celia Cruz salió de Cuba en 1960, aprovechando que tenía un contrato en México, para huir del gobierno totalitario de Fidel Castro. En 1961 vino a Estados Unidos, donde fijó su hogar en el exilio.

Celia Cruz, cuya voz siempre fue espectacular, potente e inolvidable, se considerará para siempre la reina de la música popular cubana —junto con Beny Moré— y de lo que hoy día hemos llegado a llamar *salsa.* La Guarachera de Cuba, como le llamaban, empezó a ser famosa internacionalmente desde los años 50 al empezar sus giras y también al actuar en algunas películas, como *Salón México* y *No me olvides nunca.* Desempeñó un papel (*role*) en la película *The Mambo Kings*, basada en la novela de Oscar Hijuelos, *The Mambo Kings Play Songs of Love.* A través de los años, cantó o trabajó y grabó junto a conocidos artistas, como el mexicano Vicente Fernández, Vicentico Valdés, el puertorriqueño Tito Puente (el *Rey de los Timbales*), el dominicano Johnny Pacheco, Willie Colón y Rubén Blades. Estableció un récord del libro de Guinness en 1987 cuando atrajo a más de 250,000 personas en el Carnaval de Tenerife que querían escuchar unas de sus más famosas canciones, como: *Burundanga, El yerberito moderno* y *Quimbara.*

Entre varias universidades norteamericanas, Yale University en Connecticut y la Universidad Internacional de la Florida en Miami le otorgaron cada una un doctorado honorífico a Celia Cruz por sus grandes contribuciones al mundo de la música latina actual. En 1994 fue invitada por el Presidente

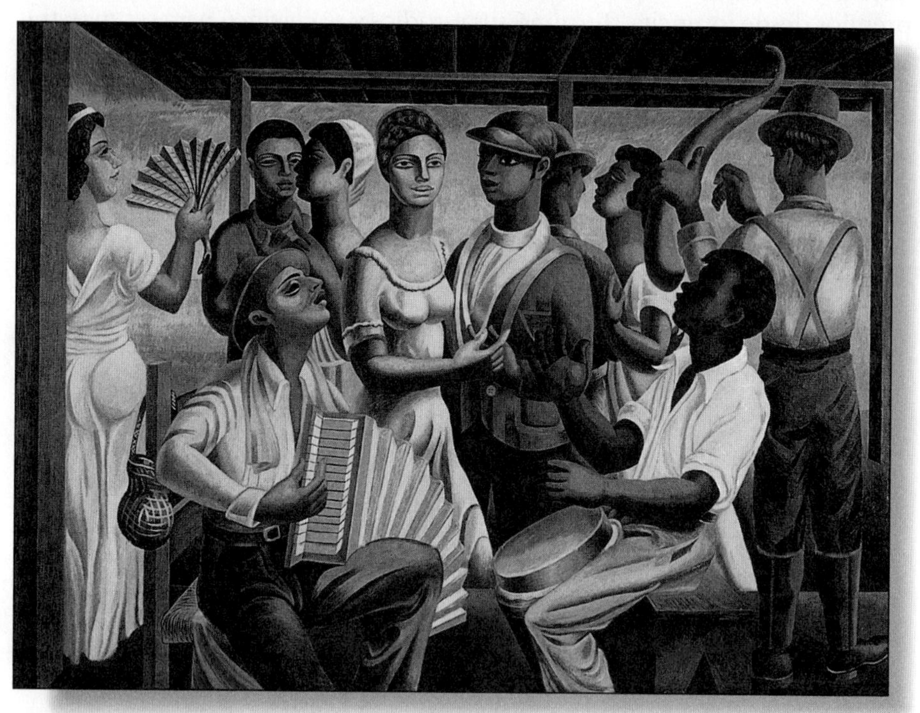

Merengue, *Jaime Colson, Museo Juan José, Bellapant, Santo Domingo*

Bill Clinton a la Casa Blanca para recibir la Medalla Nacional de Honor por sus grandes contribuciones al arte y a la música popular. Este reconocimiento a un ciudadano es el más alto que otorga el presidente de la nación.

Cuando Celia Cruz murió en Nueva Jersey (2003), su cuerpo fue velado por miles de personas, primero en Miami, donde los residentes participaron en lo que sería el velorio más grande que se ha visto en la historia de esa ciudad. Esta ceremonia, misa y celebración de su vida, fue seguida por otro velorio y misa en Nueva York, en la famosa Catedral de San Patricio. Celia Cruz nos ha dejado una discografía de más de 100 títulos que siempre han gustado en todos los rincones del mundo y seguirán disfrutando las diferentes generaciones de todas partes.

Lea la letra de la siguiente canción, y si tiene la oportunidad, escúchela (*The Best: Celia Cruz.* CD-80587. Miami, FL: Sony Discos, Inc., 1991).

LATINOS EN ESTADOS UNIDOS

por Titti Sotto

Latinos en Estados Unidos,
Ya casi somos una nación.
Venimos de la América india,
Del negro y del español.
5 En nuestra mente inmigrante
A veces hay confusión,
Pero no hay quien nos engañe
El alma y el corazón,
Porque vivimos soñando
10 Volver al sitio de honor.

(Coro)
Latinos en Estados Unidos,
Vamos a unirnos, vamos a unirnos.
Latinos en Estados Unidos,
15 Vamos a unirnos, vamos a unirnos.

En la unión está la fuerza.
Y al pueblo respeta,
Y le da valor.
No dejes que te convenzan.
20 Que no se pierda el idioma español.

Simón Bolívar, Sarmiento,
Benito Juárez, Martí.
Dejaron un gran comienzo
Para el camino seguir.
25 Debemos dar el ejemplo

Con la solidaridad.
Soy latinoamericano,
No tengas miedo decir,
Pues todos somos hermanos
30 De un distinto país.

(Coro)
Seamos agradecidos
Con esta tierra de paz,
Que nos da un nuevo futuro
35 Y una oportunidad.
Pero ya que estamos lejos
De nuestro suelo natal,
Luchemos por el encuentro
Con nuestra propia verdad.
40 Debajo de cualquier cielo
Se busca la identidad.

(Coro)
No discrimines a tu hermano.
Siempre que puedas, dale la mano.

45 América Latina, vives en mí.
Quiero que este mensaje
Llegue hacia ti.

Debemos unirnos,
Para que tú veas:
50 Sí, estamos unidos.
¡Ganamos la pelea!

ACTIVIDADES

1. **En clase.** En la canción que canta Celia Cruz se mencionan cuatro héroes de la historia latinoamericana. ¿Quiénes son y por qué son famosos? Trabajando en grupos de dos o tres, intercambien toda la información que tengan sobre ellos. Compartan su información con el resto de la clase. Pueden anotar en la pizarra los datos más importantes sobre estos personajes.
2. **De tarea.** Obtenga más datos sobre los líderes de la Actividad 1. Vaya a la biblioteca y procure como mínimo, tres o cuatro datos importantes sobre esos héroes. Puede obtener la información en enciclopedias (preferiblemente en español) u otros libros de consulta. Busque información en la red también. Comparta sus hallazgos con la clase.
3. **¡Buscar esa voz! Para escuchar, disfrutar y comentar.** Si tiene acceso a algunos discos de Celia Cruz, consulte con su profesor/a para ver si es posible escuchar una que otra canción en clase y repasar la letra. En la

lista siguiente, ofrecemos algunos títulos de sus más de cien grabaciones: *Me voy a Pinar del Río* (1956), *Son con guaguancó* (1966), *Celia Cruz and Tito Puente* (1972), *Live in Africa* (1974), *Homenaje a Beny Moré* (1985), *La Guarachera del Mundo* (1990), *Boleros* (1993), *Homenaje a los santos* (1994), *Duets* (1997), *Mi vida es cantar* (1998), *La Negra tiene tumbao* (2001), *Irrepetible* (2002), *Las estrellas de la Sonora Matancera* (2003), *Regalo del alma* (2003).

¡OJO!

Sugerencia: *Simón Bolívar: The Liberator* es un video educacional interesante. Si lo puede conseguir a través de su biblioteca, mírelo (34 minutos, en colores). Otro video sería: *Simón Bolívar: The Great Liberator*, de 58 minutos, un gran documental que muestra las razones por las cuales España perdió sus colonias. Los dos son distribuidos por *Films for the Humanities* (http://www.films.com).

Retrato de Simón Bolívar en Lima, *José Gil de Castro, 1825. Biblioteca Nacional de Venezuela.*

Jorge Ramos

—Uno de los hispanos más influyentes de los Estados Unidos

—Hispanic Trends

LA LATINIZACIÓN DE ESTADOS UNIDOS

Por Jorge Ramos Avalos

30 de septiembre del 2002

Miami. Hay días enteros en que no tengo que pronunciar una sola palabra en inglés, ni comer hamburguesas o pizzas, y mucho menos ver programas de televisión en un idioma distinto al español. En ocasiones todos los e-mails que recibo vienen, también, en castellano y las personas que saludo dicen "hola" o "aló" pero no "hello". Esto pudiera resultar normal en Bogotá, Santiago o en San Salvador. Pero resulta que cada vez es más frecuente en ciudades como Nueva York, Los Ángeles, Houston, Miami y Chicago.

¿Por qué? Bueno, porque Estados Unidos está viviendo una verdadera revolución demográfica. A algunos les gusta llamarla "la reconquista". Los mismos territorios que perdió México frente a Estados Unidos en 1848 —Arizona, Texas, California...— y muchos otros que no formaban parte de la república mexicana —como la Florida e Illinois— están experimentando una verdadera invasión cultural. No es extraño que en muchos de estos lugares predomine el español sobre el inglés y se vendan más tortillas y salsa picante que bagels y ketchup.

Los números lo dicen casi todo. Actualmente hay más de 40 millones de latinos viviendo en Estados Unidos —a los 35 millones que contó el censo hay que sumarles los ocho millones de inmigrantes indocumentados que, en su mayoría, son de origen latinoamericano; el poder adquisitivo de los hispanos es de 500 mil millones de dólares al año —superior a países como Argentina, Chile, Perú, Venezuela o Colombia; nombres como Rodríguez, Martínez y Estefan dominan el mundo de la música y los deportes en Norteamérica; y el español se escucha en todos los rincones del país, incluyendo la Casa Blanca.

George W. Bush es el primer presidente estadounidense que habla español (o, más bien, que cree que habla español). Pero gracias a sus esfuerzos por comunicarse en español durante la campaña presidencial —a pesar de estar plagados de errores gramaticales y de pronunciación— Bush ganó el apoyo del electorado cubanoamericano en la Florida y con una ventaja de sólo 537 votos (¿cubanos?) llegó a la Casa Blanca.

Actualmente hay 28 millones de personas, mayores de cinco años de edad, que hablan español en Estados Unidos (según informó la Oficina del Censo). Y por lo tanto no es extraño que algunos de los noticieros de mayor audiencia en Miami o Los Ángeles sean en español, no en inglés, y que el programa de radio más escuchado por las mañanas en Nueva York sea El Vacilón de la Mañana y no el show del alucinado Howard Stern.

Cuando llegué a Estados Unidos hace casi 20 años un director de noticias pronosticó que yo nunca podría trabajar en la televisión. "Tu acento en inglés es muy fuerte", me dijo. "Y los medios de comunicación en español están a punto de desaparecer". En realidad, ocurrió lo opuesto. Los medios en español crecieron de manera extraordinaria —actualmente hay tres cadenas de televisión y cientos de estaciones de radio en castellano. Y el director de noticias perdió su empleo mientras yo obtenía mi primer trabajo como reportero para una estación local de televisión en Los Ángeles.

La famosa y estereotipada idea del *melting pot* es un mito. Los inmigrantes europeos —italianos, alemanes, polacos...— que precedieron a los latinos se asimilaron rápidamente a la cultura estadounidense. Pero los latinos han logrado la hazaña de integrarse económicamente a Estados Unidos sin perder su cultura. Nunca antes había ocurrido un fenómeno así.

Además, el crecimiento de la comunidad latina está asegurado. Las familias hispanas tienen más hijos que el resto de la población; tres, en promedio, frente a

75 80 85 90

dos hijos que son la norma en las familias anglosajonas y afroamericanas. A esto hay que añadir los 350 mil indocumentados que cada año entran ilegalmente a Estados Unidos por su frontera sur y el más de un millón de inmigrantes legales que son admitidos al país anualmente. Si las tendencias se mantienen, en menos de 50 años habrá 100 millones de hispanos en Estados Unidos y sólo en México habrá más hispanoparlantes.

Ahora bien, mi entusiasmo por la latinización de Estados Unidos se ha enfrentado con la pared del rechazo y la sospecha tras los actos terroristas del 11 de septiembre del 2001. Ser inmigrante es cada vez más difícil en Estados Unidos y cruzar ilegalmente la frontera desde México nunca ha sido más peligroso: en el último año han muerto cerca de 300 personas por deshidratación o frío en desiertos y montañas. Las señales de discriminación son, a veces, sutiles; otras, no tanto. Desafortunadamente, los 31 millones de extranjeros que viven en Estados Unidos —en su mayoría de origen latino— son muchas veces los chivos expiatorios por las fallas en los servicios de espionaje norteamericano y por los actos cometidos por 19 terroristas árabes.

95 100 105 110

La única manera de enfrentar los problemas específicos de la comunidad latina —deserción escolar, pobreza superior al promedio, ausencia de representación política...— es con más líderes. Pero eso es lo que falta. Los hispanos somos el 13 por ciento de la población, sin embargo no tenemos un solo senador, ni un gobernador ni un juez en la Corte Suprema de Justicia. Esto debe cambiar conforme siga aumentando el número de latinos que se convierten en ciudadanos norteamericanos y que salen a votar.

Como quiera que sea, la presencia de los latinos en Estados Unidos es avasalladora; éste no es un país blanco ni negro, sino mestizo. Y es precisamente en la tolerancia donde radica su fuerza. Pero, como decía Octavio Paz, el reto de Estados Unidos es que se reconozca como lo que es: una nación multiétnica, multirracial y multicultural. ¿Tendrá Estados Unidos el valor de verse en el espejo?

EXPLORACIÓN Y ACTIVIDADES

1. **Jorge Ramos.** ¿Qué sabe sobre Jorge Ramos? Busque información adicional sobre su biografía y lea otros artículos interesantes de él que aparecen en Internet. Luego informe a la clase sobre lo que encontró. Empiece por explorar el siguiente sitio: http://www.jorgeramos.com.
2. **Para mejorar el español.** Si usted quisiera trabajar en comunicaciones y utilizar sus habilidades bilingües, ¿cómo trataría de mejorar sus destrezas en español? Explore las opciones y haga una breve lista de ideas prácticas y concretas que le ayuden a alcanzar sus metas.
3. **Estudios periodísticos.** Averigüe si hay programas de periodismo en español para estudiantes bilingües como usted. ¿Qué otras alternativas existirían para poder recibir el entrenamiento apropiado en periodismo en español? Busque información y traiga apuntes a la clase sobre programas de estudios de periodismo en Latinoamérica y España, después de informarse sobre posibilidades de estudiar periodismo en español en los Estados Unidos.
4. **Riesgos a considerar.** ¿En qué periódicos o medios de comunicación le gustaría trabajar y en qué país? ¿Cree que sería peligroso trabajar de periodista en Latinoamérica hoy día? Investigue en Internet sobre los riesgos de ser periodista en Latinoamérica. Explique.
5. **Asociaciones profesionales.** Averigüe cuál o cuáles organizaciones o asociaciones existen para periodistas hispanos y qué ofrecen éstas.

IV. El arte de ser bilingüe

A. COMPOSICIÓN AUTOBIOGRÁFICA DIRIGIDA

Escriba una composición breve titulada Autobiografía lingüística: ¿Quién soy y de dónde vengo?

A la hora de escribir, es importante saber el tema, tener ideas o información que se pueda incluir y también saber cómo organizar las ideas. Es importante también saber a quién va dirigido lo que uno redacta y el propósito del escrito (por ejemplo, narrar una historia, describir, informar o convencer al lector sobre algún tema, etc.).

Primero, apunte algunas ideas relacionadas con los puntos de la siguiente lista:

a. de dónde viene usted (¿qué país, ciudad o pueblo?)
b. dónde se crió y cómo era el lugar o lugares donde se crió
c. dónde asistió a la escuela primaria y secundaria y qué recuerda de ellas
d. cómo fue su niñez en el sitio donde nació o se crió
e. la familia
f. sucesos importantes en su vida que quisiera compartir (felices o tristes)
g. el mejor amigo o la mejor amiga de su niñez
h. sus pasatiempos y deportes favoritos
i. sus asignaturas predilectas y sus metas profesionales
j. el desarrollo y la importancia del español en su vida
k. la importancia de mantener y desarrollar conocimientos sobre sus raíces culturales

Después, organice sus ideas, escogiendo las que quiere incluir y ampliar con más detalles en su composición. Concéntrese en el mensaje, o sea, en el contenido, de las ideas que quiere expresar en español. Escriba entre una y dos páginas a doble espacio, a máquina o en computadora.

Flower Day *de Diego Rivera (1886–1957), 1925. Oil on canvas. 58 × 47½ inches. Los Angeles County Museum of Art, Los Angeles County Fund. © 1998 Museum Associates. Reproduced also with permission of Banco de México Diego and Frida Kahlo Museums Trust, © 2004.*

B. EL ARTE DE HACER UNA ENTREVISTA

¿Ha hecho alguna vez una entrevista en inglés? ¿Cómo haría usted una entrevista en español? ¿Cómo se prepararía para ella?

La entrevista es un género que se utiliza ampliamente en la televisión, la radio y la prensa. Imagine que le han pedido que realice una entrevista a un pariente, amigo o compañero de clase, para publicarla en un periódico estudiantil o comunitario.

La charla con una persona no termina con su realización, porque generalmente es necesario pulirla (*to edit it*) antes de publicarla.

Uno de los objetivos de una buena entrevista es informar sobre las ideas o la vida de una persona de la forma más exacta posible. Por eso es tan importante el contenido de las preguntas que se le hacen al entrevistado. Las preguntas no sólo indican a la persona lo que se quiere saber, sino también le sirven de guía en sus respuestas. Los entrevistadores son los responsables del éxito de una entrevista, no los entrevistados.

I. La entrevista

Usted va a entrevistar a un(a) compañero(a) de clase o a un(a) pariente o amigo(a) con el propósito de publicar la entrevista en un periódico. Recuerde que la entrevista siempre está precedida de una breve introducción acerca del entrevistado. Antes de hacerla:

1. Escoja un tema principal de los siguientes:
   - **a.** Las raíces culturales de su familia y el efecto que han tenido éstas en su vida.
   - **b.** La experiencia migratoria o de exilio de su familia (si así ocurrió) y el efecto que ha tenido en la vida de sus miembros, o sus raíces familiares en Estados Unidos.
   - **c.** Sus aspiraciones profesionales para el futuro.

   Obtenga siempre permiso para grabar cualquier entrevista que haga.
2. Prepare algunas preguntas y anotaciones de antemano. Escriba todo lo que se le ocurra relacionado con el tema y después escoja las mejores preguntas.
3. Esté preparado(a) para hacer otras preguntas que surjan de la entrevista.
4. Si quiere, puede grabar la entrevista para facilitar el trabajo de pulimento (*editing*).

II. La redacción de la entrevista

1. Empiece con una breve introducción acerca de la persona entrevistada. Diga quién es y dé algún dato interesante que haya surgido de la entrevista.
2. Pase en limpio el borrador de la entrevista (preguntas y respuestas). El formato de la entrevista terminada puede ser un resumen realizado a partir de las respuestas, o una relación de preguntas y respuestas, como es tradicional. Escoja uno de los dos.
3. Entregue la entrevista escrita a máquina o impresa en computadora, a doble espacio (de dos a cuatro páginas). Asegúrese de revisar bien el trabajo antes de entregarlo.

V. Unos pasos más: fuentes y recursos

A. PARA AVERIGUAR MÁS

Investigación y lectura. *Busque una de las obras citadas abajo u otra que su profesor o profesora le recomiende. Escoja un capítulo o alguna selección apropiada que le interese y comparta la lectura con uno o dos compañeros de clase, si puede. Luego prepare unos breves apuntes (de una a tres páginas) que incluyan sus impresiones o una lista de tres a cinco puntos principales basados en la lectura. Prepárese para compartir y resumir oralmente sus impresiones y lo que ha averiguado en su investigación.*

Bibliografía hispana

La mayoría de los libros sobre los hispanos en los Estados Unidos están escritos en inglés, pero hay abundante material en español también. Abajo se sugieren fuentes de lectura en los dos idiomas para que usted empiece a explorar temas para investigar y para posibles informes escritos o breves presentaciones en clase.

> ### ESTRATEGIAS
>
> ¿Cómo tomarle el gusto a la lectura? Aquí hay algunas sugerencias:
>
> 1. Empiece desde el principio del semestre a visitar la biblioteca con regularidad y a convertirse en un especie de "detective" en busca de información y de lecturas que le gusten, que disfrute.
> 2. Recuerde que si su biblioteca no tiene un artículo o un libro que usted quiere consultar, normalmente lo puede tratar de conseguir a través del sistema de préstamos de materiales, establecido por las bibliotecas académicas (*Inter-Library Loan System*).
> 3. Es buena idea conocer a sus bibliotecarios y cuando no sepa cómo encontrar algo, pregunte y aprenda a usar bien su biblioteca.
> 4. Busque en su biblioteca algunos de los libros mencionados aquí para comenzar a hojearlos y consultarlos.
> 5. Escoja uno que le llame más la atención o que le recomiende su profesor o profesora, y sáquelo prestado de su biblioteca. Pregúntele a su profesor qué puede hacer de manera que cuente como un trabajo suplementario (de *extra credit*) para la clase si quiere hacer más tarea de la requerida.
> 6. Si en su comunidad hay librerías o puestos que vendan libros y revistas populares en español, hágales la visita. Visite también las bibliotecas públicas de su comunidad. ¿Qué revistas, periódicos, libros y enciclopedias tendrán en español que le puedan interesar y ser útiles en ésta y otras clases? ¿Qué tipo de información se puede encontrar por medio de la red del Internet?

Bibliografía selecta: Latinos en los Estados Unidos

Abalos, David T. *Latinos in the United States: The Sacred and the Political.* Notre Dame, IN: University of Notre Dame Press, 1986.

Acosta-Belén, Edna and Sjorstrom, Barbara. *The Hispanic Experience in the United States.* New York: Praeger, 1988.

Arias, Davis. *Las raíces hispanas de los Estados Unidos.* Madrid: Editorial MAPFRE. S.A., 1992.

Augenbraum, Harold, and Stavans, Ilan, eds. *Growing Up Latino: Memoirs and Stories.* New York: Houghton Mifflin, 1993.

Beardeskey, John; Livingston, Jane. *Hispanic Art in the United States.* New York: Museum of Fine Arts, 1987.

Cortina, Rodolfo y Moncada, Alberto., eds. *Hispanos en Estados Unidos.* 1988.

de la Garza, Rodolfo. *The Mexican-American Experience: An Interdisciplinary Anthology.* Austin: University of Texas Press, 1985.

Fernández Shaw, Carlos M. *Presencia española en los Estados Unidos.* Madrid: Instituto de Cooperación Iberoamericana, Ediciones Cultura Hispánica, 1987.

Gutiérrez, Ramón and Genaro Padilla, eds. *Recovering the U.S. Hispanic Literary Heritage.* Houston: Arte Público Press, 1993.

Hadley-García, George. *Hispanic Hollywood: The Latins in Motion Pictures.* New York: Carol Pub. Group, 1990.

Heck, Denis Lynn Daly. *Barrios and Borderlands: Culture of Latinos and Latinas in the United States.* New York: Routledge, 1994.

Kanellos, Nicolás and Claudio Esteva Fabrega. *Handbook of Hispanic Culture of the United States.* Houston, Texas: Arte Público Press, 1994. Four Volume Set: Literature and Art; History; Sociology; and Anthropology.

Kanellos, Nicolás. *The Hispanic Almanac: From Columbus to Corporate America.* Detroit, MI: Visible Ink Press, a division of Gale Research Inc., 1994.

———, ed. *Short Fiction by Hispanic Writers of the United States.* Houston: Arte Público Press, 1993.

Magill, Frank N. *Masterpieces of Latino Literature.* New York: Salem Press, 1994.

Moncada, Alberto. *Norteamérica con acento hispano.* Madrid, España: Instituto de Cooperación Iberoamericana, 1988.

Moore, Joan and Pachón, Harry. *Hispanics in the United States.* Englewood Cliffs, New Jersey: Prentice-Hall, 1985.

Novas, Himilce. *Everything You Need to Know About Latino History.* New York: Penguin Books, 1994.

Olivares, Julián, ed. *Cuentos hispanos de los Estados Unidos.* Houston: Arte Público Press, 1993.

Paz, Octavio. *Literatura de y en Estados Unidos. Al paso.* Barcelona: Seix Barral, 1991.

Reyes, Luis y Peter Rubie. *Hispanics in Hollywood: An Encyclopedia of Film and Television.* New York: Garland Publishing, 1994.

Ryan, Bryan, ed. *Hispanic Writers: A Selection of Sketches from Contemporary Authors.* Detroit: Gale Research, 1991.

Shorris, Earl. *Latinos: A Biography of the People.* New York: W.W. Norton & Co., 1992.

Skerry, Peter. *The Mexican-Americans: The Ambivalent Minority.* New York: Free Press, 1993.

Stavans, Ilan. *The Hispanic Condition: Reflections on Culture and Identity in America.* New York: Harper Perennial, 1995.

Suro, Roberto. *Strangers Among Us: How Immigration is Transforming America.* New York: Alfred Knopf, 1998.

Varona, Frank de. *Hispanics in U.S. History.* New Jersey: Globe Book Co., 1989.

———. *Latino Literacy: The Complete Guide to Our Hispanic History and Culture.* New York: Owl Book/Round Stone Press Book/Henry Holt & Co., 1996.

Villareal, Roberto E., and Hernández, Norma G., eds. *Latinos and Political Coalitions: Political Empowerment for the 1990s.* New York: Greenwood Press, 1991.

Weber, David J. *The Spanish Frontier in North America.* New Haven: Yale Univ. Press, 1992.

Zimmerman, Marc. *U.S. Latino Literature: An Essay and Annotated Bibliography.* Chicago, Marcha/Abrazo, 1992.

Bibliografía selecta: América Latina

Bethel, Leslie, comp. *The Cambridge History of Latin America.* (5 volúmenes) Cambridge, Inglaterra: Cambridge University, 1984.

Collier, Simon and Thomas Skidmore, eds. *The Cambridge Encyclopedia of Latin America and the Caribbean.* Cambridge: Cambridge University Press, 1992.

Foster, David William. *Literatura hispanoamericana: Una antología.* Hamden, CT: Garland Publishing, 1994.

Fuentes, Carlos. *El espejo enterrado.* México, D.F., México: Fondo de Cultura Económica, S.A., 1992. [Libro que va con la serie de videos del mismo título.]

Henríquez Ureña, Pedro. *Historia de la cultura en la América hispánica.* México: FCE, Col. Pop, 1986.

Lipski, John M. *Latin American Spanish.* London and New York: Longman, 1994.

Moya Pons, Frank. *The Dominican Republic: A National History.* 2nd edition. Princeton, NJ: Markus Weiner Publishers.

Ramos, Jorge. *La otra cara de América. Historias de los inmigrantes que están cambiando a los Estados Unidos.* México: Editorial Grijalbo, 2001.

Rosenberg, Mark B., A. Douglas Kincaid y Kathleen Logan. *Americas: An Anthology.* New York and Oxford: Oxford University Press, 1992.

Skidmore, Thomas E. and Peter H. Smith. *Modern Latin America.* Oxford: Oxford University Press, 1992.

Winn, Peter. *Americas: The Changing Face of Latin America and the Caribbean.* Berkeley: University of California Press, 1999. Revised edition.

B. PARA DISFRUTAR Y APRENDER

Films, Videos, DVDs

Crossing Borders: The Journey of Carlos Fuentes. Video sobre uno de los más importantes novelistas de México. (58 min., en colores) *Films for the Humanities.*

Americanos: Latino Life in the United Status. Película documental de 1999 (1:30) que explora cómo los hispanos han transformado los Estados Unidos. Examina las contribuciones que han hecho en áreas como las artes, la educación, las ciencias, el comercio, y la religión. Incluye música de conocidos artistas como Celia Cruz, Carlos Santana y Eddie Palmieri. Hay un bello libro del mismo nombre, de fotos y narrativa, editado por Edward Olmos y Manuel Monterrey (1999), publicado por Little Brown & Company.

El espejo enterrado: Reflexiones sobre España y el Nuevo Mundo. Serie de cinco programas en video, escrita y presentada por el escritor mexicano Carlos Fuentes: I. La virgen y el toro, II. La batalla de los dioses, III. La edad de oro, IV. El precio de la libertad, V. Las tres hispanidades. Hecho en colaboración con la Institución Smithsonian y Quinto Centenario España. Para obtener más información, llamar al: 800-323-4222, ext. 43, Films Incorporated. Videos educacionales de excelente calidad, muy apropiados para mostrarlos en clases de español como lengua heredada en Estados Unidos.

The Americans: Latin American and Caribbean Peoples in the United States. Americas Series (Video Tape #10) Narrado por Raúl Juliá. Una co-producción de excelente calidad de *WGBH-Boston* y *Central Television Enterprises* para el Canal 4 en Gran Bretaña, en asociación con la Facultad de Asuntos Internacionales y Públicos de *Columbia University*, el Centro Latinoamericano y Caribeño de la Universidad Internacional de la Florida y *Tuffs University*. Para obtener más información sobre los videos y sobre los textos relacionados distribuidos por la *Annenberg/CPB Collection*, llamar al: 1-800-LEARNER. También muy apropiada serie para clases de español como lengua heredada, sobre todo el video #10 citado aquí.

Hispanics in the Media. 44 minutos, en colores. Parte de una serie llamada *The Hispanic Americans*, narrada por los actores Jimmy Smits y Hector Elizondo, en la que exploran, junto con muchos otros hispanos, lo que significa ser hispanoamericano en Estados Unidos. *Films for the Humanities at* http://www.films.com.

Hispanic Americans: The Second Generation. 44 minutos, en colores. Parte de la serie descrita arriba.

Hispanic Americans: One or Many Cultures? 44 minutos, en colores. Parte de la serie descrita arriba.

Illegal Americans. 45 minutos, en colores. Este documental trata sobre los mexicanos que cruzan la frontera hacia los Estados Unidos. Producido por *CBS News*. Distribuido por *Films for the Humanities.*

The Latino Experience in America (Series). 1) *The Blending of Culture: Latino Influence on America* y 2) *Issues of Latino Identity: The Yearning to Be…* 30 minutos cada video. *Films for the Humanities.*

Latin Beat: Latino Culture in the United States. 2 horas, mayormente en español, con subtítulos en inglés. Analiza y celebra la creciente influencia de los latinos en Estados Unidos.

Challenging Hispanic Stereotypes: Arturo Madrid. 30 min., en inglés. Arturo Madrid es maestro y presidente del *Tomás Rivera Center*, un centro que tiene que ver con políticas que tienen impacto en las comunidades latinas en Estados Unidos. En este documental Bill Moyers conversa con él sobre la educación bilingüe y otras cuestiones palpitantes que afectan a los hispanos. Distribuida por *Films for the Humanities.*

Spanish Speakers and Bilingualism. Este programa analiza las variedades de español usadas en los Estados Unidos y se refiere al cambio de códigos. (19 mins., en colores) *Films for the Humanities.* Video educacional.

Biculturalism and Acculturation Among Latinos. 28 min., en inglés. Trata sobre las presiones que sienten muchos latinos en Estados Unidos, que, al mismo tiempo que quieren formar parte de la cultura dominante, quieren también mantener su idioma y su herencia hispana. Recomendado por el *Video Rating Guide for Libraries* y por el *American Film & Video Review.*

Bilingualism: A True Advantage. 28 min., en inglés. Este video examina el programa de educación bilingüe en una escuela primaria en San Antonio, Texas; también hay una entrevista con estudiantes universitarias que hablan sobre las ventajas de ser bilingüe.

Power, Politics, and Latinos. 1992; 56 mins. Presenta en un marco histórico los esfuerzos de los latinos en la política de los Estados Unidos. *PBS.*

Recursos latinos de la red (*Word Wide Web*): enlaces selectos

Si desea explorar la red, vaya a http://www.wiley.com/college/roca, donde encontrará una lista de sitios relacionados con el tema de este capítulo. Abajo puede empezar a explorar los siguientes sitios.

Celia Cruz
http://www.bbc.co.uk/spanish/seriemilenio10.htm

Latino Word
http://www.latinoworld.com

Latino USA-National Public Radio
http://www.latinousa.org

CNN en Español
http://www.cnnenespanol.com

El Nuevo Herald
http://www.elherald.com

Weekly Radio Addresses Featuring Congressional Hispanic Caucus Members
http://www.house.gov/reyes/CHC/radio.htm

Comunicación y Medios en América Latina
http://www.lanic.utexas.edu/subject/media/indexesp.html

Hispanic Heritage
http://www.galegroup.com/free_resources/chh/bio/index.htm

Capítulo Dos

Los mexicanoamericanos

"Estamos encolerizados porque nos han robado nuestras tierras y nuestro idioma. Nos dan la 'libertad' que se da al pájaro enjaulado. Tomaron las tierras y nos cortaron las alas (tierra e idioma). El idioma es nuestra libertad —idioma que es resultado de los siglos acumulados—, el alimento que nos legaron nuestros antepasados."

—Reies López Tijerina, activista chicano de los años sesenta.
(Villanueva, Tino. Chicanos: Antología histórica y literaria. *México: Fondo de Cultura Económica, 1976, 71)*

El Camión, *Frida Kahlo, 1929.*
© Banco de México Trust/ Schalkwijk/Art Resource, NY.

PARA ENTRAR EN ONDA

Para ver cuánto sabe del tema del capítulo, responda a este cuestionario lo mejor que pueda. Escoja la respuesta más apropiada. Luego compruebe sus conocimientos, consultando la lista de respuestas que aparecen invertidas al pie de este ejercicio.

1. Por el *Tratado de Guadalupe-Hidalgo* (1848), al final de la guerra entre México y los Estados Unidos, México perdió alrededor del ______ de su territorio, a favor de los Estados Unidos.
   a. 10%   **b.** 25%   **c.** 50%   **d.** 80%

2. Henry David Thoreau fue a la cárcel por no querer pagar su parte de los impuestos que financiaban la guerra de los Estados Unidos contra México.
   a. cierto   **b.** falso

3. Escoja tres autores chicanos contemporáneos:
   a. Julia Álvarez, Elías Miguel Muñoz, Oscar Hijuelos
   b. Pablo Medina, Cherríe Moraga, Cristina García
   c. Rudolfo Anaya, Sandra Cisneros, Gloria Anzaldúa
   d. Isabel Allende, Laura Esquivel, Rolando Hinojosa-Smith

4. Una de las ciudades más antiguas de los Estados Unidos, fundada en 1610 por los españoles es
   a. San Agustín, Florida.   **c.** Santa Fe, Nuevo México.
   b. Pueblo, Colorado.   **d.** San Francisco, California.

5. El nombre azteca para las tierras que conocemos como el suroeste de los Estados Unidos y el norte de México era
   a. Aztlán.   **c.** Tenochtitlán.
   b. Tierra Amarilla.

6. Los estados de Nuevo México (el estado número 47) y Arizona (el número 48) no se incorporaron a la Unión hasta el año
   a. 1848   **b.** 1898   **c.** 1904   **d.** 1912

7. Octavio Paz, uno de los más importantes escritores mexicanos del siglo XX —ensayista, poeta, crítico y comentarista, ganador del Premio Nobel de literatura— se asociará siempre con su obra clásica
   a. *La región más transparente* (1958).
   b. *Días de guardar* (1970).
   c. *El laberinto de la soledad* (1950).
   d. *Los de abajo* (1915).

8. César Chávez (1927–1993) será recordado siempre como un líder
   a. y por la creación del sindicato *United Farm Workers Union.*
   b. de programas radiales dirigidos a los latinos.
   c. y por ser el abogado que fundó MALDEF, *Mexican Legal Defense Fund.*

9. El programa "Bracero" (término que viene de la palabra "brazo"), establecido originalmente para ayudar con la cosecha en tiempos de guerra, trajo a más de cinco millones de mexicanos a los Estados Unidos entre 1942 y 1964.
   a. verdadero   **b.** falso

10. En 1954 el programa conocido como *Operation Wetback* hizo volver a México a alrededor de un millón de mexicanos que estaban en los Estados Unidos. Con ellos fueron expulsados también mexicanoamericanos que eran ciudadanos estadounidenses.
   a. verdadero   **b.** falso

Respuestas: 1c, 2a, 3c, 4c, 5a, 6d, 7c, 8a, 9a, 10a

I. Conversación y cultura

LAS RAÍCES DE LOS MEXICANOAMERICANOS

Según las más recientes cifras del Censo del 2000, había alrededor de 21,000,000 de mexicanoamericanos en los Estados Unidos, que representaban casi el 66 por ciento de los más de 38 millones de hispanos en este país. En otras palabras, los mexicoamericanos forman hoy el sector más grande y más antiguo de los tres grupos hispánicos principales de los Estados Unidos. Siglos antes de que llegaran los anglosajones y luego se apoderaran

Daniel Desiga, Campesino, *1976. Collection of Alfredo Aragón. Photo courtesy of UCLA Hammer Museum.*

de lo que ahora es la región suroeste de los EE.UU., los mexicanos y luego los españoles vivían en todo ese territorio. La exploración española de los siglos XVI y XVII se extendió de costa a costa, desde San Agustín en la Florida hasta las costas californianas.

Cuando en 1821 México proclamó su independencia de España, todo el territorio español del suroeste pasó a convertirse en parte integrante de la nueva república hispanoamericana. Sin embargo, después de conseguir la independencia, la nueva nación mexicana sufrió años de inestabilidad en el terreno político. La política y filosofía del llamado "destino manifiesto" ya la habían expresado Thomas Jefferson y John Quincy Adams. El mismo Adams había escrito en una carta que sería "inevitable que el resto del continente fuera nuestro". En 1848 México perdió todas sus tierras al norte del Río Grande (o Río Bravo, como lo llaman los mexicanos), como resultado de la guerra con su vecino del norte (1846–1848), los Estados Unidos.

°contienda: guerra, pelea, disputa

El 2 de febrero de 1848 se firmó el famoso *Tratado de Guadalupe–Hidalgo*, acuerdo que puso el toque final a la contienda° entre los dos países, y dejó a México con sólo un 50% de su terreno anterior. Por medio del tratado, a cambio de unos quince millones de dólares, Estados Unidos adquirió los actuales estados de Texas, Nevada, Colorado, California, Nuevo México, Arizona y Utah.

°asentamiento: instalación provisional o permanente en un sitio dado

°entreacto: intermedio entre dos eventos

Se podría afirmar entonces que los primeros mexicanoamericanos fueron los miembros de las familias que decidieron quedarse en sus lugares de asentamiento° luego que México perdió a favor de los Estados Unidos esta gran parte de su territorio. Estados Unidos ofreció otorgarle la ciudadanía estadounidense a los mexicanos que residieran en lo que de pronto se convirtió en otro país por medio del acuerdo. Según las condiciones estipuladas en el tratado, se respetaría la propiedad privada de los 80.000 mexicanos que en el entreacto° se encontraban residiendo en el recién adquirido territorio estadounidense; se podría mantener el uso de la lengua española, conservar las tradiciones y costumbres culturales, y continuar la práctica de la fe católica. Sin embargo, la historia mostró claramente que esas condiciones no siempre fueron respetadas. Muchos californianos, por ejemplo, sufrieron injusticias y fueron despojados de sus haciendas y terrenos de los cuales eran dueños legalmente y habían pertenecido a la familia por generaciones.

Muchos hispanos que se quedaron en los Estados Unidos vivían en el suroeste y en lugares como el territorio de Nuevo México. En el movimiento hacia el oeste de la segunda mitad del siglo XIX, muchos aventureros que llegaron al territorio de Nuevo México se interesaron más que nada en las tierras que quedaban cerca de los ríos. Para adquirir tierras deseables de sus dueños mexicanos —ahora ciudadanos del nuevo territorio estadounidense— les pedían simplemente que mostraran las escrituras de propiedad que probaran que eran los legítimos propietarios. Como algunas de estas familias y sus antepasados llevaban cientos de años en sus casas, no siempre tenían las escrituras o no les era posible presentar los papeles que

55 estos hombres demandaban. Al no tener pruebas por escrito, terminaban expulsados de sus tierras. En otras ocasiones, los estadounidenses no se molestaban en confirmar la validez de los documentos españoles o mexicanos, escritos en español, por supuesto, y los sacaban de sus tierras aun teniendo papeles. Estos documentados incidentes pasaban en todo el suroeste, no sólo en Nuevo México.

60 El español que hablan algunos hispanos de Nuevo México es algo distinto al español moderno del resto de los Estados Unidos. Como los hispanos del estado llevan tanto tiempo en ese territorio, su idioma a veces refleja elementos arcaicos que ya no se usan en el español de otras partes. Esto y otras peculiaridades lingüísticas hacen del español de Nuevo México una variedad aparte.

65 A aquellas antiguas familias hispanohablantes se unieron posteriormente muchas otras mexicanas, que a lo largo del resto del pasado siglo y del actual fueron emigrando a los Estados Unidos por diferentes razones y por diversos medios. Muchos mexicanos se han integrado totalmente a la sociedad norteamericana y sólo conservan el apellido que muestra la ascendencia 70 mexicana. Otra gran mayoría mantiene en mayor o menor medida elementos de la cultura mexicana y la lengua española. A las diversas personas de ascendencia mexicana que residen en los Estados Unidos se les conoce generalmente como mexicanoamericanos, término que representa a mexicanos, chicanos y otros latinos de origen históricamente 75 mexicano. Al mismo tiempo muchos mexicanoamericanos prefieren usar el término chicano, porque se sienten así participantes de dos culturas igualmente importantes (la mexicana y la estadounidense).

Muchos de los inmigrantes más recientes, ya sean indocumentados o residentes legales, están en circulación constante entre una y otra nación 80 a ambos lados del Río Grande. Aquéllos que deciden probar fortuna en los Estados Unidos no se consideran formalmente mexicanoamericanos, pues en muchos casos no se establecen de modo permanente en el país. Hasta cierto punto ellos constituyen uno de los integrantes más importantes del desarrollo, la dinámica y el futuro de la comunidad 85 mexicanoamericana. Estos individuos o grupos familiares, cuyo tiempo de estancia en suelo norteamericano varía grandemente, representan una continua y vital infusión de aliento y renovación en el uso de la lengua española y en el mantenimiento de las costumbres propias mexicanas en los Estados Unidos. Es por esta razón que la naturaleza del 90 mexicanoamericano no consigue diluirse en el transcurso del tiempo, sino que se fortifica y se define claramente en el mosaico multiétnico de los Estados Unidos.

Hay que reconocer, sin embargo, la compleja diversidad social, lingüística, económica, educativa y política que existe dentro de esta comunidad. Esto 95 ofrece una rica perspectiva para el presente y futuro de este vasto grupo social, por cuanto su carácter variado beneficia la interacción entre sus componentes, y es base para destacar su presencia en la vida general del país, algo que ha de resultar en ganancia para todos.

Misión española de Carmel, California, fundada en el siglo XVIII

MESA REDONDA

En grupos pequeños, contesten las preguntas y comenten los temas siguientes.

1. Si usted es mexicanoamericano, ¿cuáles son algunas costumbres o tradiciones culturales que usted y su familia han podido mantener? Si no, ¿puede describir algunas costumbres de su familia?
2. ¿En qué cree usted que se basa la variedad de términos con los que se denomina a los mexicanoamericanos en los Estados Unidos? ¿Piensa que algunos de esos nombres han indicado o todavía indican intolerancia o desprecio?
3. ¿Qué conoce de la cultura mexicana? Nombre a artistas, actores de cine o de teatro, músicos o cantantes, grupos musicales, políticos, educadores, compositores, etc. Haga una lista breve para compartir con la clase.
4. Explique su opinión sobre la inmigración ilegal de ciudadanos mexicanos a los Estados Unidos. ¿Es beneficiosa o no para los dos países?

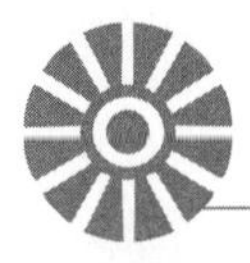

II. Lectura

Cuento

La profesora Rosaura Sánchez, conocida lingüista y escritora.

Rosaura Sánchez, de familia mexicana humilde, nacida en 1941 en San Ángelo, Texas, es una profesional que se ha destacado en el campo de la sociolingüística. En 1974 recibió su doctorado en lingüística de la Universidad de Texas en Austin, y desde entonces ha publicado numerosos estudios y ensayos sobre el bilingüismo en el contexto de las comunidades chicanas. Una de sus obras académicas importantes, *Chicano Discourse*, trata del español de los chicanos desde un punto de vista histórico y sociológico.

Actualmente la profesora Sánchez enseña en la Universidad de California en San Diego, en la Facultad de Literatura y de Estudios del Tercer Mundo. Aparte de su enseñanza y de sus trabajos de investigación sobre el bilingüismo en el suroeste de los Estados Unidos, Sánchez ha escrito cuentos que han sido publicados en *La revista bilingüe/The Bilingual Review*, en la *Revista Chicano-Riqueña* y en varias antologías. Aunque el cuento que sigue, *Se arremangó las mangas*, está escrito en español en su mayor parte, también tiene secciones en inglés que reflejan el medio bilingüe que existe en las grandes ciudades de los Estados Unidos. En este caso, el cuento se desarrolla en la ciudad de Los Ángeles.

ANTES DE LEER

En grupos de tres o cuatro estudiantes comenten lo siguiente. Compartan después sus observaciones con el resto de la clase.

1. ¿Cómo ve usted la relación entre la apariencia de una persona y su condición social? ¿Existen estereotipos que identifican a ciertos integrantes de la comunidad latina en los Estados Unidos, en contraste con los ciudadanos de origen europeo o africano?

2. Aparte de los latinos, ¿qué otros grupos están marginados en los Estados Unidos?
3. ¿Cree que hay maneras, en general, de combatir la discriminación? ¿Cuáles son? Haga una lista.
4. Opcional. ¿Ha sentido alguna vez que ha sido marginado o discriminado debido al color de la piel, la cultura, la lengua que habla, o por otra razón? Si puede, describa la situación y comparta la experiencia con sus compañeros(as).

SE ARREMANGÓ LAS MANGAS

Rosaura Sánchez

Se ajustó la corbata. El nudo se veía derecho. La camisa almidonada le lucía bien. Julio Jarrín se acomodó la solapa, se estiró un poco el saco y se dio un último cepillazo del bigote. Salió en seguida. Era temprano. La reunión empezaba a las 4:00 pero con el tráfico máximo tendría para rato.

5 Subió al auto y en tres minutos ya tomaba la rampa de la autopista hacia el norte. Era tanto el tráfico que tuvo que disminuir la velocidad a 40 m.p.h. Sería un caso difícil y la votación tal vez totalmente negativa, pero había otra posibilidad. Si no aprobaban lo de la permanencia —y seguro que no lo aprobarían— pues podrían ofrecerle un puesto de instrucción en el 10 departamento. De repente el tráfico se paró por completo. Aprovechó para sacarse el saco.

Ahora siempre andaba de traje y corbata. Sin el uniforme de rigor podrían haberlo tomado por indocumentado. Así se decía cada mañana al mirarse al espejo. Alto, prieto y bigotudo pero trajeado para que nadie lo 15 confundiera. Recordaba que cuando recién había llegado a Los Ángeles a trabajar en la universidad lo habían invitado a una recepción en casa de un colega donde daban la bienvenida a los profesores nuevos. Allá por el verano de 1970 tuvo su primer contacto con esas insoportables oleadas de calor que después supo llamaban la condición de "Santa Ana". El cambio 20 de temperatura atontaba a las comunidades costeras no acostumbradas a un clima tropical. Ese día había ido a la reunión en camisa sport de manga corta, como los otros colegas.

Le habían presentado a varios profesores y después de un rato de charla se había dirigido a la mesa de refrescos para prepararse de nuevo un *wine* 25 *cooler.* Al retirarse de la mesa oyó la voz de una señora mayor, esposa de uno de los profesores, que lo llamaba: —*Hey, boy*—, le había dicho—, *you can bring me another margarita.*

Disimulando, haciéndose el que no había oído, se había ido a refugiar a la cocina donde conversaba la mujer latina de un profesor anglosajón. Le 30 dirigió unas palabras en español pero ella le contestó en inglés. Cuando quedaron solos por un momento, trató de dirigir la conversación hacia los problemas de los grupos minoritarios en el ambiente académico, pero no logró interesarla.

—Oh no, there's no discrimination in California. I've never experienced any discrimination whatsoever in the 15 years that we've lived here. My husband and I just love this area, particularly the beach area. We have a place right on the beach, you know, and it's so lovely. My sons just love it; they're really into surfing, you know...

No había vuelto a mencionar la situación a nadie. Su ambición profesional lo llevó a discriminar de todo lo que pudiera asociarlo a esas minorías de clase obrera. Lo primero fue cambiar su apariencia. Nunca más volvió a salir fuera de su casa sin traje y corbata, ni aun cuando se había tenido que arrancar al hospital el día que se cortó la mano al trabajar en el jardín de su casa. Primero se había bañado, cambiado de ropa y ya de traje había salido al cuarto de emergencia del hospital más cercano a recibir atención médica. No era mexicano. Era americano, con los mismos derechos que tenían los anglosajones.

Era la época de las protestas estudiantiles, del culturalismo nacional, pero él estaba muy por encima de todo eso. Cuando los estudiantes chicanos de su universidad habían acudido a él para pedirle apoyo para establecer un programa de Estudios Chicanos, les había dicho que haría lo que pudiera desde su capacidad oficial, como profesor, pero que no esperaran que los apoyara en manifestaciones ni en protestas. Él no era chicano. Más de una vez, desde el atril donde dictaba sus conferencias, se había dirigido a sus estudiantes minoritarios para quejarse de la dejadez del pueblo mexicano, recomendándoles que estudiaran para que dejaran de ser mediocres. Se avergonzaba de ellos.

Su contacto con los profesores y estudiantes chicanos, por lo tanto, había sido mínimo. Lo despreciaban. Y él a ellos los consideraba tontos e inferiores por no seguir el camino que él les señalaba. Había otras maneras de lograr cambios. El talento y el esfuerzo individual, eso era lo que valía. Pero desde esos tiempos habían pasado tantas cosas, tantas cosas que prefería olvidar.

No le alegraba para nada la reunión departamental que le esperaba. Sería un caso difícil. Se trataba de un profesor negro, el profesor Jones, buen profesor, con pocas publicaciones. Un caso típico. Se había dedicado más a la enseñanza que a la investigación y eso no contaba para la administración universitaria, ni para sus colegas departamentales que lo evaluarían ese día. Claro que tenía el apoyo de los estudiantes minoritarios, pero eso poco contaba en estos tiempos. Ni los profesores minoritarios del departamento lo apoyarían. Nadie quería arriesgar el pellejo. Nadie quería tener criterio inferior para juzgar al colega. Algunos no lo apoyarían porque querían quedar bien con la administración o con el jefe del departamento. Tampoco él podría apoyarlo. Lo había conversado con su mujer esa mañana.

—Ese profesor negro aún puede colocarse en otra universidad sin mucha dificultad. Su trabajo no es sobresaliente, ni mucho menos, y me temo que le den el hachazo hoy mismo.

—Pero, ¿no dices que tiene un libro publicado?

—Sí, así es, pero nada de calidad.

80 —Mira, bien sabes que para los que tienen palanca, no hay estorbos, y el cabrón Smith había trabajado para el *State Department* y tenía su apoyo en la administración.

—Y, ¿qué de la protesta de ayer? Salió en todos los periódicos que los estudiantes armaron una manifestación muy grande pidiendo la permanencia para el profesor negro.

85 —Creen que todavía estamos en los 60. Si esa época ya pasó. Ya viste lo que hizo el Presidente. Se mandó llamar a la policía y los arrestaron a todos parejos.

—Sí, el periódico dice que estaba dispuesto a romper cascos con tal de sacarlos de su oficina donde se fueron a sentar en plan de protesta.

90 —Sí, sí, es un tipo peligroso. Le entró un pánico y perdió el control. Pudo hacerse un gran desmadre allí. Es un líder débil y dispuesto a cualquier cosa para sentirse en control de la situación.

—Y por eso mismo, ¿no crees que habría que apoyar al joven negro? Bien sabes cuánto ha costado traer a los pocos profesores minoritarios que hay.

95 —Sí, a los tres que hubo en mi departamento, los traje yo, pero sin protestas ni manifestaciones, usando mi propia palanca.

—Sí, sí, Julio, pero ¿cuántos de esos quedan aún? A todos los han botado y éste es el último, el último de los profesores minoritarios que tú ayudaste a traer. Ninguno ha sobrevivido. Ninguno.

100 Era tan difícil sobrevivir, pero allí estaba él. ¿Acaso no había sobrevivido? Hasta había alcanzado el nivel más alto de profesor en su departamento. Y eso porque había sabido trabajar duro y abrirse camino, no como profesor minoritario sino como profesor capacitado, excelente en su campo, con una lista de publicaciones en su expediente.

105 Llegó a la salida de la autopista, tomó rumbo hacia la universidad y subió un corto trecho más hasta el edificio de ciencias sociales. Bajó, se volvió a poner el saco, entró al edificio y se dirigió a su oficina. Allí sobre la mesa estaban los últimos exámenes de sus alumnos. Había uno en particular, el de Alejandro Ramírez, que era sobresaliente. Un joven estudiante de clase 110 obrera, pero inteligentísimo. Podría haber sido su hijo. Al lado de las pruebas estaba el periódico universitario, con fotos de la manifestación estudiantil. Había una del Presidente universitario, con la cara airada ante un policía. "*Demolish the place if you have to. Just get them out*". Así decía el título al pie de la foto. Se puso a mirar por la ventana. El campo universitario 115 se veía verde, con sus árboles y sus aceras muy bien cuidadas. Un verdadero *country club*. Y él era miembro de este club campestre, miembro vitalicio.

Llegó al salón después de unos minutos para la reunión departamental. El comité de profesores presentó la evaluación y siguió la discusión. Era buen profesor, atraía a cantidades de alumnos, pero porque era fácil, porque no 120 exigía mucho. Tenía un libro publicado, pero era parecido a su tesis doctoral, y después de todo, el tema —el trabajo laboral de un líder negro durante los años 30— no era realmente académico, le faltaba legitimidad, el trabajo en sí era mediocre, y aunque la casa editorial había conseguido muy buenas evaluaciones, le faltaba metodología; no era lo que se esperaba 125 de un buen profesor universitario en ese departamento, en esa universidad. La discusión siguió sin que nadie aportara nada a favor del profesor Jones. Por fin habló el otro profesor negro del departamento para darles toda la razón. Pidió que le concedieran a Jones aunque fuera un cargo menor, algo que le garantizara empleo. Pero tampoco esto les pareció bien.

130 Fue entonces que Julio abrió la boca. Les recordó que él había traído al profesor negro. Les recordó que antes no se habían dado clases de historia minoritaria en ese departamento. Les recordó que la universidad tenía una obligación, un compromiso con las comunidades minoritarias que aumentaban cada año y que algún día serían la población mayoritaria del 135 estado. Les recordó que tenían un récord atroz en cuanto al reclutamiento de estudiantes minoritarios. Les recordó que no había ni un solo estudiante graduado negro en el departamento. Les habló de la investigación que estaba por hacerse en los campos minoritarios. Les hizo recordar su propia producción a esa edad. Les mencionó precedentes de otros profesores, 140 algunos allí presentes, que habían recibido su cargo vitalicio con poca producción cuando esto sólo indicaba posibilidades de crecimiento y mayor brillantez en el futuro. Les habló por 30 minutos. Al ir hablando se dio cuenta que no se atrevía a alabar al profesor Jones profesionalmente, tratando siempre de encontrar razones contextuales para fortalecer su 145 propuesta de que le permitieran permanecer como miembro permanente del departamento. Calló un segundo y dijo: "Creo que el Profesor Jones merece el *tenure* porque su trabajo promete mucho, porque es un pionero en un campo poco explorado que ha suscitado poca investigación. Es un buen profesor, un miembro productivo de este departamento, interesado 150 en períodos y contextos históricos totalmente ignorados por este departamento que prefiere tener quince profesores de historia europea. Repito, el Profesor Jones merece recibir el tenure."

Hubo un largo silencio. Se llamó a la votación y brevemente se anunció el resultado: 20 en contra del profesor Jones y uno a favor.

155 Se levantaron sus colegas y salieron rápido del salón. Era de esperarse, le dijo el jefe del departamento.

Sintió de repente su alienación. No era una sensación nueva. Lo nuevo era reconocerlo. Se había refugiado en la apariencia de ser parte del grupo académico mayoritario. Y ahora que era el profesor Julio Jarrín ni formaba 160 parte del círculo académico departamental ni formaba parte de la comunidad minoritaria. Su alienación era completa.

Salió al sol, al pasto verde. Ninguno había sobrevivido. El salvavidas lo había arrojado demasiado tarde para salvar al profesor Jones. Pero no era tarde para volver a empezar, no era tarde para aprender a luchar. Se quitó 165 el saco y se aflojó el nudo de la corbata. Poco después se arremangó las mangas.

PARA COMENTAR

Trabajando en parejas contesten las siguientes preguntas sobre ***Se arremangó las mangas.*** *Justifiquen su opinión cuando sea necesario. Luego pueden comparar sus respuestas con las de otros compañeros.*

1. ¿Qué opinan los estudiantes chicanos y los demás profesores acerca del profesor Julio Jarrín?
2. ¿Por qué en la fiesta una de las invitadas le pide a Jarrín que le alcance otra "Margarita"?
3. ¿Cuál es la reacción del profesor Jarrín cuando le hacen ese pedido? ¿Qué hace a partir de entonces?
4. ¿Dónde organizan los estudiantes la manifestación? ¿Qué motiva su protesta?
5. ¿Cuál es la opinión de Julio Jarrín sobre los estudiantes chicanos? ¿En qué se fundamenta?
6. ¿Por qué cree usted que el departamento no desea que el profesor Jones obtenga su cátedra de profesor en la universidad?
7. ¿Qué razones a favor de otorgarle la permanencia al profesor Jones presenta Jarrín en la reunión del departamento? ¿Cree que se muestra valiente Jarrín al defender a Jones? Explique su respuesta.
8. ¿Cómo es que la palabra "sobrevivir" adquiere un nuevo significado para Julio Jarrín a medida que el cuento progresa?
9. ¿Qué cree usted que significa el título del cuento (*Se arremangó las mangas*)? ¿Tiene en inglés esa expresión (*He rolled up his sleeves*) el mismo significado que en español?
10. Como estudiante universitario, ¿puede usted identificarse con la enajenación (*alienation*) que debe sentir Julio Jarrín al final de la reunión, o sea, al final del cuento? ¿Cree que el cuento acaba en una nota negativa o positiva? Explique.

PARA ESCRIBIR

Lea los siguientes temas. Luego escoja el que le interese más para escribir sobre el mismo. Comparta su trabajo con otro(a) compañero(a) e intercambien comentarios sobre lo que han escrito.

1. ¿Qué piensa del sistema norteamericano de *tenure* (permanencia en el cargo)? Haga una lista de las ventajas y desventajas de este sistema. Después comparta sus ideas con otro grupo.
2. ¿Cómo piensa usted que el ambiente académico del grupo de profesores refleja la visión de cierta parte de la población norteamericana? Recuerde, por ejemplo, las razones que dan los profesores para votar en contra del profesor Jones.

3. ¿Cree usted que Jarrín toma al final la decisión correcta al apoyar al profesor Jones aun cuando los demás no lo hacen? ¿Por qué sí o por qué no?
4. ¿Le gustó este cuento o no? Explique sus razones.
5. ¿Qué piensa del hecho de que este cuento está escrito en dos lenguas? ¿Le parece una idea válida? ¿Qué ventajas y desventajas cree que presenta un cuento escrito de forma bilingüe? Explique.

Ensayo/Narrativa

Jorge Ramos, conocido periodista y autor mexicano que reside en Miami. (Ver la Capítulo Uno donde ya se presentó.)

ANTES DE LEER

En grupos de tres o cuatro estudiantes, comenten lo siguiente. Compartan después sus observaciones con el resto de la clase.

1. ¿Ha pensado alguna vez en su "acento" o en el de gente que conoce, en inglés o en español? ¿Qué piensa sobre los acentos? ¿Qué pueden revelar y no revelar?
2. ¿Puede comentar acerca de las actitudes que a veces observamos hacia diferentes acentos que se escuchan en Estados Unidos? ¿Qué cree que pueda haber detrás de esas actitudes y cómo se han desarrollado? ¿Cree que estas actitudes se pueden cambiar? ¿Por qué sí o por qué no? Si cree que sí, ¿cómo?
3. ¿Qué es o cómo define usted lo que se entiende generalmente por "acento"? ¿Tiene algo de "malo" tener un acento extranjero? Por otro lado, ¿hasta qué punto podemos considerar que el acento hispano es "extranjero" después de varias generaciones? ¿Qué otros tipos de acentos observa que hay en los Estados Unidos? ¿De qué estamos hablando en realidad, aparte de la fonología, o sea, de la pronunciación?
4. ¿Qué se entiende por un acento o pronunciación estándar? ¿Quién decide lo que es una pronunciación estándar o normativa? ¿Qué personas que tienen un acento extranjero obvio han representado de manera excelente al gobierno de Estados Unidos en la política nacional o internacional?
5. ¿Qué problemas pueden notar algunas personas con una definición estricta de lo que puede significar usar una lengua normativa o estándar? ¿Por qué?

MI ACENTO
(LIVING WITH AN ACCENT)

Lo que somos, lo que vivimos,
Si lo olvidamos ¿en qué mapa vamos a figurar?

—*de la película* Tango *de Carlos Saura*

Ethnicity seems to be destiny in the politics of the third century
5 *(of the American democracy).*
La etnicidad parece ser el destino en la política del tercer siglo
(de la democracia norteamericana).

—*Harold Evans*

Quizás no parezco el estereotipo que algunos tienen del mexicano. Pero,
10 definitivamente, sí sueno como uno.

Las horas y días y años estudiando inglés en México me prepararon muy poco lingüísticamente para el aterrizaje en Estados Unidos. Empezando por el simple hecho de que las letras en inglés no se pronuncian como suenan. La O suena como A, la E como I. Mis erres en español son fuertes, groseras; 15 en inglés la erre es un murmullo. La Ñ no existe. Nunca antes había tenido necesidad de diferenciar la B de la V. Y de repente tuve que empezar a hacer un esfuerzo consciente por separar los labios para pronunciar simples palabras como *vacation, Venus* o *vegetable.*

Con todas estas nuevas reglas en la cabeza, tenía trabada la boca; 20 definitivamente sonaba como mexicano. Mi trabajo como mesero recién llegado a Los Ángeles fue una verdadera tortura. ¿Cómo explicas con acento chilango y un vocabulario en inglés de escuela primaria que el pescado viene sazonado en una salsa rebosada en ajo y con un ligerísimo toque de cilantro y perejil? ¿Cómo describes sin reírte que el *penne* está preparado *al dente* 25 en una salsa *a la arabiata* cuando todo lo que salía de mi boca me sonaba a albur?

Y si yo pasaba problemas para explicarme en inglés, los norteamericanos tenían —y tienen— serias complicaciones, incluso, para pronunciar mi primer nombre. Decir Jorge en inglés es casi un trabalenguas. En español 30 tanto la jota como la G de Jorge son suaves. La erre es firme, inequívoca. Pero en inglés hay quienes le meten fuego a la jota —como si se tratara de John— o enfatizan la G igual que en Gary.

Pronunciar la letra R con fuerza es un obstáculo prácticamente infranqueable para muchos estadounidenses; hay que correr el riesgo de ser escupido 35 mientras la inflexible lengua anglosajona trata de enrollarse. La O de Jorge no asusta mucho pero la E final termina generalmente sonando como *iii* de ratón. Las primeras tres letras de mi nombre riman en inglés con *horse*; la G es suave y la E final es como la de *jet*. En otras palabras, decir Jorge en inglés es un imposible lingüístico para la mayoría de los estadounidenses 40 que conozco.

Por eso, en asuntos que no importaban mucho, cambié el Jorge por el George. Y así, para la gente del banco, del supermercado, de la burocracia universitaria, era simplemente George.

Una vez que resolví el asunto de la pronunciación del primer nombre —Jorge 45 para unos, George para otros— había que hacer otro tipo de ajustes. Mi nombre complete es Jorge Gilberto Ramos Avalos. Cualquier hijo de vecino en México tiene cuanto menos dos nombres y dos apellidos. Cuando abrí una cuenta en el banco o al inscribirme en un curso de periodismo y televisión en la Universidad de California en Los Ángeles (UCLA), mi nombre causó 50 confusión. No sólo era impronunciable sino que en la lógica norteamericana no tenía mucho sentido; era demasiado largo. Algo sobraba.

En Estados Unidos se pierde automáticamente el apellido de la madre. Y me parece que es una verdadera pena. El machismo en Norteamérica es más sutil que en el sur del continente. Pero el mejor ejemplo de esto es 55 cómo las mujeres adoptan el apellido de sus maridos, desechando el propio, y la práctica de no incluir su apellido en el nombre de sus hijos. Es como si no existieran; el nombre de un hijo en Estados Unidos oculta a la madre. Y yo no quería esconder a la mía.

"No pierdas el Avalos", me decía mi abuelo materno Miguel cuando supo 60 de la mala costumbre estadounidense de mochar los apellidos de la madre. Así que por mucho tiempo insistí en ser llamado Jorge Ramos Avalos. Mi segundo nombre, Gilberto, nunca me ha gustado mucho —arrastra la tradición autoritaria de mi abuelo paterno y de mi padre— y lo deseché sin problemas. Pero al poco tiempo empecé a recibir correspondencia 65 dirigida a Jorge R. Avalos.

En honor a mi abuelo Miguel intenté mantener mi nombre completo y me lancé a varias batallas quijotescas explicándole a un sinnúmero de funcionarios y burócratas la costumbre mexicana de tener dos apellidos. A nadie le importó. Las cartas siguieron llegando a nombre de Jorge R. 70 Avalos. Al final, cedí y opté por lo más práctico: perdí un nombre (Gilberto) y un apellido (Avalos) para convertirme simple y llanamente en Jorge Ramos. O George Ramos para servirle a usted. Lo siento abue.

La primera vez que entrevisté a George W. Bush, a finales del 99, tuvimos una curiosa conversación. Le comenté al entonces gobernador de Texas 75 que su nombre en inglés es muy similar al mío en español; George es Jorge y Bush se asemeja a Ramos. La anécdota ha permitido que el ahora presidente siempre sepa quién soy en un mar de periodistas. Y eso siempre ayuda en una conferencia de prensa o en la solicitud de una entrevista.

Desde mi llegada a Estados Unidos para mí estaba muy claro que nunca 80 sería confundido con un norteamericano —aunque para muchos tampoco parecía un mexicano— ni que hablaría el inglés como un estadounidense.

Además, no lo quería. Mi acento me identificará siempre como un extranjero. Y eso es lo que soy en Estados Unidos; es una verdad que jamás quisiera esconder.

85 Mi acento carga origen, historia y dirección. Dice quién soy, grita de dónde vengo. El acento es como una huella digital; único, intransferible. El acento arrastra "la herida de la tierra", para usar la frase del escritor Carlos Fuentes y su cicatriz puede maquillarse o cubrirse pero nunca se puede borrar.

Durante un tiempo, recién llegado a Los Ángeles, fui a visitar una estación 90 de televisión con un grupo de estudiantes de UCLA. Y ahí tuve la oportunidad de acercarme a quien, en ese entonces —1983— era el director de noticias. Abierta, ingenuamente, le pregunté si él creía que alguien con mi acento en inglés tendría la oportunidad de ser reportero en su estación. "No", fue su cortante respuesta.

95 Ésa era la realidad. Había en esos días un periodista radial, Michael Jackson —del mismo nombre que el cantante— que se hizo popular con su acento británico. En Los Ángeles había millones de mexicanos y sólo un puñado de británicos. Su acento, en cambio, era aceptado y el mío no.

Cuando me mudé a Miami jugué por un momento con la posibilidad de 100 trabajar en un medio de comunicación en inglés. Nuestros presupuestos para transmitir noticias en español eran ínfimos comparados con los de las grandes cadenas y pensé que, al menos, debería explorar mis opciones. A pesar de mi experiencia periodística era obvio que el primer obstáculo que enfrentaría sería mi acento en inglés. Así es que decidí asistir con una especialista en 105 reducción de acento para ayudarme a incursionar en el *mainstream.*

Desde que me escuchó por primera vez puso cara de preocupación. "Tú nunca vas a poder hablar el inglés sin acento", me dijo. De nada sirvieron mis largos ratos de lectura en voz alta. Después de la segunda clase, la maestra me declaró caso perdido. Y ahí colgué cualquier ilusión de saltar al mercado en inglés.

110 El inglés lo aprendí, realmente, al llegar a Estados Unidos a los 24 años de edad. Y aunque no tengo ningún problema en comunicarme, está clarísimo que no es mi lengua materna. Para ser franco, la confirmación de que nunca hablaría el inglés sin acento me afianzó en mi trabajo. Nunca tendría que pelear con Peter Jennings, Tom Brokaw, Dan Rather o Ted Koppel por una 115 entrevista con el presidente de Estados Unidos. Nunca me pelearía con Barbara Walters o Sam Donaldson por un reportaje. De esta manera me convencí que mi futuro era en los medios de comunicación en español y me dispuse a hacerlo lo mejor posible. "Ellos podrán trabajar muy bien en inglés", pensé. "Pero trataré de hacerlo aún mejor en español."

120 Al final de cuentas, terminé compitiendo con los mismos periodistas que mencioné anteriormente. Pero no en la misma empresa. Cuando a finales de los años 90 y a principios del nuevo siglo, los medios de comunicación en español empezaron a quitarle audiencia a los de inglés en ciudades con altos porcentajes de población latina, la competencia entre todos los canales de radio 125 y televisión se intensificó, independientemente del idioma en que transmitieran.

Sin embargo, tanto dentro como fuera de mi profesión mi acento me ha marcado. Y en no pocas ocasiones ha provocado que me traten de manera

distinta. Ya no se trata de la discriminación burda de los anuncios en parques públicos en Colorado y en otros parques en todo el país que en un pasado
130 no muy reciente prohibían la entrada a perros y mexicanos. Ahora es una discriminación más sutil. Es el no ser atendido en un restaurante con la misma premura y atención que el resto de los comensales, la impaciencia grosera del que dice no entender la forma en que hablas y el ser recibido con la pregunta: "¿De dónde eres?" antes de un "Hola". O el que se rían en tu cara
135 al decir que no naciste en Estados Unidos. Uno de mis *mantras* es éste: lo mejor de Estados Unidos son sus oportunidades; lo peor es el racismo.

Cada vez hay más gente como yo en Estados Unidos. La frontera con México es porosa. Todos los días cruzan un promedio de mil personas de manera ilegal. Y esto no se va a detener con acuerdos migratorios ni con más
140 vigilancia, pues, fundamentalmente, es un problema económico; mientras falten trabajos en México y existan oportunidades de empleos en Estados Unidos esa frontera continuará pareciéndose a una coladera.

Muchos norteamericanos se enojaron cuando el presidente de México, Vicente Fox, explicó que uno de sus planes a largo plazo era abrir la frontera
145 entre ambos países. Sólo quería reconocer y normalizar legalmente lo que ocurre en la práctica. Sólo el que ha estado una noche en Tijuana o en el Río Bravo (o Río Grande, como le llaman en Estados Unidos), viendo el juego del gato y el ratón que protagonizan los agentes de la Patrulla Fronteriza de Estados Unidos y los inmigrantes mexicanos, puede afirmar
150 sin temor a equivocarse que la frontera es más legal que real.

Hablo un español madreado, es decir, uno moldeado por mi madre y golpeado por mi patria. Y hablo un inglés madreadísimo que, muchas veces, apenas se entiende. Pero con ambos me defiendo muy bien, muchas gracias.

Mi acento me delata, me desnuda, cuenta mi historia en fracciones de
155 segundo y pone al otro en alerta. Pero mi acento también es mi bandera. En unas pocas exhalaciones explica quién soy y de dónde vengo.

El primer director de noticias con quien trabajé en Estados Unidos, Pete Moraga, me entrenó para que perdiera mi fuerte acento de la ciudad de México. El cantadito particular de los defeños es inconfundible. Y Pete
160 intentó que al hablar español mi acento chilango no generara rechazo en una buena parte de la audiencia del Canal 34 en Los Ángeles que era mexicana pero no de la capital. En México siempre ha existido una tensión entre la capital y la provincia. Por siglos, el poder —político, económico, religioso y cultural— se ha concentrado en el centro. Y con el poder la
165 prepotencia. Por eso la mala fama de los capitalinos.

Al principio me costó mucho trabajo cortar mi acento en español. Pero pronto aprendí que los acentos se crean, fundamentalmente, alargando o cortando las vocales y en los énfasis en las sílabas. Así, me propuse decir "información" y no "ííínformacióóón", "fútbol" y no "fúuutboool". Las
170 sugerencias de Pete funcionaron bien. Tan bien que aún hoy en día hablo una especie de español neutral que pocos pueden identificar con la ciudad de México. Algunas personas que me oyen en el noticiero han creído que soy peruano, colombiano, ecuatoriano, boliviano y hasta cubano.

Finalmente, la ironía es que nunca perdí mi acento en inglés pero sí
175 neutralicé mi acento en español. Y si a esto le sumamos la enorme cantidad

de palabras en *espanglish* (la mezcla del inglés y el español) que son típicas de los latinos que vivimos en Estados Unidos, el efecto final es realmente único. Inconfundible. Es mi acento.

Durante algún tiempo evité dar discursos en universidades o eventos públicos para no tener que exponerme a cometer errores en inglés. Esto, desde luego, me alejó de una parte de la sociedad norteamericana y me enterró en el mundo hispano. Incluso, algunas veces cuando mi hija Paola me acompañaba a presentaciones públicas, me corregía la pronunciación durante el regreso a casa. "Eso no se dice así, papá", me decía con humor. Hasta que, finalmente, entendí que tenía un acento casi incorregible, que no tenía que disculparme por haber aprendido a hablar inglés muy tarde en mi vida y que mi acento, lejos de ser un obstáculo, lo podía convertir en una carta de presentación. Sí, me sigo sintiendo distinto, pero ya vivo en paz con la forma en que hablo.

Lo que dice mi acento es que soy de otro lado, al igual que más de 30 millones de personas en Estados Unidos. A veces me sorprendo caminando frente a una construcción, viendo trabajar a un grupo de jardineros o sentado en un restaurante ante un mesero y me es inevitable pensar que yo también tuve que empezar, como ellos, desde abajo. Hay ocasiones en que me apena que me reconozcan —"mira, ahí va el de la televisión"— y me vean bien vestido y en un buen auto, porque no quiero que crean que me he olvidado de mi origen y de que yo también soy un inmigrante. Mi trayecto de México a Estados Unidos me ha definido más que la mayoría de las cosas en la vida.

"¿Te imaginas si te hubieras quedado en México?" me preguntó hace poco mi hija Paola en una inquisitiva conversación. "¿Te has puesto a pensar cómo las cosas pequeñas luego tienen un enorme impacto en el futuro?" ¡Qué maravilla poder platicar así con tu propia hija!

Pasé de ser mexicano a latino. O hispano. Aunque latino se usa más en California e hispano en el este de Estados Unidos, utilizo latino e hispano de manera indistinta. También es una cuestión generacional; el término "latino" es usado con mayor frecuencia entre los jóvenes. Lo que importa es que dejé de ser un residente de México para convertirme en inmigrante. Dejé, en otras palabras, la estabilidad por el cambio.

Durante años me resistí, también, a identificarme ante los demás como latino o hispano. Cuando les pregunto: "¿Qué eres?" me contestan: "peruano", "argentino", "colombiano", "hondureño", pero casi nunca "latino" o "hispano". El término hispano o *Hispanic* fue una invención de la Oficina del Censo para agrupar a los ciudadanos y residentes de Estados Unidos provenientes de Iberoamérica. Y para diferenciarnos de otros grupos de blancos, se creó la categoría de "blancos no hispanos" (o *non-Hispanic whites*). Pero a pesar de este tipo de definiciones, los hispanos no somos un grupo monolítico.

Mientras que los mexicanos y centroamericanos discuten hasta el cansancio las leyes migratorias para obtener una amnistía o la residencia permanente, los cubanos están obsesionados con la dictadura de Fidel Castro y los puertorriqueños con la indefinición política frente a Estados Unidos. De la misma manera, los ciudadanos norteamericanos de origen latino —independientemente de qué país vengan— están más preocupados por mejorar los niveles educativos y el acceso a buenos empleos que por cuestiones migratorias, Fidel Castro o el futuro de la isla de Vieques.

Sin embargo, a los hispanos nos unen el español, nuestro origen latinoamericano e ibérico y ciertos valores tradicionales como la importancia de la familia y el catolicismo. Y si bien estas características son una cuestión de grado y no conceptos absolutos, la realidad es que la migración latina a Estados Unidos es distinta a otras olas migratorias que han llegado al país, como la de los irlandeses, italianos o europeos del este.

Ni italianos ni polacos ni alemanes tuvieron varias cadenas de radio y de televisión a nivel nacional en Estados Unidos, ni sus idiomas terminaron invadiendo cada rincón de la nación. En cambio, los hispanos hemos mantenido el español en contra de todos los pronósticos. Lejos de desaparecer, el español está más fuerte que nunca en Estados Unidos.

En parte esto se explica debido a la cercanía con nuestros países de origen. Geográficamente tiene más sentido cruzar de Tijuana a San Diego que montarse en un bote y zarpar de Sicilia a Nueva York. No es lo mismo ir a visitar a tus familiares en Venecia y Varsovia que en Veracruz. Es más fácil promover la reunificación familiar si alguien vive en Michoacán que en Milán. Además, la nueva tecnología ha hecho mucho más baratas las comunicaciones telefónicas. Llamar a San Salvador cuesta bastante menos que hace 50 años lo era hacerlo a la Santa Sede en Roma. Y la Internet nos permite mantenernos en contacto permanente y con costos razonables independientemente del lugar en donde vivamos. Esto no ocurrió con las migraciones europeas a Estados Unidos en el siglo pasado.

El *melting pot* se quemó.

"Es la primera vez en la historia que una comunidad de origen distinto al estadounidense no ha tenido que pasar por el proceso de la olla podrida (*melting pot*) que es el de homologar sus costumbres a las de la población de habla inglesa para ser reconocidos como estadounidenses", asegura el escritor peruano Mario Vargas Llosa. "Los hispanos no han tenido que perder su lengua ni su cultura para sentirse asimilados a las de los anglosajones; por el contrario, muchos han tomado una posición de defensa de esa cultura."[1]

A todo esto habría que agregar algo muy importante. El español se ha convertido en un símbolo de identificación social de los hispanos. El español no sólo se habla en la mayoría de los hogares latinos de Estados Unidos sino que es una señal de pertenencia a un grupo. Incluso aquellos hispanos que no hablan bien el español saludan diciendo "hola", se despiden con un "adiós" y salpican su conversación con una que otra palabrita del castellano. E incluso al insultar gritamos al aire nuestras circunstancias bilingües, biculturales y binacionales. "*This fucking perrrra* no me deja dormir", dice alguien muy conocido de la familia y que prefiere mantenerse en el anonimato (por obvias razones) cuando el reloj interno de su mascota la despierta a ladrido limpio, invariablemente, a las dos y media de la mañana.

---

[1] *El Nuevo Herald.* Citado de un artículo de *El País* de España. Vargas Llosa señala el aporte hispano. 08/13/2001.

270 Estas expresiones híbridas del bilingüismo y biculturalismo son tan importantes para nosotros que hasta políticos norteamericanos interesados en el voto latino se han aprendido de memoria frases en español. El caso más patente y patético fue el vicepresidente y ex candidato demócrata a la presidencia en el 2000, Al Gore, quien para atraer el voto hispano, durante su campaña repetía frases como "sí se puede", "claro que sí", "*p'alante* siempre *p'alante*" y "comunidad *borrricua*" sin entender muy bien lo que estaba diciendo. Hasta cierta medida, George Bush hizo lo mismo aunque tal vez tenía un mayor nivel de entendimiento.

275

El español cada vez se habla más en Estados Unidos. Ha resistido tanto los esfuerzos por prohibirlo de manera legal como la inevitable integración lingüística y las presiones de vivir en un país donde predomina el inglés. Y contrario a lo que ocurrió con el italiano o el polaco, el español —ligado a los altos niveles de nacimientos entre los latinos y a la inmigración proveniente del sur de la frontera— tiende a proliferar en Estados Unidos aunque no de manera pura y, a veces, ante el horror de los miembros de la Real Academia de la Lengua Española.

280

285

Estados Unidos no es un país blanco; es una nación mestiza, mezclada, multiétnica, multicultural. Una de las tendencias que han predominado en este mestizaje es la hispanización o latinización de Norteamérica. Y aquí no estamos hablando únicamente de la resistencia del español a morir en tierra yanqui sino de las enormes influencias culturales de los hispanos en Estados Unidos.

290

Inmigrantes mexicanos entrando ilegalmente a los Estados Unidos al saltar la cerca que forma la barrera entre las dos naciones.

En Estados Unidos se venden más tortillas que *bagels* y más salsa que *ketchup*, los medios de comunicación en español ensombrecen a los que transmiten en inglés, políticos con apellidos como Hernández y Sánchez reemplazan a los Dornan y Smith y hay una verdadera invasión cultural a través de la música, el arte y la literatura. Es una reconquista cultural. En los mismos territorios que perdió México a mediados del siglo XIX, los latinos están empezando a tener un papel predominante en el proceso de reconquistar culturalmente lo que los mexicanos perdieron geográfica y políticamente.

La misma integración de razas y de grupos étnicos que está experimentando Estados Unidos se da dentro de la comunidad hispana. Y esta integración me ha tocado de manera muy personal. Difícil es que me defina, únicamente, como mexicano. Y estadounidense no soy a pesar de haber vivido en este país desde hace casi dos décadas. Me siento mucho más identificado con los indígenas de Oaxaca y Chiapas que con los habitantes de Wisconsin y Dakota. La suya es una historia que no comparto. Así que no soy un mexicano a secas; soy un mexicano en Estados Unidos. Punto.

A nivel familiar estas combinaciones también se dan. Mi esposa Lisa nació en San Juan, Puerto Rico, de padres cubanos. Cuando viaja a América Latina de negocios es considerada norteamericana. Para ella no sólo su origen la define sino también el lugar donde está parada.

Mi hijo Nicolás nació en Miami y podría ser definido como *mexicoporto-cubanoamericano.* Y mi hija Paola, que también nació en el sur de la Florida y ha pasado una buena parte de su niñez y adolescencia en España, sería *españocubanamexicoamericana.* Mis hijos son, en pocas palabras, unos neoamericanos o nuevos americanos.

Y esto es parte de mi mundo diario. Me he pasado una buena parte de mi carrera informando sobre América Latina (porque de allí vienen la mayoría de las personas que ven el noticiero) y hablando sobre los latinos (porque, al fin de cuentas, eso es lo que soy). Pero como periodista latino me ha caído, junto a muchos otros, una responsabilidad que nunca esperé.

Los periodistas hispanos, al enfatizar asuntos que tienden a olvidarse en otros medios de comunicación pero que forman parte integral de nuestras vidas, nos convertimos en la voz de los que no tienen voz. Cuando informamos sobre el racismo y la discriminación en contra de los latinos, cuando se ataca a quienes hablan español, cuando cazan inmigrantes como animales en la frontera con Arizona, cuando surgen propuestas antilatinas como la 187 en California e informamos sobre eso, le damos voz a los que no tienen voz. No es que tomemos partido, pero al hablar sobre gente (como los inmigrantes latinos e indocumentados) que generalmente no aparece en los medios electrónicos o escritos en inglés, los periodistas hispanos estamos presentando al resto del país un aspecto desconocido para millones. Y lo hacemos con un acento y una familiaridad con el tema que difícilmente puede ser replicada por otros.

Mi acento carga la historia de las familias Ramos y Avalos. Ya no tengo abuelos. Mi abuela Raquel murió hace poco y los cinco hermanos Ramos Avalos nos quedamos colgando: ¿y ahora a quién le preguntamos de nuestro pasado?

Dicen mis hermanos que siempre fui el favorito de mi abuelo Gilberto, el esposo de Raquel. Es muy posible. Cada domingo me regalaba unas monedas, siempre una o dos más que a mis hermanos o primos. Pero gracias a esa relación privilegiada con mi abuelo Gilberto conocí de primera mano a los tíos de mi padre que viven en Ramos Arizpe, Coahuila, a unas horas de la frontera con Estados Unidos. El acento de mi familia en el norte no era el mío. Pero las conversaciones de sobremesa tras una comida de cabrito —en que mi abuelo repartía como el manjar más exquisito, los ojos, cachetes, lengua y cerebro del animal— me perseguirán para siempre. Seguro repito en ciertos momentos expresiones y modismos que escuché por primera vez frente a esos asqueantes tacos de cabrito.

Mi abuelo Miguel era un maravilloso conversador. Todos los jueves iba a comer a la casa de Piedras Negras con nosotros y en las largas sobremesas supe sobre cómo se luchó la segunda guerra mundial, de los excesos del imperio romano y de la dictadura de Porfirio Díaz en México. Luego, cuando íbamos a comer a su casa —casi todos los sábados— contestaba de dónde salían los temas de sus conversaciones: montones de libros se acumulaban en su mesita de noche (al igual que ahora se acumulan en la mía). A veces, llegábamos a su casa antes del mediodía y lo sorprendía en pijama, leyendo en su cama con las cortinas tapando los rayos del sol y ayudándose con una lámpara que sólo le alumbraba uno o dos párrafos del libro que descansaba sobre su prominente estómago. La bacinica escondida debajo de la cama y a medio llenar denotaba que ni siquiera la urgencia de orinar podía interrumpir a mi abuelo de su lectura.

Miguel, padre de mi madre, nació con el siglo en 1900. Y con sus pláticas sin prisa entendí la emoción de un niño que ve cómo se prende un foco por primera vez en su vida. Durante el bautizo de su hermana Blanca, en 1910, su padre —mi bisabuelo Gregorio Avalos— logró (gracias a sus contactos con el gobierno federal) que llegara la electricidad al pueblito minero de Taxco. Recuerdo también, como si yo hubiera estado ahí, cuando mi abuelo Miguel durmió en la cama de la emperatriz Carlota en el Castillo de Chapultepec de la ciudad de México. Su padre Gregorio era superintendente de edificios y supongo que entre los beneficios de su trabajo estaba el aprovechar, aunque fuera por una noche, las bondades de la cama de una emperatriz. Estoy seguro que mi vocabulario está plagado con palabras y acentos de esas extraordinarias historias de mi abuelo Miguel.

A mi abuela Consuelo no la conocí. Murió cuando mi madre era todavía una niña. Pero los recuerdos que dejó fueron tan intensos y su desaparición tan súbita, que mi madre la convirtió en una verdadera presencia en nuestra casa. Casi puedo oír su risa contagiosa, oler los riquísimos platillos que cocinaba (y cuyas recetas son, incluso, repetidas en mi casa en Miami) y disfrutar las recepciones que organizaba con una gracia sin igual. Sus gestos y palabras son, ahora, también míos gracias a los puentes que construyó mi madre. Y sus olores también: mi casa huele a sus blusas recién almidonadas y a su caldo de camarón y a las cremas que untaba en una blanquísima piel que nunca pude acariciar.

Mi madre es una extraordinaria cuentista. Pero todos sus cuentos son reales. Ella las llama "historias verdaderas". Son historias de la familia que han pasado de generación en generación y que ella se ha encargado de mantener a flote. Sin esas "historias verdaderas" nunca me hubiera enterado de cómo mi padre se quemó sus delicados pies con el sol en plena luna de miel (lo que evitó un largamente planeado viaje a esquiar), ni de las peleas de mis tías por salir en las fotos bien pegaditas al lado de mi abuelo Miguel, ni de los ataques de asma que me dejaban verde y pálido durante las visitas a la casa de mi tío José en Valle de Bravo. Esas historias verdaderas son las que le han dado un sentido a la historia familiar y es muy probable que yo, a mi manera, haya querido seguir con una tradición que mi madre ha cuidado palabra por palabra.

Los gestos de mis abuelos, las expresiones de mi padre, los cuentos de mi madre, las sobremesas interminables en casa de mi abuelo Miguel, la presencia ausente de Consuelo, en otras palabras, mi pasado y mi punto de partida están hoy reflejados en mi acento. Puede ser que nunca logre hablar el inglés sin los lastres de mi acento en español. No me importa. Mi acento son las huellas y cicatrices; marcho contento y llevo la maleta bien cargada.

PARA COMENTAR O ESCRIBIR

1. ¿Cómo se siente Jorge Ramos respecto a su acento cuando habla inglés? ¿Le da orgullo o vergüenza? Explique su respuesta.
2. Ramos explica que en un momento dado tomaba clases para reducir su acento. ¿Por qué hizo eso y cuál fue el resultado? ¿Qué piensa usted?
3. ¿En algún momento ha querido usted cambiar o reducir su acento en español o en inglés? Explique.
4. Ramos le llama al acento individual "una huella digital". ¿Cree que se puede averiguar algo de una persona con sólo oírle hablar? Si piensa que sí, ¿qué cree que se puede averiguar? ¿Se puede uno equivocar?
5. Ramos afirma que lo peor de los Estados Unidos es el racismo. ¿Qué opina usted sobre esta afirmación? ¿Cómo compararía la actitud de Ramos frente al racismo con la actitud del profesor Jarrín en *Se arremangó las mangas* de Rosaura Sánchez?

Abelardo Delgado es un escritor nacido en México en 1931, nacionalizado norteamericano. Ha desempeñado múltiples actividades, entre ellas las de ensayista, profesor, director de programas de servicio a la comunidad, etc. Es poeta y novelista. Fundó en 1970 la editorial Barrio Publications.

ANTES DE LEER

En grupos de tres o cuatro estudiantes comenten lo siguiente. Compartan después sus observaciones con el resto de la clase.

1. Identifique cuál es el aspecto más significativo que tiene para usted la celebración del Día de los Padres o el Día de las Madres.

2. Comente las posibles diferencias que existen en la idea del homenaje al padre en las dos culturas: mexicana (o hispanoamericana) y norteamericana.
3. En muchos casos nuestros padres procuran mantener vivos en nosotros la cultura y el idioma de nuestros antepasados. ¿Sus padres lo han criado así? Comparta dos o tres experiencias sobre el tema con sus compañeros(as) de clase.
4. ¿Ha experimentado usted algún conflicto de índole lingüístico-cultural con sus padres y familiares? Explique.

HOMENAJE A LOS PADRES CHICANOS

con el semblante° callado
con el consejo bien templado°,
demandando siempre respeto,
con la mano ampollada° y el orgullo repleto,
5 así eres tú y nosotros te hablamos este día,
padre, papá, apá, jefito, *dad, daddy*... father,
como acostumbremos llamarte, eres el mismo.
la cultura nuestra dicta
que el cariño que te tenemos
10 lo demostremos poco
y unos hasta creemos
que *father's day*
es cosa de los gringos,
pero no...
15 tu sacrificio es muy sagrado
para dejarlo pasar hoy en callado.
tu sudor es agua bendita
y tu palabra sabia,
derecha como esos surcos
20 que con fe unos labran° día tras día,
nos sirve de alimento espiritual
y tu sufrir por tierras
y costumbres tan extrañas,
tu aguante, tu amparo°, tu apoyo,
25 todo eso lo reconocemos y lo agradecemos
y te llamamos hoy con fuerza
para que oigas
aun si ya estás muerto
aun si la carga fue mucha
30 o la tentación bastante
y nos abandonaste
aun si estás en una cárcel
o en un hospital...
óyeme, padre chicano, oye también a mis hermanos,
35 hoy y siempre, papá, te veneramos.

semblante: aspecto del rostro
templado: firme

ampollada: con ampollas (blisters)

labran: trabajan la tierra
amparo: abrigo o defensa

Padre mexicano con su hijo.

PARA COMENTAR

Trabajando en parejas contesten las siguientes preguntas sobre ***Homenaje a los padres chicanos.*** *Justifiquen su opinión cuando sea necesario. Luego pueden comparar sus respuestas con las de otros compañeros.*

1. ¿Por qué cree que es difícil expresarles nuestros sentimientos más importantes (agradecimiento, admiración, aprecio, cariño) a nuestros familiares o amigos, y por qué los ocultamos?
2. Relate alguna experiencia donde un pariente o amigo le ayudó a salir de una situación crítica con un consejo, una acción particular u otro tipo de apoyo.
3. En su opinión, ¿cuál ha sido el consejo más valioso que le han dado sus padres?
4. ¿Es diferente la relación que hay entre padres e hijos en la cultura mexicana o hispana de la que existe en la norteamericana? Explique.

PARA ESCRIBIR

Escoja una de estas ideas del poema y escriba un breve comentario.

- "con la mano ampollada y el orgullo repleto"
- "la cultura nuestra dicta / que el cariño que te tenemos / lo demostremos poco"
- "tu aguante, tu amparo, tu apoyo"

III. Mundos hispanos

César Chávez, el conocido activista chicano (1927–1993)

El líder activista de los trabajadores agrícolas, **César Estrada Chávez** (1927–1993), durante el "Movimiento Chicano" fue uno de los organizadores que trabajó más arduamente por los derechos laborales y civiles de los trabajadores agrícolas. Por medio de sus esfuerzos pacíficos logró ganarse el respaldo de miles y miles de personas en la nación —políticos, trabajadores agrícolas, estudiantes, votantes "liberales" y gente de todas las clases sociales, convirtiéndose así tanto en el líder principal del sindicato *National Farm Workers Association* (NFWA) durante la década de los sesenta, como un símbolo de la lucha de los chicanos contra los poderosos intereses de las variadas y poderosas industrias agrícolas. Cuando murió el 23 de abril de 1993, era el presidente del sindicato conocido como la *United Farm Workers of America* (AFL-CIO). Al año siguiente de haber fallecido, el Presidente Bill Clinton le otorgó la Medalla Presidencial de Honor, el reconocimiento civil más grande que un presidente le puede otorgar a uno de los ciudadanos de la nación.

El actor y activista chicano, **Edward James Olmos** es conocido no sólo como hábil actor de cine sino también como activista. Olmos ha utilizado su notoriedad para llamar la atención hacia cuestiones importantes del momento relacionadas con la población latina de los Estados Unidos. Su activismo comunitario y sus éxitos de cine han inspirado a muchos méxicoamericanos, sirviéndoles de modelo y mentor, sobre todo para la juventud. Ha actuado en películas tales como *The Ballad of Gregorio Cortés*, *Zoot Suit* (1981), *Stand and Deliver* (1988) —disponible en español bajo el título *Con ganas de triunfar*— y *American Me*.

Edward James Olmos, un actor y activista chicano

ACTIVIDADES

1. **César Chávez: Aprendamos juntos y conversemos en clase**. Busque información sobre César Chávez en su biblioteca o por medio de Internet. Tome apuntes y comparta en clase algunos de los detalles que averiguó sobre el líder del movimiento agrícola y obrero. Puede empezar visitando el siguiente sitio: http://clnet.ucr.edu/research/chavez/
2. **Edward James Olmos: Veamos una película y practiquemos la escritura**.
   A. Vea uno de los filmes en que ha actuado Edward James Olmos y escriba en una o dos páginas un breve resumen de la trama y los temas que aparecen, la calidad de la película y el mensaje, si hay alguno. Puede escoger entre: *The Ballad of Gregorio Cortés, Zoot Suit, Stand and Deliver* y *American Me*.
   B. Jaime Escalante: Investiguemos más. Si escoge *Stand and Deliver* en español (*Con ganas de triunfar*), investigue en su biblioteca sobre el caso verídico del boliviano Jaime Escalante y lo que ocurrió cuando sus estudiantes tomaron los exámenes de cálculo a través de la conocida agencia *Educational Testing Service* (ETS).

   ¿Sabe algo de lo que se ha dicho de los estudiantes bilingües y las pruebas estandarizadas que tratan de evaluar otras destrezas que no sean de matemáticas o cálculo? ¿Sabía que existe el equivalente del SAT (*Scholastic Achievement Test*) en español?

IV. El arte de ser bilingüe

LEER EN INGLÉS E INTERPRETAR EN ESPAÑOL

Una de las habilidades que los latinos bilingües ejercitan es la capacidad de leer un texto en un idioma, inglés, y comunicar sus impresiones orales sobre éste en otro, el español. En una comunidad bilingüe y sobre todo en un ambiente universitario o profesional, es ventajoso desarrollar estas destrezas bilingües: poder leer algo en un idioma y conversar sobre lo leído en otro.

En el siguiente ejercicio, leerá un fragmento de una autobiografía polémica que se publicó en inglés. Este libro hace años causó un escándalo en la comunidad mexicanoamericana del país porque su autor, Richard Rodríguez, parecía renegar de su cultura. Ejercite el arte de ser bilingüe al leer el siguiente texto en inglés y luego realizar la práctica oral y escrita en español.

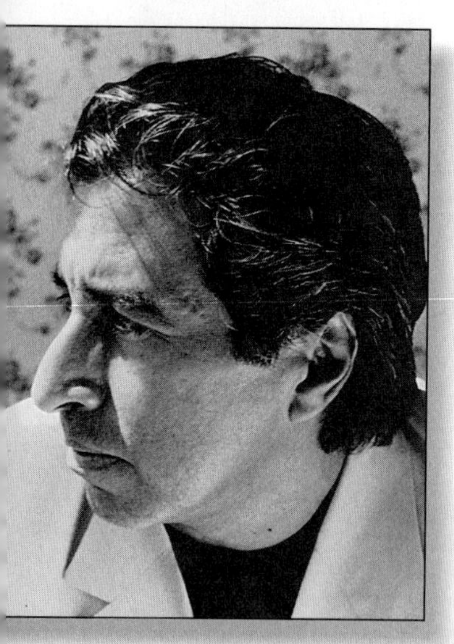

El escritor Richard Rodríguez, autor de la controvertida autobiografía, Hunger of Memory.

Richard Rodríguez, autor del fragmento que aparece a continuación en versión original, cursó sus estudios primarios en Sacramento, California. Realizó estudios graduados en las Universidades de Stanford y Columbia. Actualmente vive en San Francisco. El fragmento a continuación está tomado de su libro, *Hunger of Memory: The Education of Richard Rodriguez* (New York: Bantam Books, 1983). Rodríguez publicó otros libros, como: *Days of Obligation: An Argument with My Mexican Father* (New York: Viking, 1992) y *Brown: The Last Discovery of America* (New York: Viking, 2002). Rodríguez trabajó de comentarista para el conocido programa de televisión *MacNeil/Lehrer News Hour* por un tiempo. Continúa escribiendo ensayos para revistas.

EXCERPTS FROM *HUNGER OF MEMORY*

Regarding my family, I see faces that do not closely resemble my own. Like some other Mexican families, my family suggests Mexico's confused colonial past. Gathered around a table, we appear to be from separate continents. My father's face recalls faces I have seen in France. His complexion is 5 white—he does not tan; he does not burn. Over the years, his dark wavy hair has grayed handsomely. But with time his face has sagged to a perpetual sigh. My mother, whose surname is inexplicably Irish—Moran—has an olive complexion. People have frequently wondered if, perhaps, she is Italian or Portuguese. And, in fact, she looks as though she could be from southern 10 Europe... My older brother has inherited her good looks. When he was a boy people would tell him that he looked like Mario Lanza, and hearing it he would smile with dimpled assurance. He would come home from high school with girlfriends who seemed to me glamorous (because they were) blonds. And during those years I envied him his skin that burned red and 15 peeled like the skin of the gringos. His complexion never darkened like mine. My youngest sister is exotically pale, almost ashen. She is delicately featured, Near Eastern, people have said. Only my older sister has a complexion as dark as mine, though her facial features are much less harshly defined than my own. To many people meeting her, she seems (they say) 20 Polynesian. I am the only one in the family whose face is severely cut to the line of ancient Indian ancestors. My face is mournfully long, in the classsical Indian manner; my profile suggests one of those beak-nosed Mayan sculptures—the eaglelike face upturned, open mouthed, against the deserted, primitive sky.

25 "We are Mexicans," my mother and father would say, and taught their four children to say whenever we (often) were asked about our ancestry. My mother and father scorned those "white" Mexican-Americans who tried to pass themselves off as Spanish. My parents would never have thought of denying their ancestry. I never denied it: My ancestry is Mexican, I told 30 strangers mechanically. But I never forgot that only my older sister's complexion was as dark as mine.

My older sister never spoke to me about her complexion when she was a girl. But I guessed that she found her dark skin a burden.

35 . . . She revealed her fear of dark skin to me only in adulthood when, regarding her own three children, she quietly admitted relief that they were all light.

That is the kind of remark women in my family have often made before. As a boy, I'd stay in the kitchen (never seeming to attract any notice), listening while my aunts spoke of their pleasure at having light children. (The men, some of whom were dark-skinned from years of working out of doors, would be in another part of the house.) It was the woman's spoken concern: the fear of having a dark-skinned son or daughter. Remedies were exchanged. One aunt prescribed to her sisters the elixir of large doses of castor oil during the last weeks of pregnancy. (The remedy risked an abortion.) Children born dark grew up to have their faces treated regularly with a mixture of egg white and lemon juice concentrate. (In my case, the solution never would take.) One Mexican-American friend of my mother's, who regarded it a special blessing that she had a measure of English blood, spoke disparagingly of her husband, a construction worker, for being so dark. "He doesn't take care of himself," she complained. But the remark, I noticed, annoyed my mother, who sat tracing an invisible design with her finger on the tablecloth.

There was affection too and a kind of humor about these matters... At times relatives spoke scornfully of pale, white skin. A *gringo*'s skin resembled *masa*—baker's dough—someone remarked. Everyone laughed. Voices chuckled over the fact that the *gringos* spent so many hours in summer sunning themselves. ("They need to get sun because they look like *los muertos*".)

I heard the laughing but remembered what the women had said, with unsmiling voices, concerning dark skin. Nothing I heard outside the house, regarding my skin, was so impressive to me.

PARA COMENTAR

Trabajando en parejas contesten las siguientes preguntas sobre ***Hunger of Memory.*** *Justifiquen su opinión cuando sea necesario. Luego pueden comparar sus respuestas con las de otros compañeros.*

1. ¿Cuál es la actitud de Richard hacia los problemas que sus hermanos, padres y familiares encuentran en la vida diaria en los Estados Unidos? ¿Es él un simple narrador, o se solidariza con ellos?
2. ¿Cómo se compara la actitud de los familiares de Richard con la actitud de los afroamericanos hacia el color de la piel?
3. Los padres de Richard critican la disposición de algunos mexicanoamericanos a negar sus raíces. ¿Qué le parece esta práctica?
4. En la familia de Rodríguez se encuentran los dos extremos: los que defienden su identidad y los que la niegan. ¿Podría hablarse de un justo medio?

ACTIVIDAD ESCRITA

A. Traducción

En una hoja aparte, traduzca las siguientes oraciones, tomadas del texto de Rodríguez. Use su propio diccionario o uno de los diccionarios bilingües que se recomiendan en el **Apéndice**.

1. *My older brother has inherited her good looks.*
2. *I would be paralyzed with embarrassment, unable to return the insult.*
3. *My parents would never have thought of denying their ancestry.*
4. *My mother... sat tracing an invisible design with her finger on the tablecloth.*
5. *There was affection too and a kind of humor about these matters.*

B. Composición

1. Escoja uno de los temas siguientes y escriba su impresión de lo que escribe Rodríguez al respecto en un párrafo de cien palabras aproximadamente: la postura de sus padres ante la cuestión de la identidad mexicana; las dificultades encontradas por su hermana mayor a lo largo de su educación; la preocupación y la actitud de ciertos familiares por la mayor o menor "blancura" de sus hijos nacidos en el país.
2. Escriba en un breve ensayo su reacción a algunos de los comentarios hechos por Rodríguez en la entrevista siguiente, si tiene acceso al video por medio de su biblioteca. La entrevista se encuentra en *Victim of Two Cultures: Richard Rodriguez* (inglés, 52 min.), un video interesante en el que Bill Moyers entrevista al autor mexicoamericano sobre su obra, sus estudios y el impacto que ha tenido el idioma y la educación en su desarrollo.

INTERPRETAR EN INGLÉS Y EN ESPAÑOL

La interpretación oral y las comunidades inmigrantes

La conocida profesora de Stanford University, **Guadalupe Valdés**, especializada en cuestiones sobre el bilingüismo y el español de los Estados Unidos, ha estado investigando desde hace unos años las habilidades lingüísticas de los jóvenes hispanos bilingües de comunidades inmigrantes.[2] Ha notado que en familias en las cuales los padres sólo hablan español, muchas veces los niños son los que sirven de intérpretes. Ella muestra que estos jóvenes bilingües, aun cuando tuvieran niveles no muy altos en una de las dos lenguas, logran hacer el difícil papel de interpretar de un idioma al otro, y concluye que las destrezas que ya tienen, han de apreciarse y

---

[2] Para informarse sobre estos estudios, lea: Valdés, Guadalupe, Christina Chávez, Claudia Angelelli, Kerry Enright, Marisela González, Dania García, & Leisy Wyman. "Bilingualism from Another Perspective: The Case of Young Interpreters from Immigrant Communities." Roca, Ana, Editor. *Research on Spanish in the United States: Linguistic Issues and Challenges.* Somerville, MA: Cascadilla Press, 2000, 42–81.

desarrollarse formalmente. Teniendo esto en cuenta y pensando además en que algunos de estos niños algún día podrían llegar a ser intérpretes profesionales, vamos por ahora a practicar la interpretación informal en el ejercicio a continuación.

Práctica. *Pónganse en grupos de tres estudiantes. Escojan al azar cuál de ustedes hará el papel del padre o madre que sólo habla español, cuál hará el papel de su hijo/a que le sirve de intérprete, y cuál hará el rol de la persona o funcionario que no es de la familia y sólo habla inglés. Su profesor/a les asignará una de las siguientes situaciones o pedirá que inventen sus propias situaciones. Ustedes tendrán unos minutos para inventar un problema o cuestión a resolver durante la conversación entre los dos adultos. La persona que hace el papel del hijo o hija interpretará del inglés al español y del español al inglés lo mejor que pueda para ambos. Después de presentar sus escenas a la clase, sus compañeros tendrán la oportunidad de hacer sugerencias para mejorar la interpretación.*

1. Hay que resolver un mal entendido en esta cita con el director o la directora de la escuela.
2. "¿Tiene seguro?" El policía quiere saber qué pasó en este pequeño accidente de tránsito.
3. Una cita con el médico: "¿Qué pasa? ¿Cómo se siente hoy?"
4. Va al banco porque necesita abrir una nueva cuenta bancaria y solicitar un préstamo para...
5. De compras. Necesita informarse y negociar con el vendedor o la vendedora el precio de un carro.

V. Unos pasos más: fuentes y recursos

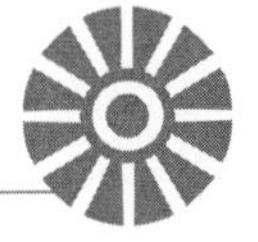

A. PARA AVERIGUAR MÁS

Busque uno de los libros indicados a continuación u otro que su profesor o profesora le recomiende. Escoja un capítulo o una sección que le interese, y prepare una lista de tres a cinco puntos principales basados en la lectura. Anote sus impresiones generales y cualquier pregunta que tenga.

Los mexicanoamericanos: bibliografía seleccionada

Anaya, Rudolfo A. *Bless Me, Ultima.* New Mexico, 1972.

——. *Bendíceme Ultima.* New York: Warner Books, 1992. (Traducido del inglés.)

Anzaldúa, Gloria. *Borderlands/La Frontera: The New Mestiza.* Aunt Lute Books. 1987, 1999.

Atkin, S. Beth. *Voices from the Fields: Children of Migrant Farmworkers Tell Their Stories.* Little Brown & Co., 1993.

Bruce-Novoa, Juan. *Retro-Space: Collected Essays on Chicano Literature, Theory, and History.* Houston: Arte Público Press, 1990.

Chávez, César, and Richard J. Jensen (editor) and John C. Hammerback (editor). *The Words of César Chávez.* Texas A & M University, 2002.

Cisneros, Sandra. *Woman Hollering Creek and Other Stories.* New York: Random House, 1991.

Corpi, Lucha. *Delia's Song.* Houston: Arte Público Press, 1988.

de la Garza, Rodolfo O., et al, eds. *The Mexican American Experience.* Austin: University of Texas Press, 1985.

Fregoso, Rosa Linda. *The Bronze Screen: Chicana and Chicano Film Culture.* Minneapolis: University of Minnesota Press, 1993.

García, Mario T. *Mexican Americans.* New Haven: Yale University Press, 1989.

Gómez-Quiñones, Juan. *Chicano Politics: Reality and Promise,* 1949–1990. Albuquerque: University of New Mexico Press, 1990.

Griswold del Castillo, Richard, Teresa McKenna, and Yarbro-Bejarano, eds. *Chicano Art: Resistance and Affirmation, 1965–1985.* Los Angeles: Wright Art Gallery, University of California, 1991.

Hammerback, John C. and Jensen, Richard J. *The Rhetorical Career of César Chávez.* Texas A & M University Press, 2003.

Hernández-Gutiérrez, Manuel de Jesús. *Literatura chicana.* Hamden: Garland Publishing, 1997.

Herrera-Sobek, María. *Northward Bound: The Mexican Immigrant Experience in Ballad and Song.* Bloomington: Indiana University Press, 1993.

Jiménez, Francisco. *Cajas de cartón.* (Spanish Edition) Boston: Houghton Mifflin, 2002.

——. *The Circuit: Stories from the Life of a Migrant Child.* Albuquerque: University of New Mexico Press, 1997.

Keller, Gary D. and Francisco Jimenez, eds. *Hispanics in the United States: An Anthology of Creative Literature,* 2 vols. Ypsilanti: Bilingual Review Press, 1982.

López, Tiffany Ana, ed. *Growing Up Chicano/a.* New York: Avon Books, 1993.

Martinez, Julio, and Francisco Lomeli. *Chicano Literature: A Reader's Guide.* Westport: Greenwood Press, 1985.

Mathiessen, Peter and Stavans, Ilan. *Sal si puedes (Escape if You Can): César Chávez and the New American Revolution.* University of California Press, 2000.

Meyer, Michael C., William L. Sherman and Susan M. Deeds. *The Course of Mexican History.* Oxford and New York: Oxford University Press, 2002.

Olivares, Julián. *Cuentos hispanos de los Estados Unidos.* Houston: Arte Público Press, 1998.

Olmos, Edward and Manuel Monterrey, eds. *Americanos: Latino Life in the United States.* Little Brown & Co., 1999.

Paz, Octavio. *El laberinto de la soledad.* Penguin USA, 1997.

Penuelas, Marcelino C. *Cultura hispánica en los Estados Unidos: los chicanos.* Madrid: Ediciones Cultura. Hispánica del Centro Iberoamericano de Cooperación, 1978.

Rieff, David. *Los Angeles: Capital of the Third World.* New York: Simon & Schuster, 1991.

Rivera, Tomás. *...y no se lo tragó la tierra.* Houston: Arte Público Press, 1996.

——. *The Harvest Short Stories.* Bilingual Edition. Edited and Translated by Julián Olivares. Houston: Arte Público Press, 1989.

Rodríguez, Richard. *Days of Obligation: An Argument with my Mexican Father.* New York: Viking, 1992.

Rosales, F. Arturo. *Chicano! The History of the Mexican American Civil Rights Movement.* Houston: Arte Público Press, 1997.

Ruíz de Burton, María Amparo. Rosaura Sánchez & Beatrice Pita, Eds. *The Squatter and the Don.* Houston: Arte Público Press, 1997.

Sánchez, Rosaura. *Chicano Discourse: Socio-historic Perspectives.* 2nd edition. Houston: Arte Público Press, 1994.

——. *Telling Identities: The Californio Testimonials.* Minneapolis: University of Minnesota Press, 1995.

Sperling Cockcroft, Eva, and Holly Barnet-Sánchez. *Signs from the Heart: California Chicano Murals.* Venice: Social & Public Art Resource Center; Albuquerque: University of New Mexico Press, 1993.

Tatum, Charles. *Chicano Literature.* Boston: Twayne, 1982.

Ulibarrí, Sabine R. *Cuentos de Nuevo México/Stories of New Mexico.* Albuquerque: University of New Mexico Press, 1971.

Villanueva, Tino. *Hay otra voz Poems.* Staten Island: Editorial Mensaje, 1974.

Villareal, José Antonio. *Pocho.* New York: Doubleday, 1959.

B. PARA DISFRUTAR Y APRENDER

Películas en video o DVD

And the earth did not swallow him (99 min., 1996, Kino Video), una impactante película sobre la vida de un jovencito mexicanoamericano en los años cincuenta, ganadora de premios, basada en la obra del autor chicano, Tomás Rivera: *"...y no se lo tragó la tierra"*. Llevada a la pantalla por Severo Pérez y producida por Paul Espinosa.

Frida (2002). Film sobre la famosa pintora, interpretada ahora por Salma Hayek. Dirigida por Julie Taymor. Miramax Home Entertainment. Disponible en DVD y en VHS, con títulos en español o doblada al español. El formato DVD incluye a Bill Moyers entrevistando a la directora del film.

La Bamba (108 min., 1987), sobre la vida de Richie Valens, quien a la temprana edad de diecisiete años tuvo un gran éxito en el mundo del rock and roll, y luego murió en un accidente de avión.

El Norte (139 mins., 1984), excelente película nominada para un "Oscar", acerca de la dura vida de unos hermanos guatemaltecos, Rosa y Enrique, que se ven forzados a escapar de su pueblo en Guatemala debido a la guerra civil.

My Family (126 min., 1995). Dirigida por Francis Ford Coppola, esta película nos relata la historia de tres generaciones de una familia mexicana desde 1920 hasta nuestros tiempos, con las actuaciones de Edward James Olmos y Jimmy Smits.

The Milagro Beanfield War (118 min., 1988). dirigida por Robert Redford. Trata sobre la corrupción en un pequeño pueblo del suroeste.

Como agua para chocolate (México, 143 min., 1992). DVD de película romántica popular basada en la novela de Laura Esquivel sobre una familia de mujeres en otra época histórica.

Películas documentales o educacionales

Carlos Fuentes: Man of Two Worlds (35 min., 1988). Fuentes es uno de los escritores más conocidos de la literatura latinoamericana. En este programa, él comenta sobre sus propias experiencias y desarrollo en Estados Unidos y México y habla sobre grandes escritores, como Sor Juana Inés de la Cruz, Rubén Dario y Pablo Neruda.

Mapa del corazón (28 min., 1995). Producido por The University of New Mexico's Office of Research Administration, KNME TV-5 113 University Blvd. N.E.,

Albuquerque, NM, 87102–1798. 1–800–328–5663/ 505–277–2121. Trata de las familias hispanas en Nuevo México y el mantenimiento del español, las tradiciones y costumbres.

Chicana (23 min., 1991). Trata sobre el papel de las mujeres mexicanas/chicanas desde tiempos pasados hasta el presente, y muestra cómo las mujeres han hecho grandes contribuciones aun cuando han sido generalmente oprimidas en varias formas en la cultura latina.

¡Chicano! La historia del movimiento de los derechos civiles de los mexicanoamericanos. PBS. Toda una serie de programas; entre varios, incluye "The Struggle in the Fields" (57 min., 1996), acerca de las luchas y la huelga nacional de los campesinos que inspiró a César Chávez para que los trabajadores obtuvieran mejores contratos y condiciones de trabajo. Sitio: http://www.pbs.org/chicano/sindex.html

Latin Beat: Latino Culture in the United States (2 hrs, mayormente en español, con títulos en inglés). Este programa se basa en entrevistas para analizar y celebrar la diversidad y creciente influencia de la población hispanohablante en Estados Unidos.

Octavio Paz: Mexico's Muse (26 min.). Sobre el poeta, editor, escritor incansable y ganador del Premio Nobel. En español con títulos en inglés.

The Time Has Come! (42 min., 1996). Trata sobre los abusos de la Patrulla de la Frontera (*Border Patrol*).

U.S.-Mexican American War, 1846–1848 (4 hrs, 1–2; 1998). Distribuido por PBS Home Video, este programa es un recuento de la guerra, la lucha por el poder y la política, cuando México perdió casi la mitad de su territorio ante los Estados Unidos.

Victim of Two Cultures: Richard Rodriguez (inglés, 52 min.), es un video interesante en el que Bill Moyers entrevista al famoso escritor mexicoamericano sobre su obra, sus estudios y el impacto que ha tenido el idioma y la educación en su desarrollo.

Revistas y editoriales de interés

Américas (publicación de la OEA/OAS con ediciones en inglés y español)
Arte Público Press (Houston)
Aztlán—International Jounal of Chicano Studies
Bilingual Research Journal
Bilingual Review Press (Arizona)
Grito del Sol: A Chicano Quarterly
The Hemisphere
Hispanic Business Magazine
Hispanic.com
Hispanic Trends
La revista bilingüe/The Bilingual Review
Revista Chicano-Riqueña (The Hispanic Review)
Vista Magazine (http://www.vistamagazine.com)

Recursos de la red (WWW)

Si desea explorar la red, vaya a http://www.wiley.com/college/roca, donde encontrará una lista de sitios relacionados con el tema de este capítulo. Abajo puede empezar a explorar los siguientes sitios.

Jorge Ramos – Artículos
http://www.jorgeramos.com/articulos/artt_index.htm/Default.htm

LANIC Hispanic/Latino Academic Resources
http://www.lanic/utexas.edu/la/region/hispanic

MALDEF – The Mexican American Legal Defense and Educational Fund
http://www.maldef.org/index.cfm

Latino USA
http://www.latinousa.org

Minority Links: The Facts on the Hispanic and Latino Population
http://www.census.gov.pubinfo/www/hisphot1.html

Revealing Personal Identity: The Indigenous Vision of Manuel Carrillo
http://www.smithsonianeducation.org/db/detail_families.asp?id=775

Capítulo Tres

Los puertorriqueños

"El orgullo de ser boricua (el nombre indígena para los habitantes originales de la isla) es siempre la consigna de la marcha, que busca subrayar la necesidad de conservar y cultivar el sentimiento de identidad común, y el afán de superación social. Los que desfilan, con comparsas, música y baile, comunican el gozoso sentir de ser puertorriqueño y la importancia de su cultura."

Desfile puertorriqueño en la ciudad de Nueva York

PARA ENTRAR EN ONDA

Para ver cuánto sabe del tema del capítulo, responda a este cuestionario lo mejor que pueda. Escoja la respuesta más apropiada. Luego compruebe sus conocimientos, consultando la lista de respuestas que aparecen invertidas al pie de este ejercicio.

1. El nombre indígena de Puerto Rico es
- **a.** Isla del Encanto.
- **b.** Borinquen.
- **c.** Isla de los Taínos.

2. El coquí es
- **a.** un insecto de lugares pantanosos.
- **b.** un juego infantil.
- **c.** una rana diminuta.

3. Luis Palés Matos es
- **a.** un salsero de última moda.
- **b.** un conquistador español.
- **c.** un poeta, cultivador de la poesía negra.

4. El jíbaro es
- **a.** un campesino del interior de la isla.
- **b.** un animal doméstico.
- **c.** una persona de la clase social más alta.

5. Areíto es
- **a.** una combinación local de danza y canto.
- **b.** el nombre de una localidad precolombina.
- **c.** el apodo de un personaje histórico.

6. Puerto Rico está situado
- **a.** entre Cuba y México.
- **b.** al este de la República Dominicana.
- **c.** al sur de Jamaica.

7. El guineo es
- **a.** una moneda de diez centavos.
- **b.** un tipo de pavo salvaje.
- **c.** una fruta.

8. La habichuela es
- **a.** el diminutivo de la palabra "hábito".
- **b.** un frijol que se come en Puerto Rico.
- **c.** un ave muy pequeña.

9. El jugo de china es
- **a.** el jugo de naranja.
- **b.** un popular juego infantil.
- **c.** la savia de un árbol tropical.

10. En Puerto Rico se le dice "zafacón"
   a. al lacón.
   b. al cesto de la basura.
   c. a un árbol de la zona.

Respuestas: 1b, 2c, 3c, 4a, 5a, 6b, 7c, 8b, 9a, 10b

I. Conversación y cultura

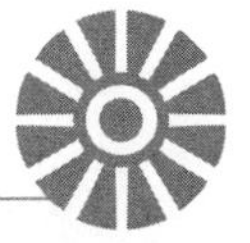

El pan nuestro, *Ramón Prade, 1905. Courtesy of Instituto de Cultura Puertorriqueña.*

LOS PUERTORRIQUEÑOS

Los puertorriqueños de la isla empezaron a llegar a Estados Unidos en grandes números durante la Primera Guerra Mundial, en un momento histórico en el cual los Estados Unidos necesitaba más personas para trabajar y más militares para mandar a los campos de batalla. Ya para 1917, los puertorriqueños fueron declarados ciudadanos estadounidenses por medio de la ley conocida como el *Jones Act.* Al hacerse ciudadanos quedaban entonces sujetos a las leyes de conscripción (*the draft*) y por eso, muchos puertorriqueños participaron más tarde en la Segunda Guerra Mundial. Nueva York y otras ciudades necesitaban mucha mano de obra y por esta razón, entre otras, muchos puertorriqueños, año tras año, daban el gran salto hacia una vida nueva y diferente. Desgraciadamente, para muchos no fue ni ha sido todavía un cambio fácil de adaptación. Para 1953 ya había alrededor de 75,000 puertorriqueños en la ciudad de Nueva York, donde sus comunidades desde los años 30 se habían forjado en áreas de East Harlem y Brooklyn, mientras que otros fueron a Nueva Jersey y a la Florida. A principios de la década de los años 60, la población puertorriqueña en Nueva York formaba más del 9.3 por ciento. Hoy día hay comunidades puertorriqueñas por muchas ciudades de Estados Unidos, como Boston, New Haven, Hartford, Chicago, Jersey City, Philadelphia y Miami. Ya desde el Censo de 1990, se identificaron 2,728,000 puertorriqueños en Estados Unidos. Aunque hay puertorriqueños viviendo en los cincuenta estados, la mayoría de sus comunidades se encuentran en Nueva York y en los estados de Massachusetts, Connecticut, Nueva Jersey, Florida, Pennsylvania, Illinois, California y Texas, debido a que muchos se han mudado de Nueva York a otras regiones y también debido a que muchos de los que vienen de Puerto Rico van a vivir directamente a otras ciudades.

Sin embargo, la mayoría de los puertorriqueños residen en el estado de Nueva York, cerca de la misma ciudad.[1] Según el Censo del año 2000, los puertorriqueños forman 9.6% del total de la población hispana de los Estados Unidos. Recordemos que los puertorriqueños son ciudadanos estadounidenses y no se consideran inmigrantes. A diferencia de otros grupos latinos —los cubanos, por ejemplo—, los puertorriqueños han podido viajar legalmente siempre entre los Estados Unidos y la isla sin problemas. El constante intercambio de personas e ideas ha contribuido a que las costumbres y tradiciones, la música y la cultura puertorriqueñas, en general, prosperen en los Estados Unidos.

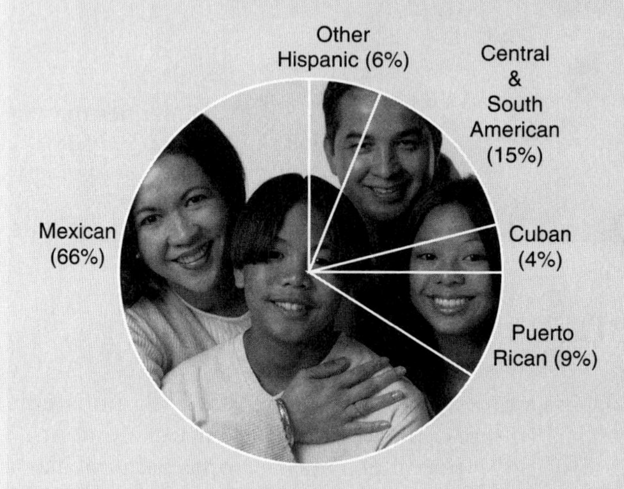

U.S. Hispanic population. Source: *U.S. Census Bureau, May 2001. Courtesy of Center for Applied Linguistics.*

Uno de los eventos más notables en este sentido es el llamado *Puerto Rican Day Parade.* Desde 1958 la comunidad puertorriqueña de Nueva York organiza anualmente un gran desfile para celebrar tanto la herencia como el aporte de sus miembros a la nación norteamericana. A este desfile, que

[1] Según el censo de 1990, la población puertorriqueña se calculaba en unos 6.3 millones. Esta cifra incluye a los habitantes de la isla y a los residentes en los Estados Unidos.

actualmente se ha convertido en una enorme fiesta popular patrocinada por empresas y asociaciones hispanas, asisten no sólo puertorriqueños y muchos otros hispanos de Nueva York, sino también figuras destacadas de las artes y la sociedad de la isla borinqueña, quienes viajan a la gran ciudad con el propósito de estar presentes en los festejos. En los últimos desfiles, por ejemplo, participaron más de cien mil personas, y se calcula que los espectadores sumaron alrededor de un millón.

El famoso músico Tito Puente (1923–2000)

El orgullo de ser *boricua* (el nombre indígena para los habitantes originales de la isla) es siempre la consigna de la marcha, que busca subrayar la necesidad de conservar y cultivar el sentimiento de identidad común, y el afán de superación social. Los que desfilan con comparsas, música y baile, comunican el gozoso sentir de ser puertorriqueño y la importancia de su cultura. La ocasión se convierte en una de gran júbilo y resonancia de bomba, plena y salsa que disfrutan los participantes de la ciudad.

El desfile no sólo es muestra de la vitalidad de la comunidad puertorriqueña en los Estados Unidos, sino que también sirve de alerta sobre las condiciones actuales de la comunidad. Como otros grupos hispanos en los Estados Unidos, los puertorriqueños enfrentan graves cuestiones de discriminación, a las que se suman los bajos ingresos, el desempleo, el crimen urbano y un porcentaje de escolaridad en general insatisfactorio. Pero existe una persistente y sostenida voluntad dentro de la inmensa comunidad borinqueña en Nueva York (más de dos millones y medio de personas hacia 1990) de superar los problemas y avanzar en su cometido de integrarse al "sueño norteamericano" sin perder su identidad, que se remonta al siglo XV. Ya muchos de los puertorriqueños de Nueva York (nuyoricanos o nuyoricans) se han integrado a una próspera clase media.

Aun en las zonas más conflictivas de convivencia (tales como el *South Bronx* de Nueva York) la cultura ha representado una fuente de alivio, reforzando la dignidad y la identidad del puertorriqueño que vive en los Estados

70 Unidos. En los barrios surgen centros culturales: los vecinos se organizan para combatir las pandillas y el tráfico de drogas; se promueve entre la comunidad la urgencia de participar en el proceso político de la ciudad, con miras a lograr una mejor representación puertorriqueña en el gobierno local. El "rap" latino se debe mayormente a la ingeniosidad y creatividad 75 de los nuyoricanos. Esta música simboliza la situación peculiar de sus intérpretes y aficionados: la condición de ser puertorriqueños y norteamericanos al mismo tiempo.

Esta dualidad es la principal característica del boricua que vive y trabaja en los Estados Unidos. Es ciudadano norteamericano por nacimiento desde 80 1917, y a la vez mantiene un vínculo permanente con el resto de la población puertorriqueña de la isla. Ambos elementos deben promover el mantenimiento de lo mejor de las dos culturas de la comunidad dentro de la sociedad norteamericana. Esto significará la subsiguiente mejora de todos los niveles socioeconómicos, y la permanencia de la identidad puertor- 85 riqueña (cultural, religiosa, histórica), que es la garantía de supervivencia étnica en el crisol de razas y culturas que es la sociedad norteamericana. En 1998, el entonces alcalde de Nueva York, Rudolph Giuliani, declaró que del 7 al 14 de junio se celebraría oficialmente la semana de la herencia puertorriqueña en la ciudad de Nueva York.

Ricky Martin, artista bilingüe de éxito incomparable, goza de más de 100 discos de platino y de oro. Su éxito mundial ha sido en español y en inglés. Visite su sitio en la red: http://www.rickymartin.com

PARA COMENTAR

A. Intercambio

Trabajando en parejas contesten las siguientes preguntas sobre la lectura. Justifiquen su opinión cuando sea necesario. Luego pueden comparar sus respuestas con las de otros compañeros.

1. ¿De dónde provienen las palabras "boricua" y "nuyoricano"?
2. ¿Cuáles son los problemas más graves que enfrenta la comunidad puertorriqueña?
3. ¿Cuál es una de las medidas que toma la comunidad puertorriqueña para combatir la delincuencia juvenil?
4. ¿Cuál es el principal factor para promover el desarrollo económico y social de la comunidad puertorriqueña en los Estados Unidos?
5. ¿Ha participado en desfiles similares al descrito, que celebren su cultura en particular? ¿Qué propósito tienen los desfiles?

B. Actividades

1. **Identidades**. Escoja la respuesta que mejor refleje sus sentimientos. Después compare sus respuestas con las de sus compañeros. Puede también hacer una encuesta general de toda la clase para determinar la identidad que predomina.
   a. me considero norteamericano(a)
   b. me considero hispano ciento por ciento
   c. mi identidad es mixta
   d. mi origen étnico no es importante
   e. mi formación cultural es la determinante
   f. nada de lo anterior

El Morro, San Juan, Puerto Rico. Fuerte construido por los españoles en el siglo XVI.

2. **La política, el nacionalismo y la dependencia económica de la antigua colonia**. ¿Cuál sería, en su opinión, el mejor futuro para la isla de Puerto Rico en el siglo XXI: estado libre asociado de los EE.UU., estado de los Estados Unidos, o país completamente libre e independiente de los Estados Unidos? ¿Por qué? Dé una o dos razones para justificar cada posibilidad.

3. **¿Español o inglés? ¿Los dos idiomas para Puerto Rico?** ¿Sabía usted que en 1993 los residentes reafirmaron su estatus de Estado Libre Asociado o *Commonwealth,* y designaron los dos idiomas —el español y el inglés— las lenguas oficiales de Puerto Rico? En 1996, por tercera vez, los votantes en Puerto Rico rechazaron la posibilidad de tratar de convertirse en estado de los Estados Unidos. ¿Qué más ha ocurrido desde entonces sobre este tema también relacionado con los idiomas, la cultura y la política? ¿En qué idiomas se estudia en las escuelas públicas de Puerto Rico? ¿En las particulares?

   Para aprender más, busque en su biblioteca y lea el siguiente ensayo académico sobre el tema del español y la política del lenguaje en la isla de Puerto Rico. Después que lo lea, haga una lista de los cinco puntos más importantes, en su opinión. Compártalos con la clase y exprese su opinión.

   Ortiz, Luis. "Proyecto para formar un ciudadano bilingüe: política lingüística y el español en Puerto Rico". Roca, Ana, ed. Research on Spanish in the United States: Linguistics Issues and Challenges. Somerville, MA: Cascadilla, 2000.

Puertorriqueños protestan maniobras militares en Vieques.

4. **Los dominicanos en Nueva York**. ¿Sabía que el número de dominicanos en Nueva York se ha incrementado enormemente? Averigüe sobre los dominicanos que han llegado a Estados Unidos y sus contribuciones culturales y artísticas. Por ejemplo, busque información sobre la popular escritora dominicano-americana, Julia Álvarez, que reside en Vermont. ¿Qué ha escrito y de qué escribe? ¿Se pueden leer sus obras en inglés o en español?

5. **¿Grupos heterogéneos u homogéneos? Salvadoreños, guatemaltecos, hondureños y nicaragüenses**. Hoy día hemos presenciado un enorme incremento en el número de inmigrantes y refugiados políticos que han venido a Estados Unidos, particularmente en las décadas de los 70, los 80 y los 90. Muchos de ellos han ido a vivir en ciudades como Los Ángeles, Washington, D.C., Houston, Dallas, San Francisco, Nueva York, Miami y New Orleans.

   Busque al final del capítulo en **Unos pasos más** la lectura citada y recomendada, escrita por el lingüista John M. Lipski. Léala y ofrezca a la clase un resumen oral, en español, de los puntos que crea más importantes.

Cronología puertorriqueña

1868	Varios patriotas puertorriqueños lanzan el *Grito de Lares*, tratando de organizar la insurrección contra el dominio español.
1888	En abril el buque *USS Maine* explota a la entrada de la bahía de La Habana y el presidente McKinley declara la guerra contra España. En mayo los Estados Unidos invaden la isla de Puerto Rico en represalia por el ataque.
1892	Se funda en Tampa el *Partido Revolucionario Cubano* para luchar por la independencia de Puerto Rico y Cuba.
1898	España firma el tratado de París, cediéndole a los Estados Unidos la autoridad sobre Puerto Rico, Cuba y las Filipinas.
1917	Se les otorga a los puertorriqueños la ciudadanía norteamericana por medio de la ley Jones. Se declara el inglés como idioma oficial en la isla. El gobernador y otros funcionarios importantes del gobierno no son elegidos por los puertorriqueños, sino nombrados por el presidente de Estados Unidos.
1938	Luis Muñoz Marín funda el *Partido democrático popular* con su eslogan de "Pan, tierra y libertad".
1946	El primer gobernador de Puerto Rico (Jesús Piñero) asume el cargo.
1952	Puerto Rico se convierte oficialmente en Estado Libre Asociado de los Estados Unidos.
1953	Alrededor de 75,000 puertorriqueños dejan la isla para irse a los Estados Unidos, principalmente a la ciudad de Nueva York, Nueva Jersey y la Florida.
1961	Se funda ASPIRA, una organización para promover la educación de la juventud puertorriqueña y de otras comunidades hispanohablantes.
1961	Rita Moreno gana un premio "Oscar" por su actuación en la película musical, *West Side Story*.
1978	Las Naciones Unidas reconocen el derecho de Puerto Rico a la autodeterminación. El presidente Carter pide un referendo (que no se realiza) para determinar el futuro estatus de la isla.
1989	El presidente Bush, que está a favor de la estatidad de la isla, apoya la idea del referendo.
1991	Se declara el español como único idioma oficial en Puerto Rico.
1993	Se lleva a cabo el referendo. El 48% se manifiesta a favor de mantener el estatus quo, mientras que un 46% vota por la estatidad. Sólo el 4% desea la independencia. El español y el inglés son declarados los dos idiomas oficiales de la isla.
1996	Los puertorriqueños de la isla vuelven a rechazar el convertirse en un estado de los Estados Unidos y eligen continuar su estatus de *Commonwealth.*
1999	Protestas masivas por la ocupación de la marina en Vieques, donde se han estado haciendo prácticas militares de prueba desde principios del siglo XX. En 1999 los soldados americanos mataron accidentalmente a un civil de Vieques e hirieron a otras personas.
2000	En elecciones generales, el pueblo de Puerto Rico vota y escoge a una gobernadora por primera vez en su historia, la Gobernadora Sila Maria Calderón.
2001	El gobierno de Estados Unidos acuerda suspender los bombardeos de práctica y otras maniobras militares en la isla de Vieques.

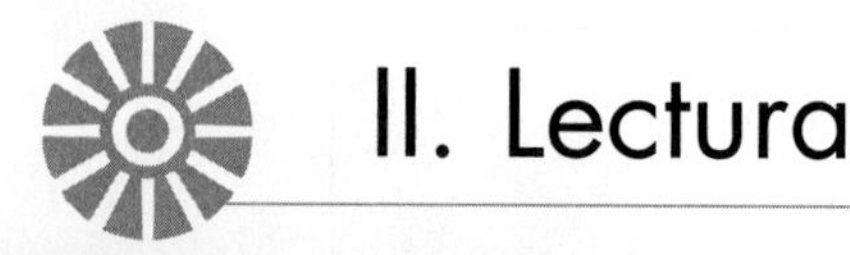

II. Lectura

José Luis González, un escritor puertorriqueño

Cuento

José Luis González nació en 1926. Su arte literario documenta los principales sucesos de la historia puertorriqueña del siglo XX, desde la invasión norteamericana de 1899 hasta la situación actual de sus compatriotas en el marco de la existencia del Estado Libre Asociado. Su tono es polémico y manifiesta un claro compromiso político. Publicó *Paisa* en 1950, obra que trata de los conflictos étnicos en Nueva York. En 1980 dio a la imprenta *El país de cuatro pisos*, ensayo sobre la historia y las condiciones sociales en la isla. El siguiente relato está tomado de su libro *Antología personal*.

ANTES DE LEER

En grupos de tres o cuatro estudiantes comenten lo siguiente. Compartan después sus observaciones con el resto de la clase.

1. ¿Dice usted siempre la verdad o no? ¿No es mejor mentir a veces para evitar el sufrimiento de otras personas? ¿En qué casos, por ejemplo?
2. ¿Piensa que es mejor a veces mentir a los padres que hacerlos sufrir?
3. ¿Cuál es su reacción inicial cuando se encuentra un desamparado en la calle que pide limosna?
4. ¿Cambia usted de estilo al hablar? ¿Utiliza un lenguaje diferente según la situación en que se encuentre? ¿Habla usted de la misma manera en la escuela, en una reunión familiar, en una entrevista de trabajo, cuando practica deportes o se divierte con sus amigos(as)? Dé ejemplos.

LA CARTA

San Juan, Puerto Rico
8 de marso de 1947

Qerida bieja:

Como yo le desia antes de venirme, aquí las cosas me van vién. Desde que llegé enseguida incontré trabajo. Me pagan 8 pesos la semana y con eso vivo como don Pepe el administradol de la central allá.

La ropa aqella que quedé de mandale, no la he podido compral pues quiero buscarla en una de las tiendas mejores. Digale a Petra que cuando valla por casa le boy a llevar un regalito al nene de ella.

Boy a ver si me saco un retrato un dia de estos para mandálselo a uste.

El otro dia vi a Felo el hijo de la comai María. El esta travajando pero gana menos que yo.

Bueno recueldese de escrivirme y contarme todo lo que pasa por alla.

Su ijo que la qiere y le pide la bendisión.

15 *Juan*

Después de firmar, dobló cuidadosamente el papel ajado y lleno de borrones y se lo guardó en el bolsillo de la camisa. Caminó hasta la estación de correos más próxima, y al llegar se echó la gorra raída sobre la frente y se acuclilló en el umbral de una de las puertas. Dobló la mano izquierda, fingiéndose
20 manco, y extendió la derecha con la palma hacia arriba.

Cuando reunió los cuatro centavos necesarios, compró el sobre y el sello y despachó la carta.

PARA COMENTAR

Trabajando en parejas contesten las siguientes preguntas sobre ***La Carta.*** *Justifiquen su opinión cuando sea necesario. Luego pueden comparar sus respuestas con las de otros compañeros.*

1. A juzgar por la carta, ¿qué podemos saber sobre la escolaridad de Juan, el nivel de educación recibida, su estado personal?
2. ¿Por qué cree usted que Juan engaña a su madre? ¿Piensa que hace bien o mal? ¿Qué haría en su lugar?
3. ¿Le parece correcto o ético que Juan finja ser manco para obtener dinero de la gente? ¿Ha observado gente que ha hecho algo similar?
4. Este breve cuento presenta una combinación de dos voces narrativas: la de Juan y la de quien narra el cuento. ¿Cómo nos ayuda esta división a comprender mejor al personaje de Juan, y por qué?

PARA ESCRIBIR

A. Actividades

1. Relea la carta de Juan y marque con un lápiz todos los errores que encuentre.
2. En una hoja aparte reescriba la carta con la ortografía correcta.
3. Compare su versión de la carta de Juan con la de otros compañeros.
4. ¿Cuál es la diferencia entre el inglés y el español en cuanto a la puntuación del saludo en una carta? ¿Qué otras diferencias encuentra usted?

B. Redacción de una carta

Escriba una carta personal corta (dos o tres párrafos) a un amigo o amiga. Cuéntele algo sobre sus estudios y su universidad, sus metas, los campos académicos o técnicos que más le gustan, su vida de estudiante y sus pasatiempos. No tiene por qué contar la verdad.

Poesía

Julia de Burgos nació en Puerto Rico en 1914 y murió en Nueva York en 1953. Tuvo una vida algo desgraciada; un grave alcoholismo contribuyó a su muerte trágica en las calles de Nueva York. Vivió en Cuba por algún tiempo, en compañía de su compañero, única pasión amorosa en su vida. Julia de Burgos fue redactora de la publicación *Pueblo Hispano,* pero desempeñó también los más diversos trabajos (empleada de laboratorio, maestra, oficinista, costurera) a lo largo de sus breves treinta y nueve años de vida. Su obra tiene una relevancia particular en la literatura puertorriqueña contemporánea porque Burgos alcanzó en su poesía gran lirismo.

La escritora puertorriqueña Julia de Burgos (1914–1953)

ANTES DE LEER

En grupos de tres o cuatro estudiantes comenten lo siguiente. Compartan después sus observaciones con el resto de la clase.

En el soneto siguiente Julia Burgos celebra al héroe cubano José Martí (1853–1895). ¿Cuáles son los temas que aparecerán en el poema? Marque todas las respuestas que considere posibles.

a. la trayectoria artística o política de Martí en su país.
b. el ejemplo que la actividad de Martí representa para Cuba.
c. el ejemplo que Martí representa para Cuba y Puerto Rico.
d. la realidad histórica del momento.
e. el símbolo de la aspiración moderna representado por Martí.
f. la necesidad de la solidaridad entre los dos países.

A JOSÉ MARTÍ (MENSAJE)

Yo vengo de la tierna mitad de tu destino;
del sendero amputado al rumbo de tu estrella;
del último destello° del resplandor andino°,
que se extravió en la sombra, perdido de tu huella.

5 Yo vengo de una isla que tembló por tu trino°,
que hizo tu alma más fuerte, tu llamada más bella;
a la que diste sangre, como diste camino
(que al caer por tu Cuba, ya caíste por ella).

Y por ella, la América debe un soplo a tu lumbre°,
10 su tiniebla hace un nudo de dolor en tu cumbre,
recio° dios antillano, pulso eterno, Martí.

Porque tengamos cerca de la muerte, un consuelo,
Puerto Rico, mi patria, te reclama en el suelo,
¡y por mi voz herida, se conduce hasta ti!

°destello: rayo de luz

°andino: relativo a los Andes, cordillera en América del Sur

°trino: tiempo musical, canto de los pájaros

°lumbre: brillo, luz fuerte

°recio: vigoroso, fuerte

PARA COMENTAR

Trabajando en parejas contesten las siguientes preguntas sobre el poema. Justifiquen su opinión cuando sea necesario. Luego pueden comparar sus respuestas con las de otros compañeros.

1. En los primeros cuatro versos Burgos se refiere a un hecho histórico: Cuba se ha independizado, pero Puerto Rico no. ¿Por qué podemos interpretarlo así?
2. Burgos escribe: "a la que diste sangre, como diste camino". ¿Cómo podría ser Martí ejemplo para las aspiraciones independentistas de los puertorriqueños en el presente?
3. ¿Cómo siente Burgos la situación de su isla en el poema?
4. Vuelva a las respuestas que dio en la sección **Antes de leer**. ¿Eran correctas sus predicciones?

PARA ESCRIBIR

Lea los siguientes temas. Luego escoja el que le interese más para escribir sobre el mismo. Comparta su trabajo con otro(a) compañero(a) e intercambien comentarios sobre lo que han escrito.

1. ¿Cómo ve Burgos la figura de Martí en el poema?
2. Julia Burgos escribe "último destello del resplandor andino,/que se extravió en la sombra". ¿Qué quiere decir la autora aquí?

Esmeralda Santiago, la escritora puertorriqueña

Fragmentos de novela

Esmeralda Santiago (1948–), criada en Macún y Santurce, estudió en Harvard University y en Sarah Lawrence College, donde obtuvo una maestría en bellas artes. Sus trabajos han aparecido en *The New York Times, Christian Science Monitor* y otras publicaciones. Ella y su esposo Frank Cantor tienen una compañía productora de cine, Cantomedia, radicada en Boston; el matrimonio tiene dos hijos. Una de sus obras publicadas recientemente es *El sueño de América,* su primera novela. *Cuando era puertorriqueña* (*When I was Puerto Rican*) salió de la imprenta primero en inglés, en 1993. La traducción al español la hizo la misma autora. Reproducimos a continuación la viñeta que inaugura la obra, y uno de los últimos capítulos. Desde que escribió estas obras, ha publicado otras más, como la reciente novela, *Caramelo* (2002).

ANTES DE LEER

En grupos de tres o cuatro estudiantes comenten lo siguiente. Compartan después sus observaciones con el resto de la clase.

1. *Prólogo: cómo se come una guayaba* tiene que ver con el gusto de la narradora por la guayaba, fruta tropical. Pero una lectura más cuidadosa revela que el real propósito es descubrir, a través del recuerdo de una vivencia infantil, un ambiente cultural que se añora porque se ha perdido. La guayaba es un símbolo (una metáfora) de una realidad pasada. Relate una experiencia (la sensación de un aroma, el sabor de algún alimento, o un sonido familiar) que le haga recordar el pasado. ¿Qué recuerdos le vienen a la mente? ¿Le hace recordar algo de su niñez?
2. Identifique un aspecto particular (un plato típico de cocina, una costumbre de domingo, un hábito familiar, una frase o saludo peculiar, etc.) que represente fielmente una determinada época en su vida. Explique lo que representa para usted.

PRÓLOGO: CÓMO SE COME UNA GUAYABA

Barco que no anda, no llega a puerto.

Venden guayaba en el *Shop & Save.* Elijo una del tamaño de una bola de tenis y acaricio su tallo espinoso, su familiar textura nudosa y dura. Esta guayaba no está lo suficientemente madura; la cáscara está muy verde. La huelo y me imagino un interior rosado pálido, las semillas bien incrustadas en la pulpa. 5

La guayaba madura es amarilla, aunque algunas variedades tienen un tinte rosado. La cáscara es gruesa, dura y dulce. Su corazón es de un rosado vivo, lleno de semillas. La parte más deliciosa de la guayaba está alrededor de las semillitas. Si no sabes cómo comerte una guayaba, se te llenan los entredientes de semillas.

Cuando muerdes una guayaba madura, tus dientes deben apretar la superficie nudosa y hundirse en la gruesa cáscara comestible sin tocar el centro. Se necesita experiencia para hacer esto, ya que es difícil determinar cuánto más allá de la cáscara quedan las semillitas.

En ciertos años, cuando las lluvias han sido copiosas y las noches frescas, es posible hundir el diente dentro de una guayaba y no encontrar muchas semillas. Los palos de guayaba se doblan hacia la tierra, sus ramas cargadas de frutas verdes, luego amarillas, que parecen madurar de la noche a la mañana. Estas guayabas son grandes y jugosas, con pocas semillas, invitándonos a comer una más, sólo una más, porque el año que viene quizás no vendrán las lluvias.

Cuando niños, nunca esperábamos a que la guayaba se madurara. Atacábamos los palos en cuanto el peso de las frutas arqueaba las ramas hacia la tierra.

Una guayaba verde es agria y dura. Se muerde en la parte más ancha, porque así no resbalan los dientes contra la cáscara. Al hincar el diente dentro de una guayaba verde, oirás la cáscara, pulpa y semillitas crujiendo dentro de tu cerebro, y chorritos agrios estallarán en tu boca.

Descoyuntarás tu faz en muecas, lagrimearán tus ojos, tus mejillas desaparecerán, a la vez que tus labios se fruncirán en una O. Pero te comes otra, y luego otra más, deleitándote en el sonido crujiente, el sabor ácido, la sensación arenosa del centro agraz. Esa noche, Mami te hace tomar aceite de castor, el cual ella dice que sabe mejor que una guayaba verde. Entonces sabes de seguro que tú eres niña, y que ella dejó de serlo.

Comí mi última guayaba el día que nos fuimos de Puerto Rico. Era una guayaba grande, jugosa, la pulpa casi roja, de olor tan intenso que no me la quería comer por no perder el aroma que quizás jamás volvería a capturar. Camino al aeropuerto, raspaba la cáscara de la guayaba con los dientes, masticando pedacitos, enrollando en mi lengua los granitos dulces y aromáticos.

Hoy me encuentro parada al frente de una torre de guayabas verdes, cada una perfectamente redonda y dura, cada una $1.59. La que tengo en la mano me seduce. Huele a las tardes luminosas de mi niñez, a los largos días de verano antes de que empezaran las clases, a niñas mano en mano cantando "ambos y dos matarile rile rile". Pero es otoño en Nueva York, y hace tiempo dejé de ser niña.

Devuelvo la guayaba al abrazo de sus hermanas bajo las penetrantes luces fluorescentes del mostrador decorado con frutas exóticas. Empujo mi carrito en la dirección opuesta, hacia las manzanas y peras de mi vida adulta, su previsible madurez olvidable y agridulce.

PARA COMENTAR

Trabajando en parejas contesten las siguientes preguntas sobre ***Prólogo: cómo se come una guayaba.*** *Justifiquen su opinión cuando sea necesario. Luego pueden comparar sus respuestas con las de otros compañeros.*

1. ¿Por qué son importantes los diferentes colores de la guayaba en el recuerdo de la narradora?
2. "Si no sabes cómo comerte una guayaba...", escribe la narradora. ¿Se come la guayaba de forma diferente en Nueva York? ¿Qué significa la explicación que se da sobre la mejor manera de comerse una guayaba?
3. La madre de la narradora intenta curar su indigestión con aceite de castor: "...tú eres niña, y ella dejó de serlo". ¿Cómo interpreta usted la anterior afirmación?
4. La acción de comer una última guayaba antes de la partida es un recuerdo importante. ¿Por qué es este momento el más dramático del pasaje?
5. Hay una oposición entre los conceptos *niña/guayaba* y *mujer adulta/manzanas-peras.* Interprete entonces la siguiente frase con que concluye la historia: ". . . hacia las manzanas y peras de mi vida adulta, su previsible madurez olvidable y agridulce". ¿Qué quiere expresar la narradora?
6. ¿Podría dar uno o dos ejemplos de cómo se transforman las prácticas culturales hispanas cuando se integran al mundo norteamericano?

ANTES DE LEER

En grupos de dos o tres estudiantes comenten lo siguiente. Compartan después sus observaciones con el resto de la clase.

1. La mudanza de la familia a una nueva ciudad o país suele ser una experiencia traumática en la vida de los niños. Piense en un cambio grande similar en su infancia: una nueva escuela, un nuevo barrio, nuevos amigos, nuevas costumbres. ¿Qué recuerdos le han quedado?
2. Si su familia cambió de lugar de residencia cuando usted era niño(a), ¿qué sintió al llegar al nuevo sitio: sorpresa, frustración, admiración? ¿Había hostilidad hacia su familia en el nuevo lugar?
3. Muchos piensan que se debe cambiar el actual sistema federal de asistencia social (*welfare*). ¿Cuáles son las ventajas o desventajas de este programa? ¿Opina que ciertos procedimientos o políticas deben cambiar?
4. ¿Cuáles son las circunstancias en las cuales las personas deben recibir ayuda del gobierno: desempleo, enfermedad grave, desastre nacional, entrenamiento laboral?

NI TE LO IMAGINES

Dime con quién andas, y te diré quién eres.

Por las mañanas, Mami salía de la casa de madrugada para el viaje por tren subterráneo hacia Manhattan. Se vestía "para ir a trabajar", en ropa que se cambiaba en cuanto llegaba para que no se manchara con aceite, achiote o salsa de tomate. Empezó en su trabajo como cortadora de hilos, aunque en Puerto Rico se había graduado a operadora de máquinas.

—Aquí uno tiene que hacer más de lo que se le pide —decía. Trabajaba duro, lo cual impresionó a sus supervisores, y fue movida rápidamente al trabajo de costura que tanto le gustaba.

Compró un par de tijeras especiales para su trabajo. Cuando cruzaba los proyectos al regresar del trabajo, las metía en su bolsillo y las aguantaba allí hasta que llegara dentro de la casa. Entonces les limpiaba el sudor y las ponía en un bolsillo especial que había hecho para guardarlas.

Nos reíamos de su cartera, la cual decíamos invitaba a los pillos porque era grande y se veía llena. En ella llevaba nuestros certificados de nacimiento, registros de nuestras vacunas y papeles de nuestras escuelas. También tenía una libretita donde escribía las horas que trabajaba, para que el *bosso* no la defraudara el día de cobrar. Guardaba su maquillaje (polvo, lápiz de cejas, colorete y pintalabios) en su propia bolsita. Si un pillo le robara la cartera, no encontraría dinero, porque lo llevaba en una monedera en el bolsillo de su falda, debajo de su abrigo.

Cuando trabajaba, Mami era feliz. Se quejaba de estar sentada en frente de una máquina de coser todo el día, o que los *bréiks* eran muy cortos, o que el *bosso* era antipático. Pero tomaba orgullo en las cosas que hacía. A veces traía ejemplos de los brasieres y fajas en los que estaba trabajando, y nos enseñaba cómo se usaba una máquina de dos agujas, o cómo ella había descubierto que si cosía la copa de tal manera, quedaría mejor. Pero aunque ella tomaba orgullo en su trabajo, no quería que nosotras siguiéramos en sus pasos.

—Yo no estoy trabajando tan duro para que ustedes trabajen en factorías todas sus vidas. Tienen que estudiar, sacar buenas notas y graduarse de la escuela para que tengan una profesión, no sólo un trabajo.

Nunca insistía en ver nuestras tareas, pero cuando le traíamos las tarjetas de la escuela, nos hacía que le leyéramos las notas y que tradujéramos los comentarios de las maestras para así ella saber cómo andábamos en la escuela. Cuando las notas eran buenas, se ponía contenta, como si hubiera sido ella quien se las ganó.

—Así es como se hace en este país. El que quiera trabajar, puede adelantarse.

Le creíamos, y tratábamos de complacerla. Desde que habíamos llegado a Brooklyn, su mundo se había convertido en uno lleno de posibilidades, y 40 yo traté lo más que pude de compartir su entusiasmo acerca de la buena vida que íbamos a tener algún día. Pero frecuentemente sospechaba que el optimismo de Mami era una actuación. Nadie, yo pensaba, podía ser tumbada tantas veces y levantarse sonriendo cada vez.

A veces me tiraba en la cama, en los cuartos sin calefacción llenos de cama 45 y ropas y cuerpos durmiendo, aterrorizada de que lo que estaba al otro lado de la esquina no era mejor que lo que habíamos dejado, que Brooklyn no era una nueva vida, sino la continuación de la de antes. Que todo había cambiado, pero nada había cambiado, que lo que Mami había estado buscando cuando nos trajo a Brooklyn no estaba aquí, así como no había 50 estado en Puerto Rico...

—Mañana no vas para la escuela. Necesito que vengas conmigo a la oficina del *welfear.*

—¡Ay, Mami! ¿Por qué no te llevas a Delsa?

—Porque no puedo.

55 Cuando a Mami le daban *leyof,* teníamos que aceptar *welfear.* Me llevaba porque necesitaba a alguien que le tradujera. Seis meses después de llegar a Brooklyn, yo hablaba suficiente inglés para explicar nuestra situación.

—*Mai moder shí no spik inglis. Mai moder shí luk for uerk evri dei an notin. Mai moder shí sei shí no guan jer children sófer. Mai moder shí sei shí uant uerk bot shí* 60 *leyof. Mai moder shí only nid jelp e litel juail.*

Temía que si decía algo mal, o si pronunciaba las palabras mal, las trabajadoras sociales dirían que no, y nos desalojarían de nuestro apartamento, o nos cortarían la luz, o nos congelaríamos porque Mami ni podía pagar la calefacción.

65 La oficina de asistencia pública quedaba en un edificio de ladrillos con alambre alrededor de las ventanas. La antesala siempre estaba llena, y la recepcionista nunca nos podía decir cuándo nos iban a atender o dónde estaban las trabajadoras sociales. Era un sitio adonde se iba a esperar por horas, con nada que hacer menos mirar las paredes verdes. En cuanto se llegaba, no se podía 70 salir, ni siquiera a comer algo, porque podían llamarte en cualquier minuto, y si no estabas, perdías tu turno y tenías que regresar al otro día.

De camino, Mami compraba el periódico, y yo me traía el libro más grande que podía encontrar en la biblioteca. Las primeras dos o tres horas pasaban rápido, ya que había formularios que llenar y conversaciones interesantes 75 a nuestro alrededor mientras las mujeres compartían sus historias. Nunca había hombres, sólo mujeres cansadas, algunas con niños, como si el traerlos haría que las trabajadoras sociales les hablaran.

Mami insistía que las dos nos vistiéramos bien para ir al *welfear.*

—No vamos a ir como si fuéramos pordioseras —decía y, mientras
80 esperábamos, me recordaba que me sentara derecha, que atendiera, que me portara con la dignidad de las mujeres al otro lado de la división, teléfonos al oído, plumas listas sobre los papeles que la recepcionista, quien no sonreía ni aunque le pagaran, les pasaba con una expresión agria.

De vez en cuando había peleas. Mujeres les caían encima a las empleadas
85 que no les ayudaban, o a quienes las hacían esperar su turno por días, o a quienes rehusaban hablarles después de que las mujeres habían esperado el día entero. Una vez, Mami le pegó a una empleada que le faltó el respeto.

—Nos tratan como a animales —lloró después que la separaron—. No les importa que somos seres humanos, como ellos.

90 Su maquillaje veteado, pelo enmarañado, salió de la oficina del *welfear* con su espalda doblada y su mirada avergonzada. Yo estaba segura que todos los pasajeros en la guagua sabían que habíamos pasado el día en el *welfear* y que Mami le había caído encima a una *sócheluerker*. Esa noche, al contarle a Tata y Don Julio lo que había pasado, Mami lo hizo sonar como si fuera
95 un chiste, no gran cosa. Yo añadí mis detalles exagerados de cuántas personas se necesitaron para separarla de la *sócheluerker*, sin mencionar lo asustada que estuve, y la vergüenza que me dio verla perder el control en frente de toda esa gente.

Muchas veces, me pedían que tradujera para otras mujeres en el *welfear*, ya
100 que Mami les decía a todos que yo hablaba un buen inglés. Sus historias no eran tan diferentes de la de Mami. Necesitaban un poquito de ayuda hasta que pudieran conseguir trabajo.

Pero, de vez en cuando, me daba cuenta de que algunas de las mujeres estaban mintiendo.

105 —¿Qué tú crees? ¿Les digo que mi marido se desapareció, o que es un sinvergüenza que no me quiere ayudar con los muchachos?

Mujeres con acentos que no eran puertorriqueños decían que lo eran para poder recibir los beneficios de la ciudadanía norteamericana. Una mujer para quien yo traduje una vez me dijo:

110 —Estos gringos no tienen la menor idea de donde somos. Para ellos, todos somos *spiks*.

Yo no sabía qué hacer. Decirle a la *sócheluerker* que la mujer estaba mintiendo me parecía peor que traducir lo que decía tan bien como me fuera posible y dejarla a ella que lo descubriera. Pero me preocupaba que si personas
115 de otros países se pasaban como puertorriqueños para defraudar, éramos nosotros los que íbamos a salir mal.

Nunca supe si mis traducciones ayudaban, pero, una vez, una jíbara viejita me besó las manos, lo cual me hizo sentir como la mejor persona del mundo . . .

PARA COMENTAR

Trabajando en parejas contesten las siguientes preguntas sobre ***Ni te lo imagines.*** *Justifiquen su opinión cuando sea necesario. Luego pueden comparar sus respuestas con las de otros compañeros.*

1. ¿Cómo podríamos relacionar el refrán que dice "Dime con quién andas, y te diré quién eres", con el tema de los pasajes anteriores?
2. ¿Piensa usted que la narradora incluye su mezcla de español con inglés en la novela (*bréiks, sócheluerker, bosso,* etc.) con un propósito? En su opinión, ¿qué persigue Santiago con eso?
3. ¿Cómo describiría el uso del español en los fragmentos escogidos? ¿Cómo se compara el primer pasaje (*Prólogo: cómo se come una guayaba*) con el segundo (*Ni te lo imagines*) en ese sentido?
4. ". . . pero nada había cambiado, que lo que Mami había estado buscando cuando nos trajo a Brooklyn no estaba aquí, así como no había estado en Puerto Rico", dice la narradora en un momento. ¿Qué busca la familia de Esmeralda en Nueva York? ¿Por qué cree ella que no es factible hallarlo tampoco en Puerto Rico?
5. El anhelo de "Mami", ¿es una ilusión sin fundamento, una posibilidad que depende de una aptitud personal (*personal skills*), un deseo imposible, o una cuestión de suerte? ¿Qué otros elementos ayudan o no ayudan a que se realice el sueño de una vida mejor?

PARA ESCRIBIR

El episodio en la oficina de la asistencia pública refleja tanto la humillación como la dosis de violencia que le tocó vivir a la narradora en su infancia neoyorquina. ¿Cuál es su impresión sobre este episodio? ¿Qué experimenta al leerlo?

Escriba una breve "Carta al Editor" para un periódico imaginario en español. Adopte el punto de vista de un(a) amigo(a) de la señora del cuento. Proteste contra el tratamiento que le dan, y la larga espera a que la obligan en la oficina del gobierno. Limite la carta a unas 75 u 85 palabras. Las opiniones se revisarán en grupos de dos o tres estudiantes antes de entregárselas al editor, en este caso su profesor(a).

III. Mundos hispanos

Recordando al actor de teatro y cine

Raúl Juliá (1940–1994) fue uno de los actores de origen puertorriqueño más destacados del cine norteamericano en los últimos años. Una de sus primeras actuaciones al comienzo de su carrera en Nueva York fue en español, *La vida es sueño,* obra maestra española del Siglo de Oro, escrita por Pedro Calderón de la Barca. La carrera artística de Raúl Juliá incluyó la participación en los prestigiosos Festivales de Shakespeare en Nueva York, donde tomó parte en el reparto de *Othello, The Taming of the Shrew* (*La fierecilla domada*), y *King Lear* (*El rey Lear*). También tuvo papeles en musicales de Broadway. Pero lo que le otorgó verdadera resonancia nacional fueron las películas que protagonizó; entre éstas podemos citar *El beso de la mujer araña, Romero, Presuntamente inocente, La familia Addams* y *Los valores de la familia Addams.*

El famoso actor puertorriqueño, Raúl Juliá (1940–1994)

Juliá nació en San Juan, Puerto Rico, hijo de un restaurador y un ama de casa. A los veintidós años se trasladó a Nueva York, donde conoció al famoso productor Joseph Papp, quien lo contrató para actuar en el teatro. Fue nominado para los premios *Tony* cuatro veces, y ganó una vez por su actuación en la obra de Shakespeare, *Two Gentlemen of Verona* (*Dos caballeros de Verona*). Estando gravemente enfermo en la primavera de 1994, tomó parte en el rodaje de *The Burning Season* (*La estación ardiente*), película que trata del líder obrero brasileño Chico Mendes, asesinado en 1988. Fue su último trabajo antes de fallecer el 24 de octubre de ese año, a los cincuenta y cuatro años de edad.

En el filme *El beso de la mujer araña* (1985), basada en la famosa novela del escritor argentino Manuel Puig, hizo el papel de un prisionero político que comparte la celda con un compañero homosexual (representado por el actor William Hurt). En la película *Romero* (1989) personificó al arzobispo de San Salvador, Monseñor Oscar Arnulfo Romero, que fue ultimado (*killed*) mientras oficiaba misa en la catedral de la capital salvadoreña en 1980, durante la cruenta (*bloody*) guerra civil que sufrió el país centroamericano.

ACTIVIDADES CINEMÁTICAS

1. Busque y vea *The Kiss of the Spider Woman* si es posible, y escriba una sinopsis (*a summary*) de aproximadamente una o dos páginas, comentando su impresión sobre el filme y sobre la actuación de Raúl Juliá.
2. Si es posible, vea el filme *Romero,* y después busque información sobre la vida y el asesinato del arzobispo de El Salvador. Tome apuntes para luego compartir datos en clase. ¿Se supo quién asesinó al arzobispo? ¿Se llegó a arrestar y castigar? ¿Ha quedado cerrado el caso? Averigüe los hechos y aprenda más sobre El Salvador y su historia en aquellos momentos tan difíciles de guerras sucias, y sabrá por qué tantos salvadoreños huyeron de su país.

La plena: Linda música puertorriqueña

Hay quienes la llaman un "periódico cantado". Será porque esta música emblemática de Puerto Rico abarca temas muy diversos de la vida diaria. Sus temas varían entre el amor y los desamores, los escándalos, las noticias cotidianas del barrio, hasta recetas. Pero la plena también tiene una función más bien política. Muchas veces en el siglo XX obreros puertorriqueños usaron esta música autóctona para organizar a los trabajadores en huelgas de protesta en contra de los abusos y maltratos que sufrían en las grandes fábricas y en los campos.

La plena es una música sencilla y repetitiva con un ritmo contagioso. Nació a principios del siglo pasado en un barrio humilde de la ciudad de Ponce, en el sur de la isla. Un solista canta las letras y un coro de al menos dos voces responde en una estructura que recuerda mucho la música africana de "llamada y respuesta".

El acompañamiento rítmico de la plena es fundamental. Se basa en la pandereta, el güiro y las maracas. El más importante de estos instrumentos de percusión es la pandereta. La pandereta puertorriqueña es muy diferente a una pandereta común y corriente. No lleva címbalos, y el aro suele estar hecho de metal, hasta con frenos de carros. La piel que la cubre típicamente es de cabra y la estiran con el calor del fuego.

Como toda cultura boricua, la plena ha cobrado nueva vida en los barrios puertorriqueños de Nueva York. Han nacido allí grupos como *Viento de Agua* y *Plena Libre,* que están llevando esta música a públicos entusiasmados en el mundo entero.

ACTIVIDADES MUSICALES

1. Si es posible, algunos estudiantes de la clase pudieran traer muestras de esta música llamada plena, o de otros tipos de música de Puerto Rico. Averigüen si algunas de sus bibliotecas universitarias o públicas tienen videos o discos compactos de música folclórica o popular de ayer y de hoy día, de Puerto Rico, para poder escucharla en clase.

2. **Instrumentos caribeños.** Las claves, las maracas, el bongó, la tumbadora o las congas, el güiro, el cencerro, las panderetas, etc. ¿Sabe tocar algunos de estos instrumentos? Busque información sobre sus orígenes. Si tiene alguno de ellos, tráigalo a clase.
3. Un músico español que vivió en Puerto Rico por largos años fue **Pablo Casals**. Averigüe lo que pueda sobre esta figura de la música clásica y sobre su estadía en Puerto Rico. En un breve informe a la clase, relate lo que aprendió y, si puede, traiga una muestra de su música grabada para escuchar.

La política: La primera mujer puertorriqueña elegida al Congreso

Nydia M. Velázquez (1953–), representante demócrata del estado de Nueva York, nació en Yabuoca, Puerto Rico. En 1922 llegó a ser la primera mujer puertorriqueña elegida a la Cámara de Representantes del Congreso de los Estados Unidos.

Nydia M. Velázquez, representante demócrata de Nueva York, en el Congreso de los Estados Unidos

Velázquez, después de haber obtenido un título universitario (*bachelor*) en la Universidad de Puerto Rico, continuó sus estudios de nivel superior y terminó una maestría en la Universidad de Nueva York.

Antes de ser elegida para el Congreso, Velázquez enseñó por un tiempo. Cuando se decidió a cambiar el aula por la arena política, se postuló para consejal en la ciudad de Nueva York, y ganó en la votación. Fue la primera consejal puertorriqueña en el Consejo de esa gran ciudad. En 1989 fue nombrada directora del Departamento de Asuntos de la Comunidad Puertorriqueña de los Estados Unidos.

PARA ESCRIBIR

1. ¿Qué otras figuras puertorriqueñas conoce usted en el campo de la política de los Estados Unidos? ¿De Puerto Rico? ¿En el campo del arte? ¿De los medios de comunicación? ¿Del teatro? ¿De la literatura? ¿Del mundo de los negocios? ¿De los deportes? ¿De la música popular?
2. Escoja una figura puertorriqueña de cualquiera de los campos mencionados arriba o de otro que a usted le interese.
3. Busque en su biblioteca información para escribir una pequeña reseña biográfica (de 75 a 100 palabras).
4. Escriba su resumen, usando el texto anterior sobre Nydia M. Velázquez como modelo; prepárese a compartir con la clase lo que averigüe.
5. Comparta su trabajo con la clase.

IV. El arte de ser bilingüe

¿DEBE SER EL INGLÉS EL IDIOMA OFICIAL DE LOS ESTADOS UNIDOS?

Reprinted by permission: Wayne Stayskal

" IF YOU CAN'T GET A TACO OR BURRITO JUST BRING ME A CUBAN SANDWICH ! "

Existe hoy día una intensa polémica sobre el idioma inglés, que nunca se llegó a declarar como lengua oficial de la nación. Usted conoce probablemente este tema polémico. En muchos estados —como Florida, Nebraska, Colorado, Illinois, Hawai, Virginia y otros— se ha aprobado el inglés como idioma oficial en referendos o plebiscitos populares.

ACTIVIDADES

A. Debate

1. Para familiarizarse con el tema que se va a debatir en clase considere lo siguiente: ¿Por qué se debe o no se debe declarar el inglés como idioma oficial de los Estados Unidos? Puede echar un vistazo a algunos ensayos que le llamen la atención en los siguientes libros del periodista James Crawford: *Language Loyalties: A Source Book on the Official English Controversy* (Chicago: The University of Chicago Press, 1992), y *Hold Your Tongue: Bilingualism and the Politics of "English Only"* (Reading: Addison-Wesley Pub. Co., 1992). El autor mantiene además una página en la red electrónica sobre temas relacionados con el inglés y el bilingüismo en los Estados Unidos. Explórela. La dirección es: http://www.ourworld.compuserve.com/homepages/JWCRAWFORD

Para más información, puede explorar también:
Lewelling, Vickie W., ERIC Clearinghouse on Languages and Linguistics. *Official English and English Plus: An Update.* ERIC Digest. May 1997. EDU-FL-97-07. http://www.cal.org/ricccll/digest/lewell1101.html

Official English? No! Complied by TESOL Sociopolitical Concerns Committee. 1996. http://www.ncla.gwu.edu/miscpubs/tesol/official/

2. Después de leer lo que pueda sobre el tema, mire ahora el cuadro que sigue sobre las ventajas y desventajas de tener el inglés como idioma oficial. Luego, en una hoja aparte, agrégueles sus propias ideas a las dos columnas.
3. En clase, trabajando en grupos pequeños, compare sus ideas sobre el punto 2 con las de sus otros(as) compañeros(as). Comenten las semejanzas y las diferencias de sus listas. Preparen una lista de grupo para compartir con la clase.

- Apunte sus propias ideas sobre el tema. Para realizar el debate la clase se debe dividir en dos grupos: los que estén a favor de tener el inglés como único idioma oficial, y los que estén en contra. Para prepararse mejor, busque antes más información sobre el tema en la red y en su biblioteca.
- Exprese su opinión en el debate y tome apuntes a medida que éste se realiza. Los va a necesitar para la parte B de esta actividad.

Lista de ventajas y desventajas de declarar el inglés como idioma oficial

Ventajas

1. Mayor sentido de identidad y unidad nacionales.
2. Menos gastos en la traducción de documentos oficiales y en el servicio al público.
3. Simplifica la planificación de la educación nacional.

Desventajas

1. Crea animosidad entre las comunidades lingüísticas del país.
2. Promueve una mayor discriminación.
3. Obstaculiza la enseñanza y el mantenimiento de las lenguas extranjeras, necesarias para la comunicación internacional.

B. Para escribir

Basándose en el debate, en sus propias ideas y en los apuntes que ha tomado, escriba una "Carta al editor" de un periódico imaginario. La carta debe ser de dos o tres párrafos y tener unas 75 a 150 palabras.

Puede comenzar su carta de la siguiente manera: *Pienso que la idea de declarar el inglés como idioma oficial...* Antes de "enviar" su carta, intercámbiela con la de un(a) compañero(a). Revise la carta que le entregue y haga recomendaciones para mejorarla, si es necesario.

V. Unos pasos más: fuentes y recursos

A. PARA AVERIGUAR MÁS

Busque uno de los libros indicados a continuación u otro que su profesor o profesora le recomiende. Escoja un capítulo o una sección que le interese y prepare una lista de tres a cinco puntos principales basados en la lectura. Anote sus impresiones generales. Prepárese para poder compartirlas oralmente.

Los puertorriqueños, dominicanos, salvadoreños y otros grupos: bibliografía seleccionada

Aliotta, Jerome J. *The Puerto Ricans.* New York: Chelsea House, 1991.

Alvarez, Julia. *In the Time of the Butterflies.* New York: Dutton/Plume, 1995.

Aparicio, Francés R. *Listening to Salsa: Gender, Latin Popular Music, and Puerto Rican Cultures.* Hanover, NH: University Press of New England, 1998.

Belli, Gioconda. *País bajo mi piel: Memorias de amor y guerra.* Plaza & Janes Editores, 2001.

Colón, Jesús. *A Puerto Rican in New York and Other Sketches.* New York: International Publishers, 1991.

Durán, Roberto, Judith Ortiz Cofer, and Gustavo Pérez Firmat. *Triple Crown: Chicano, Puerto Rican, and Cuban American Poetry.* Tempe: Arizona State University, Bilingual Press/Editorial Bilingüe, 1988.

Fernández, Ronald. *The Disenchanted Island: Puerto Rico and the United States in the Twentieth Century.* NY: Praeger, 1992.

——. *Prisoner of Colonialism: The Struggle for Justice in Puerto Rico.* Monroe: Common Courage Press, 1994.

Flores, Juan. *Divided Arrival: Narratives of the Puerto Rican Migration, 1920–1950.* Bilingual Edition. New York: Centro de Estudios Puertorriqueños, Hunter College, 1987.

——. *Divided Borders. Essays on Puerto Rican Identity.* Houston: Arte Público Press, 1993.

Foster, David William. *Puerto Rican Literature: A Bibliography of Secondary Sources.* Westport: Greenwood Press, 1982.

Fox, Geoffrey. *Hispanic Nation: Culture, Politics, and the Constructing of Identity.* Seacaucus, New Jersey: Carol Publishing Group, 1996.

González, Juan. *Harvest of Empire: A History of Latinos in America.* New York: Viking, 2000.

Gutiérrez González, Heliodoro J. *El español en el barrio de Nueva York: Estudio léxico.* Nueva York: Academia Norteamericana de la Lengua Española, 1993.

Hagan, Jaqueline Maria. *Deciding to be Legal: A Maya Community in Houston.* Philadelphia: Temple Univ. Press, 1994.

Kanellos, Nicolás, ed. *Biographical Dictionary of Hispanic Literature in the United States: The Literature of Puerto Ricans, Cuban Americans, and Other Hispanic Writers.* Westport: Greenwood Press, 1989.

——, ed. *Nuevos Pasos: Chicano and Puerto Rican Drama.* Houston: Arte Público Press, 1989.

LaFeber, Walter. *Inevitable Revolutions: The United States in Central America.* NY: W.W. Norton, 1993.

Levins Morales, Aurora. "Puertoricanness", "Child of the Americas". Rosario Morales. "I am What I am". En Aurora Levins Morales y Rosario Morales. *Getting Home Alive.* Ithaca: Firebrand Books, 1986, pp. 84–86, 50, 138–139.

Lipski, John M. "The Linguistic Situation of Central Americans." McKay, Sandra Lee and Cynthia Sau-ling Wong, eds. *New Immigrants in the United States.* Cambridge: Cambridge Univ. Press, 2000. 189–215.

Lungo, Uclés, Mario. *El Salvador in the Eighties: Counterinsurgency and Revolution.* Philadelphia: Temple Univ. Press, 1996.

Mahler, Sarah J. *American Dreaming: Immigrant Life on the Margins.* Princeton: Princeton Univ. Press, 1995.

Mohr, Nicholasa. *Nilda.* New York: Harper and Row, 1973. [Otras obras incluyen: *Going Home, El Bronx Remembered* y *In Nueva York.*]

——. *Puerto Rican Writers in the United States, Puerto Rican Writers in Puerto Rico: A Separation Beyond Language.* The Americas Review. Vol 15, No. 2 (Summer 1987), 87–92.

Ortiz Cofer, Judith. *Bailando en silencio: Escenas de una niñez puertorriqueña.* Houston. Arte Público Press, 1997. Translation from the English original, *Silent Dancing: A Partial Remembrance of a Puerto Rican Childhood.*

Pérez y González, *María E. Puerto Ricans in the United States: The New Americans.*

Rodríguez, Clara E. *Born in the U.S.A.* Boston: Unwin Hyman, 1989.

Rodríguez, Clara, and Virginia Sánchez Korrol, eds. *Historical Perspectives on Puerto Rican Survival in the United States.* Princeton, NJ: Markus Wiener Pubs.

Rivera, Edward. *Family Installments: Memories of Growing Up Hispanic.* William Morrow and Co., 1982.

Sánchez Korrol, Virginia. *From Colonial to Community: The History of Puerto Ricans in New York City, 1917–1948.* Westport: Greenwood Press, 1983.

Torres, Andrés, and José Velasquez, eds. *The Puerto Rican Movement: Voices from the Diaspora.* Philadelphia: Temple Univ. Press, 1998.

Santiago, Esmeralda. *El sueño americano.* New York: Harper Libros/ Harper Collins, 1996.

Torres-Sailant, Silvio, and Ramón Hernández. *The Dominican Americans.* Westport: Greenwood Publishing Group, 1998.

Rodríguez de Laguna, Asela, ed. *Images and Identities: The Puerto Rican in Literature.* New Brunswick: Transaction, 1987.

Umpierre, Luz María Umpierre. *Una puertorriqueña en Penna.* 1979.

Wagenheim, Kal, and Olga Jiménez Wagenheim, eds. *The Puerto Ricans: A Documentary History. Updated and enlarged.* Princeton, NJ: Markus Wiener Pubs. 2002.

Wilkinson, Daniel. *Silence on the Mountain: Stories of Terror, Betrayal, and Forgetting in Guatemala.* Boston: Houghton Mifflin Co., 2002.

Zentella, Ana Celia. *Growing Up Bilingual.* Oxford: Blackwell Publishers, 1997.

——. "Puerto Ricans in the United States: Confronting the Linguistic Repercussions of Colonialism." McKay, Sandra Lee and Cynthia Sau-ling Wong, eds. *New Immigrants in the United States.* Cambridge: Cambridge Univ. Press, 2000, 137–164.

B. PARA DISFRUTAR Y APRENDER

Actividad

Vea la película ***El beso de la mujer araña*** *basada en una novela del escritor argentino Manuel Puig (traducida al inglés con el título de* The Kiss of the Spider Woman*). Uno de sus actores principales es Raúl Juliá.*

Lea el libro en la edición original en español, si es posible. Tome apuntes sobre el libro y la película y compárelos. Basándose en sus apuntes, prepare un breve informe oral (de 10 a 15 minutos) en español. Luego, en clase, preséntele su informe a un grupo de dos o tres estudiantes. Destaque cuál lo (la) impactó más, el libro o la película y explique por qué.

Videos y DVDs

Mi Puerto Rico (87 min. 1996). Producido por Raquel Ortiz y Sharon Simón. Excelente documental educacional sobre la historia, la cultura puertorriqueña, y la lucha y la política en relación con la identidad nacional y las relaciones entre la isla y los Estados Unidos.

Puerto Rican Passages (59 min., Hartford, Connecticut, 1995). Usa documentales, entrevistas hechas a especialistas en historia de Puerto Rico y es narrada por José Feliciano. Repasa la historia y las condiciones de los puertorriqueños en el estado de Connecticut.

¿Sí o no? . . . Puerto Rico and the Statehood Question (22 min., 1992). Producido por Video Knowledge, Inc. y disponible por medio del Centro de Estudios Puertorriqueños de Hunter College en Nueva York o por Amazon.com.

Women of Hope: Latinas Abriendo Camino (29 min., 1996). Films for the Humanities. Doce mujeres hispanas se expresen en esta película sobre sus luchas y sus éxitos, varias de ellas conocidas puertorriqueñas; otras incluyen a la autora dominicana Julia Alvarez y a la mexicana Sandra Cisneros.

Puerto Rico: History and Culture. Narración disponible en español o en inglés (en DVD, 2000 o VHS). Repasa la historia y tradiciones culturales de Puerto Rico desde el siglo XVI hasta nuestros tiempos.

Vida y muerte del jibarito Rafael Hernández (90 min., 1990). Dirigida por Julián Soler, es una película de largo metraje acerca del conocido y adorado compositor puertorriqueño, Rafael Hernández.

Fania All-Stars Live (1995; 1 hr., 30 min. VHS, Sonido Inc., 1995). Jerry Masucci and Larry Harlow, producers; Ralph Mercado, executive producer. Larry Harlow and Eddie Harris, Directors. Este filme presenta la histórica reunión de Fania All-Stars que ocurrió en un concierto en San Juan, Puerto Rico. Celebra 30 años de música del grupo e incluye actuaciones de grandes artistas, como Johnny Pacheco, Eddie Palmieri, Celia Cruz, Ray Barretto, Aldalberto Santiago y otros más.

Visa for a Dream (30 min., 1990, Puerto Rico). Filme en español con títulos en inglés, que trata sobre las pobres condiciones sociales en la República Dominicana y las dificultades que pasan los que se arriesgan a irse a vivir en Puerto Rico.

Nueba Yol (1996). Doblada en español, con títulos en inglés. Dirigida por Ángel Muñiz. Ideal Enterprises Studio. VHS—2001.

The Puerto Ricans: Our American Story (WLIW21/PBS. 90 min.). Incluye biografías de Rita Moreno, Jimmy Smits y el ya fallecido, Tito Puente.

Bread and Roses (2000 VHS; 2001 DVD). Dirigida por Ken Loach, actuación de Pilar Padilla, Adrien Brody. Trata sobre la vida de los inmigrantes y sus dificultades en Estados Unidos.

West Side Story (1961). Disponible hoy en formatos de video (2001) o DVD (2003). Musical romántico y clásico que se llevó a la pantalla, sobre las pandillas y la vida en Nueva York hace más de 40 años.

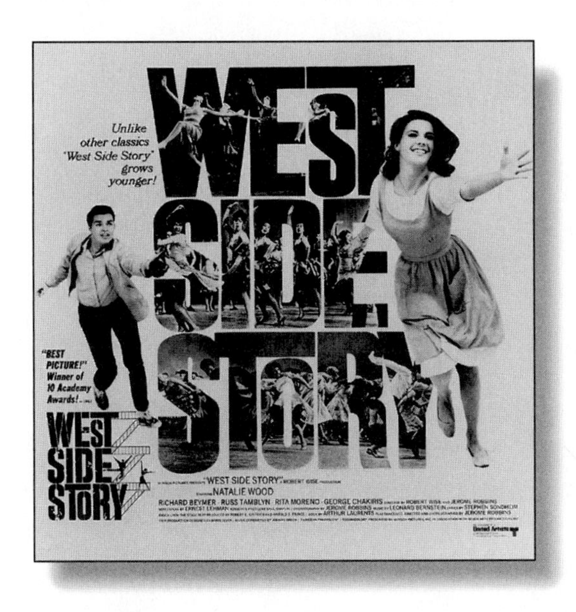

Recursos de la red (WWW)

Si desea explorar la red, vaya a http://www.wiley.com/college/roca, donde encontrará una lista de sitios relacionados con el tema de este capítulo. Abajo puede empezar a explorar los siguientes sitios.

El Nuevo Día (periódico)
http://www.endi.com

The World of 1898: The Spanish American War
http://lcweb.loc.gov.rr/hispanic/1898/

Centro de Estudios Puertorriqueños
http://www.centropr./index.html

Julia de Burgos
http://www.uprhmate01.upr.clu.edu./espanol/JuliaDeBurgos/index.html

Capítulo Cuatro

Los cubanos y cubanoamericanos

"...me doy cuenta de que para un desterrado no hay sitio donde se pueda vivir; que no existe sitio, porque aquél donde soñamos, donde descubrimos un paisaje, leímos el primer libro, tuvimos la primera aventura amorosa, sigue siendo el lugar soñado; en el exilio uno no es más que un fantasma, una sombra de alguien que nunca llega a alcanzar su completa realidad; yo no existo desde que llegué al exilio; desde entonces, comencé a huir de mí mismo."

—**Reinaldo Arenas** en Antes que anochezca. Barcelona: Fábula Tusquets Editores, 1996.

Copyright original de 1992, p. 314. Los textos originales de esta obra forman parte de la colección de manuscritos de Reinaldo Arenas de la Universidad de Princeton, New Jersey.

En junio del 2003, doce cubanos intentaron llegar a Estados Unidos a bordo de este camión Chevrolet del '51 convertido en embarcación. Fueron devueltos a Cuba por la Guardia Costera estadounidense, quienes después hundieron el barco-camión.

PARA ENTRAR EN ONDA

Para ver cuánto sabe del tema del capítulo, responda a este cuestionario lo mejor que pueda. Escoja la respuesta más apropiada. Luego compruebe sus conocimientos, consultando la lista de respuestas que aparecen invertidas al pie de este ejercicio.

1. El primer nombre que Cristóbal Colón dio a la isla de Cuba fue
  a. Isla del Tabaco.
  b. Juana.
  c. Isla de los Siboneyes.

2. Arturo Sandoval y Jon Secada son
  a. banqueros de Miami.
  b. héroes del último éxodo de cubanos.
  c. músicos populares.

3. José Lezama Lima es
  a. un pelotero de las grandes ligas.
  b. un arzobispo de la Iglesia Católica.
  c. un poeta, novelista y ensayista.

4. El número de cubanos y cubanoamericanos que viven en los Estados Unidos es de
  a. cinco millones.
  b. más de un millón.
  c. alrededor de quinientas mil personas.

5. El congrí es
  a. un plato de arroz con frijoles negros.
  b. el nombre africano de un dios de la santería.
  c. un baile de La Habana, popular en los años cincuenta.

6. Ernesto Lecuona es
  a. un político controversial en exilio.
  b. un antiguo miembro del gabinete presidencial.
  c. el compositor cubano de "Malagueña".

7. El guajiro es
  a. un árbol silvestre de la Sierra Maestra.
  b. un campesino.
  c. un capataz.

8. La fiesta de los quince
  a. celebra la graduación de la secundaria.
  b. celebra el primer noviazgo.
  c. celebra la mayoría de edad (presentación en sociedad).

9. *Fresa y chocolate* es
  a. un libro de poemas de Dulce María Loynaz.
  b. un libro de recetas para hacer helados.
  c. una película cubana que fue nominada para un "Oscar".

10. El guarapo es
   a. una bebida hecha de la caña de azúcar.
   b. un baile típico de la provincia de Oriente.
   c. una bebida alcohólica conocida como aguardiente.

Respuestas: 1b, 2c, 3c, 4b, 5a, 6c, 7b, 8c, 9c, 10a

I. Conversación y cultura

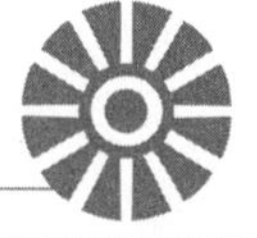

LOS CUBANOS Y CUBANOAMERICANOS

Más de un millón de cubanos y cubanoamericanos —un poco más del 4% del total de la población hispana en los Estados Unidos— gran parte de ellos clasificados originalmente al llegar como refugiados políticos, habita en la nación norteamericana. Residen sobre todo en Miami, Florida, y en Union City, Nueva Jersey. A diferencia de otros grupos hispanos que se distribuyen más uniformemente por todo el país, los cubanos y cubanoamericanos se concentran más que nada en estos dos polos geográficos, aunque hay cubanos que viven en todas las grandes ciudades de los Estados Unidos. Es Miami, sin embargo, la ciudad que alberga más del sesenta por ciento de toda la población de origen cubano de los Estados Unidos, y con razón se la ha llamado una segunda Habana.

La presencia cubana no es nueva en los Estados Unidos. Los cubanos comenzaron a emigrar a la Florida desde finales del siglo XIX, a raíz de la guerra de independencia que tuvo lugar en la isla contra el dominio español. Primero se dirigieron a Cayo Hueso (*Key West*), donde los patriotas

Tabaquería en Ybor City, Florida. Note al lector que lee a los trabajadores una variedad de lecturas periodísticas y literarias mientras hacen su trabajo.

se reunían para coordinar la lucha contra los españoles. Luego, lo que hoy día es Tampa sirvió de refugio a varias compañías tabacaleras cubanas que establecieron negocios en esa zona, en lo que después se llamaría Ybor City, parte oficial de Tampa desde 1887. Con la depresión de 1929 estos comercios quebraron y muchos empleados cubanos regresaron a la isla o se dispersaron por el país. Ybor City y Cayo Hueso aún conservan las huellas dejadas por aquellos primeros cubanos.

Desde que Fidel Castro y sus rebeldes derrocaron el gobierno de Fulgencio Batista y tomaron el poder en 1959, una gran cantidad de cubanos ha venido a residir en los Estados Unidos, huyendo del sistema revolucionario de Cuba. Las causas de la emigración han sido mayormente políticas, aunque en los últimos tiempos también el grave estado de la economía en la isla ha llevado a muchos cubanos a emprender el viaje a los Estados Unidos. Al principio, en los años sesenta, muchos refugiados —muchos de ellos de las clases profesionales— pensaban que la estancia sería breve, pero el tiempo dictó lo contrario, y los cubanos, en gran parte, han pasado a formar parte del "crisol de razas" que conforma la sociedad norteamericana. Sin embargo, muchos floridianos de ascendencia cubana aún tienen la esperanza de regresar a la patria algún día, aunque sea de visita. Esto se traduce en la insistencia por parte de las familias en tratar de mantener la lengua, las tradiciones nacionales y algunos otros aspectos de la cultura cubana, tales como las costumbres culinarias, sociales y familiares, como lo es la celebración navideña del 24 de diciembre, o Nochebuena, que se celebra con lechón, yuca, congrí y plátanos fritos, turrones españoles, vinos y música criolla.

La Pequeña Habana, en Miami, representa nacionalmente a los cubanos. Aunque ya gran parte de ellos se han mudado a otras áreas de la ciudad, este

La novelista Cristina García (1958–) nació en La Habana, pero se crió en Nueva York. Ha trabajado de periodista para la revista Time. *Sus dos primeras novelas, escritas originalmente en inglés, se han traducido y publicado también en español y han alcanzado gran éxito en ambos mercados.* Soñar en cubano *trata sobre varias generaciones de una familia cubana que ahora está esparcida por la Florida, Nueva York y Cuba. Si usted quisiera escribir un cuento o una novela, ¿preferiría escribirlo en inglés o en español? ¿Usaría los dos idiomas en el mismo texto? ¿Qué consecuencias tendría si así lo hiciera?*

barrio simboliza la cubanía moderna en la Florida y fue el primer asentamiento de los emigrados en 1960. La zona tiene apenas diez kilómetros cuadrados, pero está localizada cerca del centro financiero y político de Miami, por lo que su influencia en la vida de la ciudad es notable. En ningún otro lugar de la ciudad se siente tanto la presencia cubana como aquí. Hay tiendas, restaurantes, negocios de todo tipo con nombres que recuerdan los dejados en La Habana (Rancho Luna, La Casa de los Trucos, La Época, Fin de Siglo, Los Pinos Nuevos), calles con nombres de figuras y patriotas cubanos y cubanoamericanos, teatros donde se representan comedias populares, escuelas e iglesias que funcionan en español. A causa de la significativa presencia demográfica cubana, *El Nuevo Herald*, un periódico en español, circula diariamente, igual que *The Miami Herald.* Además, la comunidad tiene participación activa en compañías de televisión, como Telemundo y Univisión, las cadenas televisivas más grandes del país, que transmiten sus programas por todo el hemisferio, Norte y Sur América.

Vista de la bahía de La Habana desde el Castillo del Morro, antiguo fuerte español.

La cuestión cubana ganó prominencia durante la administración del presidente Carter, cuando tuvo lugar el éxodo masivo conocido como *El Mariel.* En sólo unos pocos meses del año 1980 emigraron del puerto de Mariel a la Florida alrededor de ciento veinticinco mil cubanos. Años después del suceso, la gran mayoría de esos cubanos se han integrado con éxito a la sociedad norteamericana. Lo mismo ha pasado con miles de refugiados llamados "balseros", por haber llegado a la Florida en balsas en la década de los noventa. Los que fueron interceptados por los guardacostas norteamericanos en alta mar, y llevados luego a la Base Naval de Guantánamo, también fueron arribando a la Florida poco a poco, después de una larga espera en campamentos primitivos. Hoy día periódicamente llegan cubanos de la isla a las costas de la Florida. Actualmente muchos cubanos se han hecho ciudadanos estadounidenses, otros, ya de otras generaciones, han nacido en los Estados Unidos, e igual que muchos de sus padres participan activamente en la política local, estatal y federal, como se espera que lo hagan también las próximas generaciones de herencia cubana o cubanoamericana.

Cronología cubana

1868	Se inicia la primera Guerra de Independencia contra España.
1880	La esclavitud es abolida.
1895	El grito de Baire da comienzo a la segunda Guerra de Independencia.
1898	Los Estados Unidos le declaran la guerra a España.
1902	Cuba se indipendiza de España. Se declara la República.
1934	Comienza la primera dictadura de Fulgencio Batista. (Termina en 1944.)
1940	Se promulga la constitución más democrática de la historia del país.
1952	Batista da un golpe de estado.
1959	Caída de Batista y triunfo del movimiento rebelde de Fidel Castro.
1961	EE.UU. rompe relaciones diplómaticas con el gobierno cubano. Invasión fallida de la Bahía de Cochinos (Playa Girón).
1962	Crisis de los misiles nucleares.
1967	Muere asesinado en la selva de Bolivia el revolucionario Che Guevara.
1978	Se establece el diálogo entre el gobierno cubano y un grupo de exiliados cubanoamericanos.
1980	Diez mil ochocientos cubanos ocupan la embajada del Perú en La Habana, en busca de asilo político. Éxodo del Mariel. Salen más de 125,000 cubanos para los Estados Unidos desde la Playa del Mariel.
1994	Treinta y cinco mil cubanos emigran ilegalmente a los Estados Unidos.
1995	Se revierte la política oficial norteamericana hacia los balseros cubanos, a los que se les obliga a regresar a partir de ese momento.
1998	El Papa Juan Pablo II visita Cuba.
2003	El gobierno de Cuba ejecuta a varios jóvenes por medio de juicios sumarios, jóvenes de la raza negra que habían tratado de salir del país ilegalmente en barco hacia Estados Unidos. Las ejecuciones resultan en protestas contra la dictadura castrista a nivel internacional.
2003	En una ola represiva, el gobierno castrista arresta a más de 75 cubanos por formar parte de grupos de derechos humanos que piden cambios en el sistema político y elecciones libres. Entre los encarcelados está el poeta Raúl Rivero.

En agosto de 1994, un éxodo masivo de cubanos salió en balsas hacia las costas de la Florida .

MESA REDONDA

En grupos pequeños, contesten las preguntas y comenten los temas siguientes.

1. ¿Cúales cree que son las diferencias entre la comunidad cubana de los Estados Unidos y las demás comunidades hispanas? ¿Es la historia de este grupo similar a la experiencia de los demás emigrados hispanoamericanos? ¿Por qué?
2. ¿Qué piensa usted que sucederá con la comunidad cubana en los Estados Unidos cuando Fidel Castro no esté más en el poder? ¿Se iniciará una liberalización de la sociedad y de la economía en Cuba? ¿Volverá la mayoría de los cubanoamericanos a vivir a la isla o irán sólo de visita?
3. ¿Por qué cree que salió tanta gente de Cuba? ¿Cuáles factores motivan a la gente a dejar familiares, hogar, negocios, estudios, pertenencias, etc.?
4. Si usted fuera cubano(a) o cubanoamericano(a), ¿cuáles serían las ventajas y desventajas de vivir en un barrio de Miami como "La Pequeña Habana"? Mencione tres de cada una.

II. Lectura

Ensayo

José Martí (1853–1895), patriota, poeta, ensayista, traductor, periodista y abogado cubano, fue uno de los iniciadores, junto con el nicaragüense Rubén Darío, del modernismo. Es ésta una corriente literaria que revolucionó la literatura en la lengua española de principios del siglo XX.

Parado: El Generalísimo Máximo Gómez, el gran libertador y general del Ejército Libertador de Cuba durante la Guerra de Independencia. Sentado: José Martí, además de ser uno de los grandes poetas y ensayistas de las letras hispanoamericanas, fue el líder más famoso de la lucha por la independencia de Cuba. Fecha: 1894

Martí escribió numerosos ensayos y artículos periodísticos de fama continental. Participó activamente en el movimiento de la independencia cubana, del cual fue uno de sus líderes y héroes más nombrados. Es para Cuba el apóstol de la independencia, venerado por todos los cubanos. A Martí se le coloca junto a Juárez, Bolívar, San Martín, Hidalgo y otros, en la causa liberadora contra España y en la construcción de las nuevas naciones hispanoamericanas.

ANTES DE LEER

En grupos de tres o cuatro estudiantes comenten lo siguiente. Compartan después sus observaciones con el resto de la clase.

1. ¿Cómo podría usted definir el racismo?
2. El racismo se manifiesta de muchas maneras. ¿Qué formas de racismo existen o han existido en los Estados Unidos? ¿Y en otros países del mundo?
3. ¿Por qué razones cree que existe el racismo?

MI RAZA[1]

Ésa de "racista" está siendo una palabra confusa y hay que ponerla en claro. El hombre no tiene ningún derecho especial porque pertenezca a una raza u otra; dígase hombre, y ya se dicen todos los derechos. El negro, por negro, no es inferior ni superior a ningún otro hombre; peca° por redundante el blanco que dice: "mi raza"; peca por redundante el negro que dice: "mi raza". Todo lo que divide a los hombres, todo lo que especifica, aparta o acorrala°, es un pecado contra la Humanidad. ¿A qué blanco sensato le ocurre envanecerse° de ser blanco, y qué piensan los negros del blanco que se envanece de serlo y cree que tiene derechos especiales por serlo? ¿Qué han de pensar los blancos del negro que se envanece de su color? Insistir en las divisiones de razas, en las diferencias de razas de un pueblo naturalmente dividido, es dificultar la ventura° pública y la individual, que están en el mayor acercamiento de los factores que han de vivir en común. Si se dice que en el negro no hay culpa aborigen° ni virus que lo inhabilite° para desenvolver° toda su alma de hombre, se dice la verdad, y ha de decirse y demostrarse, porque la injusticia de este mundo es mucha y la ignorancia de los mismos que pasan por la sabiduría, y aun hay quien cree de buena fe al negro incapaz de la inteligencia y corazón del blanco; y si a esa defensa de la naturaleza se le llama racismo, no importa que se le

°peca: hacer mal, errar

°acorrala: encerrar, limitar

°envanecerse: ponerse vanidoso

°ventura: felicidad, suerte

°aborigen: aquí significa primera, inicial

°inhabilite: hacer algo a alguien no capaz, no hábil

°desenvolver: desarrollar, desplegar

[1] Apareció por primera vez el 16 de abril de 1893 en el periódico *Patria* de Nueva York.

llame así, porque no es más que decoro° natural y voz que clama° del pecho del hombre por la paz y la vida del país. Si se alega que la condición de esclavitud no acusa° inferioridad en la raza esclava, puesto que los galos° blancos de ojos azules y cabellos de oro, se vendieron como siervos, con la argolla° al cuello, en los mercados de Roma, eso es racismo bueno, porque es pura justicia y ayuda a quitar prejuicios al blanco ignorante. Pero ahí acaba el racismo justo, que es el derecho del negro a mantener y probar que su color no le priva de ninguna de las capacidades y derechos de la especie humana.

°decoro: honor, honestidad
°clama: quejarse, llamar a gritos
°acusa: aquí significa mostrar
°galos: antiguos habitantes de Francia
°argolla: aro de metal

El racista blanco, que le cree a su raza derechos superiores, ¿qué derecho tiene para quejarse del racista negro que le vea también especialidad a su raza? El racista negro, que ve en la raza un carácter especial, ¿qué derecho tiene para quejarse del racista blanco? El hombre blanco que, por razón de su raza, se cree superior al hombre negro, admite la idea de la raza y autoriza y provoca al racista negro. El hombre negro que proclama su raza, cuando lo que acaso proclama únicamente en esta forma errónea es la identidad espiritual de todas las razas, autoriza y provoca al racista blanco. La paz pide los derechos comunes de la Naturaleza; los derechos diferenciales°, contrarios a la Naturaleza son enemigos de la paz. El blanco que se aísla, aísla al negro. El negro que se aísla, provoca a aislarse al blanco.

°diferenciales: relativo a diferencias muy pequeñas

PARA COMENTAR

Trabajando en parejas, contesten las siguientes preguntas sobre ***Mi Raza.*** *Justifiquen su opinión cuando sea necesario. Luego pueden compartir sus respuestas con las de otros compañeros.*

1. Martí titula este discurso *Mi raza.* ¿Por qué? Según Martí, ¿cuál es su raza?
2. ¿Por qué considera Martí que “racista” es una palabra que confunde?
3. ¿Qué considera Martí “racismo bueno” y “racismo justo”?
4. Según Martí, ¿es el racismo negro peor, mejor o igual que el blanco? ¿Cómo explica Martí que el racismo negro surge a partir del blanco?
5. ¿Cree usted que Martí estaría a favor o en contra de celebraciones como la del Día de la Raza o *Black History Month*? Base su opinión en las palabras del texto de Martí.

PARA ESCRIBIR

Conteste estas preguntas en un breve párrafo de unas cincuenta palabras.

1. ¿Qué quiere decir Martí cuando escribe: “peca por redundante el blanco que dice: ‘Mi raza’; peca por redundante el negro que dice, ‘Mi raza’”?
2. Martí cree que uno no debe envanecerse ni por ser blanco, ni por ser negro. ¿Por qué no? ¿Está usted de acuerdo? Explique su posición.

Poesía

Nicolás Guillén (1902–1989) es uno de los poetas cubanos contemporáneos más conocidos, leídos y traducidos. Fue durante varios años presidente de la Unión de Artistas y Escritores Cubanos, y recibió muchos premios y reconocimientos internacionales. En parte, su poesía tiene que ver con la literatura afroantillana, una corriente que buscó recuperar las raíces africanas de las naciones del Caribe, dentro de la cual él es uno de los exponentes más famosos. También cultivó la preocupación social en sus poemas. El poema que se reproduce a continuación pertenece a *West Indies Ltd.* (1934), colección de poesías de tema social.

Nicolás Guillén (1902–1989), el poeta cubano

ANTES DE LEER

En grupos de tres o cuatro estudiantes, comenten lo siguiente. Compartan después sus observaciones con el resto de la clase.

1. ¿Qué origen tienen sus padres o sus abuelos? ¿Son de la misma cultura o de culturas diferentes?
2. ¿Qué importancia cree usted que tiene la combinación de raíces culturales en la formación de una persona?
3. Explique cómo ha influido en usted su herencia cultural. Si su ascendencia consiste en dos culturas diferentes (padre o abuelo de una nacionalidad, y madre o abuela de otra) explique cuál de ellas ha influido más en su crecimiento y educación, y por qué.

BALADA DE LOS DOS ABUELOS

Sombras que sólo yo veo,
me escoltan° mis dos abuelos.
Lanza con punta de hueso,
tambor de cuero y madera:
5 mi abuelo negro.
Gorguera° en el cuello ancho,
gris armadura guerrera:
mi abuelo blanco.

Pie desnudo, torso pétreo°
10 los de mi negro;
pupilas de vidrio antártico
las de mi blanco.

África de selvas húmedas
y de gordos gongos° sordos...
15 —¡Me muero!
(Dice mi abuelo negro.)
Aguaprieta de caimanes,
verdes mañanas de cocos...
—¡Me canso!
20 (Dice mi abuelo blanco.)
Oh velas de amargo viento,
galeón ardiendo en oro...
—¡Me muero!
(Dice mi abuelo negro.)
25 ¡Oh costas de cuello virgen
engañadas de abalorios°...!
—¡Me canso!
(Dice mi abuelo blanco.)
¡Oh puro sol repujado°,
30 preso en el aro del trópico;
oh luna redonda y limpia
sobre el sueño de los monos!
¡Qué de barcos, qué de barcos!
¡Qué de negros, qué de negros!
35 ¡Qué largo fulgor de cañas!
¡Qué látigo el del negrero!
Piedra de llanto y de sangre,
venas y ojos entreabiertos,
y madrugadas vacías,
40 y atardeceres de ingenio,
y una gran voz, fuerte voz,
despedazando el silencio.
¡Qué de barcos, qué de barcos,
qué de negros!

°escoltan: acompañar para protección o vigilancia

°gorguera: adorno antiguo de lienzo para el cuello

°pétreo: de piedra, o de la dureza de la piedra

°gongos: especie de tambor

°abalorios: adorno de vidrio

°repujado: labrado el metal con martillo

45 Sombras que sólo yo veo,
me escoltan mis dos abuelos.
Don Federico me grita
y Taita Facundo calla;
los dos en la noche sueñan
50 y andan, andan.
Yo los junto.
—¡Federico!
¡Facundo! Los dos se abrazan.
Los dos suspiran. Los dos
55 las fuertes cabezas alzan:
los dos del mismo tamaño,
bajo las estrellas altas;
los dos del mismo tamaño,
ansia° negra y ansia blanca,
60 los dos del mismo tamaño,
gritan, sueñan, lloran, cantan.
Sueñan, lloran, cantan,
Lloran, cantan.
¡Cantan!

°*ansia: fuerte deseo o anhelo*

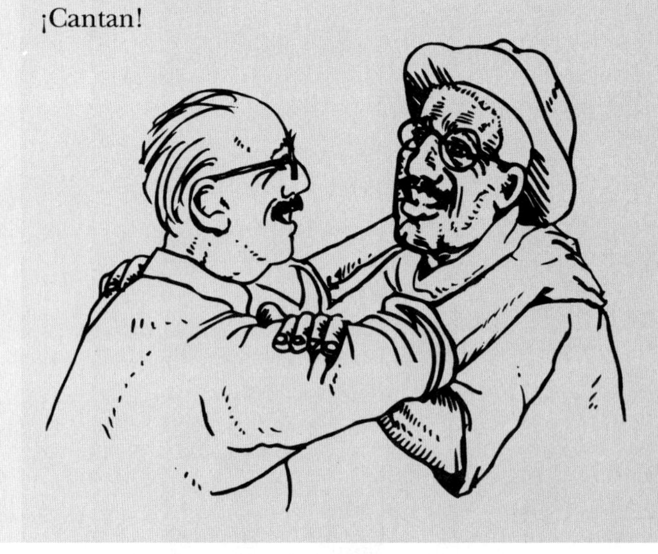

PARA COMENTAR

Trabajando en parejas contesten las siguientes preguntas sobre ***Balada de los dos abuelos.*** *Justifiquen su opinión cuando sea necesario. Luego pueden comparar sus respuestas con las de otros compañeros.*

1. ¿Cuáles son algunas de las características físicas y personales del abuelo blanco del poeta? ¿Y las características del abuelo negro?
2. ¿Cuáles son las referencias históricas que usted puede encontrar en el poema, tales como la conquista de América, el tráfico de esclavos, la economía de las colonias españolas en Hispanoamérica?

3. ¿Qué le sugieren "venas y ojos entreabiertos" y "una gran voz... despedazando el silencio" para el abuelo negro? ¿Y "gris armadura guerrera", "piedra de llanto y de sangre" para el abuelo blanco?

PARA ESCRIBIR

Conteste estas preguntas en un breve párrafo de unas cincuenta palabras.

1. ¿Por qué cree usted que el poeta termina con una nota optimista ("cantan")? ¿Qué representan el sueño, el llanto y la canción para cada uno de los dos abuelos?
2. ¿Cree que los dos abuelos tienen igual importancia a lo largo del poema?
3. ¿Se trata a uno de los dos abuelos con mayor simpatía y comprensión? Explique su respuesta.

Fragmentos de autobiografía

Reinaldo Arenas, considerado uno de los escritores más importantes de la literatura latinoamericana, nació en Holguín, Cuba, en 1943. Estudió Filosofía y Letras en la Universidad de La Habana, pero no llegó a terminar la carrera. Escribió novelas, cuentos, ensayos, poesía y teatro; su obra se ha traducido a muchos idiomas.

Reinaldo Arenas (1943–1990), el conocido escritor cubano. Sufrió encarcelamiento en varias prisiones de Cuba a causa de sus escritos y también por ser homosexual. Su obra, la cual se dio a conocer aun más después que Arenas salió de Cuba en 1980, ya se ha traducido a muchos idiomas.

Su primera novela, *Celestino antes del alba*, ganó primera mención en un concurso literario nacional de prestigio, en 1967. De 1973 hasta 1976 Arenas fue encarcelado a causa de sus actividades contra el gobierno cubano. En Cuba Arenas sufrió ostracismo y encarcelamiento por sus ideas disidentes y por ser homosexual; su obra fue censurada. En 1980 abandonó el país vía el Mariel. Al llegar de Cuba, primero enseñó literatura en *Florida International University*. Luego enseñó en varias universidades prestigiosas norteamericanas, dictó conferencias en muchas ciudades y siguió escribiendo constantemente, siempre expresando sus ideas acerca de Cuba, de la literatura y de la política. Participó en varias películas interesantes sobre Cuba: *En sus propias palabras* de Jorge Ulloa; *La otra Cuba*, de Carlos Franqui y Valero Riva; *Conducta impropia*, de Néstor Almendros y Orlando Jiménez Leal; y *Havana*, de Jana Bokova (BBC 1990).

Años después de haber salido de Cuba, se enfermó gravemente por complicaciones del SIDA (Síndrome de Inmunodeficiencia Adquirida), y se suicidó en Nueva York el 7 de diciembre de 1990, al no poder continuar más su obra literaria y su lucha contra la dictadura de Fidel Castro. Algunas de sus novelas son: *El mundo alucinante* (1966), *Otra vez el mar* (1982), *El palacio de las blanquísimas mofetas* (1983) y *El portero* (1990). Escribió también poesía, teatro y ensayos. Los breves fragmentos que leeremos pertenecen a las memorias estremecedoras póstumas de Reinaldo Arenas, recogidas en el libro titulado *Antes que anochezca*, publicado en España en 1992. Las dos viñetas iniciales nos llevan a la infancia del autor, en Holguín, provincia oriental de Cuba.

ANTES DE LEER

En grupos de tres o cuatro estudiantes comenten lo siguiente. Compartan después sus observaciones con el resto de la clase.

1. Piense en algún recuerdo positivo de su infancia (su barrio, sus primeros amigos, sus escapadas, las fiestas con la familia, las excursiones). ¿Cuáles son los detalles o las circunstancias que más se le han grabado en la memoria?
2. ¿Qué experimenta cuando ve el mar? ¿Qué sensaciones le produce el mar?
3. Si no nació cerca del mar, relátele a sus compañeros la impresión que le causó la primera vez que lo vio.
4. La tragedia relacionada con el SIDA nos afecta a todos. ¿Cuál cree usted que es el medio más eficaz de educar a los jóvenes sobre la necesidad de conducirse con más precaución en la etapa de la juventud?

LA COSECHA

Otra ceremonia, otra plenitud° que marcó mi infancia, fue la recogida de la cosecha. Mi abuelo cosechaba, sobre todo, maíz. Para la recolección había que convocar a casi todo el vecindario. Desde luego, mi abuela, mis tías, mi madre y yo, también trabajábamos en la recogida del maíz. Después había que trasladar las mazorcas en carretas hasta la despensa° (o prensa, como le decíamos), que era un rancho detrás de la casa. Una noche se invitaba al vecindario para el deshoje y desgrane del maíz; era otra fiesta. Enormes telones cubrían el piso; yo me revolcaba en ellos como si estuviera en la playa, que por entonces aún no había visitado. Mi abuela, esas noches, hacía un turrón de coco, hecho con azúcar prieta y coco rayado, que olía como jamás he vuelto a oler un dulce. Se repartía el dulce a media noche, mientras las lonas seguían siendo llenadas de granos y yo me revolcaba en ellas.

°plenitud: momento importante

°despensa: lugar donde se guardan los comestibles

EL MAR

Mi abuela fue también la que me llevó a conocer el mar. Una de las hijas había logrado encontrar un marido fijo y éste trabajaba en Gibara, el puerto de mar más cercano adonde nosotros vivíamos. Por primera vez tomé un ómnibus; creo que para mi abuela, con sus sesenta años, era también la primera vez que cogía una guagua°. Nos fuimos a Gibara. Mi abuela y el resto de mi familia desconocían el mar, a pesar de que no vivían a más de treinta o cuarenta kilómetros de él. Recuerdo a mi tía Carolina llegar llorando un día a la casa de mi abuela y decir: "¿Ustedes saben lo que es que ya tengo cuarenta años y nunca he visto el mar? Ahorita me voy a morir de vieja y nunca lo voy a ver". Desde entonces, yo no hacía más que pensar en el mar.

°guagua: bus

"El mar se traga a un hombre todos los días", decía mi abuela. Y yo sentí entonces una necesidad irresistible de llegar al mar.

¡Qué decir de cuando por primera vez me vi junto al mar! Sería imposible describir ese instante; hay sólo una palabra: el mar.

MARIEL

Durante los primeros días de abril de 1980, un chofer de la ruta 32 se había lanzado con todos sus pasajeros contra la puerta de la Embajada del Perú solicitando asilo político. Lo insólito fue que todos los pasajeros de la guagua decidieron también solicitar asilo político; ni uno solo quiso salir de la embajada.

Fidel Castro reclamó a toda aquella gente y el embajador peruano le dijo que estaban en territorio peruano y que por las leyes internacionales tenían derecho a asilo político. Fidel Castro, días más tarde, en medio de unas de sus perretas, decidió retirar la escolta cubana de la Embajada del Perú, tratando quizá de perjudicar al embajador para que éste finalmente, tuviera que claudicar y sacar a todas aquellas personas de la embajada.

Pero esta vez el tiro le salió por la culata; cuando se supo que la Embajada del Perú estaba sin escolta, miles y miles de personas entraron en la embajada pidiendo asilo político. Una de las primeras personas que lo hizo fue mi amigo Lázaro, pero yo no creía en la posibilidad de ese asilo, porque el mismo periódico *Granma* había publicado la noticia; pensaba que se trataba de una trampa, y una vez que estuvieran todas aquellas personas dentro, Castro podría arrestarlas a todas.

En cuanto se supiera quiénes eran los enemigos, es decir, aquéllos que querían irse del país, bastaba con meterlos a todos en la cárcel.

Lázaro se despidió de mí antes de marcharse para la embajada. Al día siguiente ya la habían cerrado; dentro se habían metido 10,800 personas, y por los alrededores habían 100,000 tratando de entrar. De todas partes del país venían camiones llenos de jóvenes que querían entrar en aquella embajada, pero ya Fidel Castro se había dado cuenta de que había cometido un grave error al retirarle la escolta a la Embajada del Perú, y no sólo cerraron la embajada, sino que prohibieron la entrada a la zona de Miramar a todas las personas que no vivieran allí.

A los que estaban en la embajada les cortaron la luz y el agua; para 10,800 personas daban 800 raciones de comida. Por otra parte, el gobierno introdujo allí a numerosos agentes de la seguridad del estado, que incluso asesinaron a personas que habiendo tenido altos cargos en el Gobierno, se habían metido en la embajada. Los alrededores de la Embajada del Perú estaban llenos de carnés de la Juventud Comunista y del Partido que habían sido lanzados hacia la calle por personas que ya estaban dentro de la embajada.

El Gobierno trataba de disminuir el escándalo, pero ya todas las agencias de prensa en el mundo daban la noticia. El mismo Julio Cortázar y Pablo Armando Fernández, testaferros de Castro, que en aquel momento estaban en Nueva York, declararon que sólo eran seiscientas o setecientas personas las que estaban en la embajada.

Un taxista lanzó su auto a toda velocidad contra la embajada, tratando de entrar y fue ametrallado por la Seguridad del Estado; aún herido intentó

salir del auto y entrar en la embajada, pero fue introducido en una
45 perseguidora.

Los sucesos de la Embajada del Perú constituyeron la primera rebelión en masa del pueblo cubano contra la dictadura castrista. Después, el pueblo trató de entrar en la Oficina de Intereses de Estados Unidos en Cuba. Todos buscaban una embajada en la cual meterse y la persecución policial alcanzó
50 niveles alarmantes. Por último, la Unión Soviética llevó a Cuba un alto personaje de la KGB y hubo una serie de conferencias con Fidel Castro.

Fidel y Raúl Castro habían estado frente a la Embajada del Perú. Allí, por primera vez, Castro escuchó al pueblo insultándolo, gritándole cobarde y criminal; pidiéndole la libertad. Fue entonces cuando Fidel ordenó que
55 los ametrallaran, y aquella gente que llevaba quince días sin apenas comer, durmiendo de pie, porque no había espacio para acostarse, y sobreviviendo en medio de excrementos, respondió cantando el himno nacional ante aquel tiroteo que hirió a muchos.

A punto de que estallara una revolución popular, Fidel y la Unión Soviética
60 decidieron que era necesario abrir una brecha, dejando salir del país a un grupo de aquellos inconformes; era como hacerle una sangría a un organismo enfermo. En medio de un discurso desesperado y airado, Castro, junto a García Márquez y Juan Bosch, que aplaudían, acusó a toda aquella pobre gente que estaba en la embajada de antisociales y depravados
65 sexuales. Nunca podré olvidar aquel discurso de Castro con su cara de rata acosada y furiosa, ni los aplausos hipócritas de Gabriel García Márquez y Juan Bosch, apoyando el crimen contra aquellos infelices cautivos.

Refugiadas cubanas del éxodo del Mariel.

Se abrió entonces el puerto de Mariel, y Castro, después de declarar que toda aquella gente era antisocial, dijo que, precisamente, lo que él quería era que toda aquella escoria se fuera de Cuba. Inmediatamente, comenzaron los cartelones que decían: QUE SE VAYAN, QUE SE VAYA LA PLEBE. El Partido y la seguridad del estado organizaron una marcha voluntaria, entre comillas, en contra de los refugiados que estaban en la embajada. A la gente no le quedó más remedio que asistir a aquella marcha; muchos iban con la intención de ver si podían saltar la cerca y entrar en la embajada; pero los manifestantes no podían acercarse a la cerca, pues había una triple fila de policías frente a ella.

Comenzaron a salir desde el puerto del Mariel miles de lanchas repletas de personas hacia los Estados Unidos. Desde luego, no salió del país todo el que quiso, sino todo el que Fidel Castro quiso que saliera: los delincuentes comunes que estaban en las cárceles, los criminales, los agentes secretos que quería infiltrar en Miami, los enfermos mentales. Y todo esto fue costeado por los cubanos del exilio que enviaron sus embarcaciones para buscar sus familiares. La mayoría de aquellas familias de Miami se arruinó alquilando barcos para ir a buscar a sus familiares, pero cuando llegaban al Mariel, Castro las llenaba muchas veces de delincuentes y locos. Pero miles de personas honestas lograron también escapar...

INTRODUCCIÓN. EL FIN

...Desde hacía meses tenía unas fiebres terribles. Consulté a un médico y el diagnóstico fue SIDA. Como cada día me sentía peor, compré un pasaje para Miami y decidí morir cerca del mar. No en Miami específicamente, sino en la playa. Pero todo lo que uno desea, parece que por un burocratismo diabólico, se demora, aun la muerte.

En realidad no voy a decir que quisiera morirme, pero considero que, cuando no hay otra opción que el sufrimiento y el dolor sin esperanzas, la muerte es mil veces mejor... Siempre he considerado un acto miserable mendigar la vida como un favor. O se vive como uno desea, o es mejor no seguir viviendo...

Fui ingresado en la sala de emergencias donde todos estábamos en estado de agonía. De todas partes me salían tubos: de la nariz, de la boca, de los brazos; en realidad parecía más un ser de otro mundo que un enfermo. No voy a contar todas las peripecias que padecí en el hospital... El mismo médico francés, el doctor Olivier Ameisen (un excelente compositor musical por lo demás), me propuso que yo le escribiese letras de algunas canciones para que él les pusiera música. Yo, con todos aquellos tubos y con un aparato de respiración artificial, garrapateé como pude el texto de dos canciones. Olivier iba a cada rato a la sala del hospital... a cantar las canciones que yo había escrito y a las que él había puesto música. Iba acompañado de un sintetizador electrónico, un instrumento musical que producía todo tipo de notas e imitaba cualquier otro instrumento. La sala de emergencias se pobló de las notas del sintetizador y de la voz de Olivier... Yo, desde luego, no podía hablar;

tenía además en la boca un tubo conectado a los pulmones. En realidad estaba vivo porque aquella máquina respiraba por mí, pero pude, con un poco de esfuerzo, escribir mi opinión en una libreta acerca de las composiciones de Olivier. Me gustaban en verdad aquellas canciones. Una se titulaba *Una flor en la memoria* y la otra, *Himno.*

Lázaro me visitaba a cada rato. Iba con una antología de poesía, abría el libro al azar y me leía algún poema. Si el poema no me gustaba, yo movía los tubos instalados en mi cuerpo y él me leía otro...

Al cabo de tres meses y medio me dieron de alta. Casi no podía caminar, y Lázaro me ayudó a subir a mi apartamento, que por desgracia está en un sexto piso sin ascensor. Llegué con trabajo hasta allá arriba. Lázaro se marchó con una inmensa tristeza...

Los dolores eran terribles y el cansancio inmenso... Como no tenía fuerzas para sentarme a la máquina, comencé a dictar en una grabadora la historia de mi propia vida. Hablaba un rato, descansaba y seguía. Había empezado ya... mi autobiografía en Cuba. La había titulado *Antes que anochezca*, pues la tenía que escribir antes de que llegara la noche ya que vivía prófugo en un bosque. Ahora la noche avanzaba de nuevo en forma más inminente. Era la noche de la muerte. Ahora sí tenía que terminar mi autobiografía antes de que anocheciera. Lo tomé como un reto. Y seguí así trabajando en mis memorias. Yo grababa un casete y se lo daba a un amigo, Antonio Valle, para que lo mecanografiara.

...Veo que llego casi al fin de esta presentación, que es en realidad mi fin, y no he hablado mucho del SIDA. No puedo hacerlo, no sé qué es. Nadie lo sabe realmente. He visitado decenas de médicos y para todos es un enigma. Se atienden las enfermedades relativas al SIDA, pero el SIDA parece más bien un secreto del Estado. Sí puedo asegurar que, de ser una enfermedad, no es una enfermedad al estilo de todas las conocidas. Las enfermedades son producto de la naturaleza y, por lo tanto, como todo lo natural no es perfecto, se pueden combatir y hasta eliminar. El SIDA es un mal perfecto porque está fuera de la naturaleza humana y su función es acabar con el ser humano de la manera más cruel y sistemática posible. Realmente jamás se ha conocido una calamidad tan invulnerable...

Además, me voy sin tener que pasar primero por el insulto de la vejez.

Cuando yo llegué del hospital a mi apartamento, me arrastré hasta una foto que tengo en la pared de Virgilio Piñera [escritor cubano, cuentista, novelista y poeta], muerto en 1979, y le hablé de este modo: "Óyeme lo que te voy a decir, necesito tres años más de vida para terminar mi obra..." Creo que el rostro de Virgilio se ensombreció como si lo que le pedí hubiera sido algo desmesurado. Han pasado ya casi tres años de aquella petición desesperada. Mi fin es inminente. Espero mantener la ecuanimidad hasta el último instante.

Gracias, Virgilio.

Nueva York, agosto de 1990

PARA COMENTAR

Trabajando en parejas contesten las siguientes preguntas sobre ***Antes que anochezca.*** *Justifiquen su opinión cuando sea necesario. Luego pueden comparar sus respuestas con las de otros compañeros.*

1. ¿Qué le hace a Arenas querer ver el mar?
2. "'El mar se traga a un hombre todos los días', decía mi abuela. Y yo sentí entonces una necesidad irresistible de llegar al mar", escribe Arenas. ¿Cómo explica que el narrador asocie el dicho de la abuela con su deseo de conocer el mar?
3. ¿Cómo se sentiría usted si su país no le permitiera viajar libremente ni de visita a otro país? ¿Qué impresión tiene acerca de los eventos que ocurrieron en la Embajada del Perú y la manera como se portó el gobierno cubano? ¿Conoce algún otro incidente similar en la historia del mundo en el que más de 10,000 personas entren al edificio de una embajada para buscar asilo político? Si no conoce algo similar, ¿por qué cree que tanta gente se quería ir de forma tan peligrosa y arriesgada?
4. ¿Cómo es la actitud de Arenas ante la muerte? ¿Valiente, irónica, melancólica, irreverente (sin respeto ni seriedad)? Busque ejemplos en el texto.
5. ¿Qué impresiones recoge usted de la lectura de *Introducción. El fin*? ¿Son negativas o positivas?
6. ¿Por qué dice Arenas que la enfermedad del SIDA no es natural, que "está fuera de la naturaleza humana"?

PARA ESCRIBIR

1. **Cuando éramos chicos.** En tres o cuatro párrafos relate uno o dos de los recuerdos más importantes que guarda de su infancia. Puede titular su relato "Viñetas de la niñez".
2. **La Embajada de Perú en La Habana y los 125,000 refugiados de El Mariel (1980).** Busque y lea informes noticiosos en revistas y periódicos sobre la ola de cubanos que salieron por el Mariel. ¿Cómo cuadra lo que usted ha leído con la experiencia que relata Arenas en su autobiografía?
3. **Piense y estudie sobre el caso de Cuba.** ¿Por qué se han ido y se van tantos cubanos de Cuba si se supone que es una tierra de igualdad y oportunidades que ha traído el comunismo? ¿Por qué Fidel Castro no ha permitido elecciones?

   Averigüe cuál es la ley que se aplica a los cubanos que llegan a la Florida, que se conoce como la Ley de "tobillos mojados". ¿Cómo decide el gobierno norteamericano cuáles son los balseros cubanos que se pueden quedar y solicitar asilo político y cuáles han de ser devueltos al gobierno totalitario de Fidel Castro, para ser encarcelados por el sistema como consecuencia de haber tratado de salir del país ilegalmente? Escriba su opinión acerca de las relaciones entre Cuba y Estados Unidos o sobre qué cree usted que se debe hacer con los cubanos que logran llegar hasta Estados Unidos después de atravesar el mar. Use un formato de ensayo y asuma que escribe el borrador de un editorial corto para algún periódico.

4. **Filme sobre Reinaldo Arenas.** Busque y mire la película sobre la vida de Reinaldo Arenas: *Before Night Falls* (*Antes que anochezca*). Mírela con alguien de la clase o con un pequeño grupo. Conversen sobre los temas y escriban cada uno una crítica que pudieran publicar en un periódico universitario en español (verdadero o imaginario).

III. Mundos hispanos

DEDICADOS ACTIVISTAS DE LA COMUNIDAD CUBANOAMERICANA

Educación y activismo: El legado de Pedro Zamora, activista cubanoamericano

En Miami Beach, cientos de personas acudieron el 11 de noviembre de 1994 a despedir al joven cubanoamericano Pedro Zamora, fallecido a los 22 años de edad de complicaciones relacionadas con el SIDA. Aquí honramos su vida y lo recordamos.

5 ¿Quién era Pedro Zamora?

Pedro Zamora había llegado a los Estados Unidos de Cuba junto con su familia, a los ocho años. Había perdido a su madre a los trece años, y a los diecisiete se le diagnosticó la infección del SIDA, en 1989, mientras asistía a la escuela secundaria en Hialeah, una ciudad adjunta a Miami.

10 Zamora se dio a conocer en el popular programa *The Real World* de la cadena MTV, y con su aparición ante las cámaras la enfermedad había cobrado una nueva dimensión humana. A través del programa, que documenta la vida

El joven activista cubanoamericano, Pedro Zamora, sentado en el centro, rodeado por los otros integrantes del programa de televisión llamado The Real World *de MTV.*

de siete jóvenes que compartían un apartamento en San Francisco durante cuatro meses, Zamora reveló su enfermedad al público nacional, algo más difícil de hacer en esa época. 15

En los cinco años que le quedaban de vida, después de saber que tenía VIH, Zamora se convirtió en una de las figuras públicas más valientes y francas en la discusión nacional sobre el problema de la enfermedad que lo aquejaba. Realizó cientos de charlas ante estudiantes de escuelas secundarias y preuniversitarias del país, ante congregaciones religiosas, y además testificó ante una comisión del Congreso norteamericano sobre la epidemia y su experiencia personal. La historia de esos cinco años comenzó con su adhesión a *Body Positive*, una organización fundada en Miami para ayudar a los enfermos del SIDA. Por medio de la misma, Zamora empezó a ofrecer auxilio espiritual y moral a otros pacientes, y también decidió llamar la atención pública de su comunidad a la terrible enfermedad, convirtiéndose luego en uno de los activistas del SIDA más solicitado del país. 20 25

Los esfuerzos de Zamora en pro de la educación sexual de los jóvenes fue uno de sus legados más importantes. Zamora quiso poner su granito de arena en la inmensa tarea de educar a los jóvenes sobre los peligros de la actividad sexual temprana, y así alertarlos sobre la necesidad de actuar con más precauciones. Zamora dio un valiente ejemplo a la nación porque antes de él muy pocos jóvenes habían resuelto hacer pública la tragedia de su condición médica. Su estilo natural, su apuesta apariencia y su claro mensaje, le ganaron el respeto y la admiración de un sinnúmero de jóvenes. 30 35

ACTIVIDAD

Encuesta. *Lea el cuestionario primero e indique su opinión en el recuadro correspondiente. Compare después sus respuestas con las de otros dos compañeros y coméntenlas.*

	A FAVOR	EN CONTRA
1. Repartir anticonceptivos a los estudiantes en las escuelas secundarias	☐	☐
2. Ofrecer educación sobre el SIDA en la escuela	☐	☐
3. Poner en contacto a los estudiantes con los activistas del SIDA	☐	☐
4. Reforzar la educación sobre las enfermedades venéreas y el SIDA	☐	☐
5. Hacer obligatorio el análisis de sangre	☐	☐
6. Aislar a los jóvenes enfermos de SIDA de sus compañeros(as)	☐	☐
7. Hacer más frecuentes los anuncios sobre la prevención del SIDA en los medios de comunicación	☐	☐
8. Dedicar más fondos gubernamentales a la prevención, investigación y cuidado de los enfermos del SIDA	☐	☐

PARA COMENTAR

Trabajando en parejas contesten las siguientes preguntas. Justifiquen su opinión cuando sea necesario. Luego pueden comparar sus respuestas con las de otros compañeros.

1. ¿Piensa usted que la educación de los jóvenes sobre el SIDA es suficientemente efectiva? ¿Por qué sí o por qué no?
2. ¿Qué aspectos cree usted que tal vez no se traten lo suficiente?
3. ¿Qué propondría para mejorar el programa educativo sobre el SIDA?

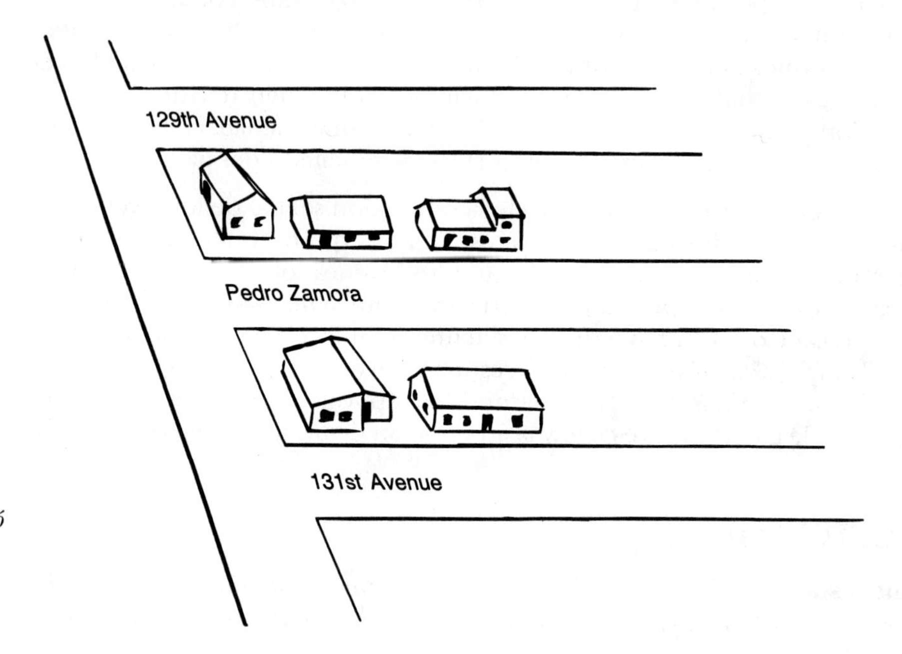

En Miami, Florida, se bautizó una calle con el nombre del activista y educador sobre el SIDA, Pedro Zamora.

José Greer, médico que ayuda a los desamparados de los Estados Unidos

Cuando hacía su servicio de interno en el Hospital *Jackson Memorial* de Miami, Pedro José Greer comenzó su colaboración con *Camillus House* del centro de la ciudad. El futuro doctor en medicina frecuentaba el lugar para brindar consultas gratis a los desamparados de Miami que buscaban ayuda en esa institución. Después Greer decidió acudir a ellos, a sus lugares de permanencia en las calles. La experiencia lo llevó a fundar en 1984 el *Camillus Health Concern*, organización que hoy preside, que brinda servicios médicos gratis a los desamparados de Miami. Más de diez mil pacientes, entre éstos, hombres, mujeres y niños, son atendidos en el centro anualmente, sin costo alguno para ellos.

Esta clínica, primera de su tipo en la nación, cuenta hoy con una plantilla de 33 empleados, dos de los cuales son médicos. En el fundamento del centro está la visión de Greer de combinar los servicios médicos y sociales en un único lugar. La institución que fundó Greer no sólo atiende los problemas de salud de los indigentes, sino que también trata de hallar solución a sus situaciones de desamparo.

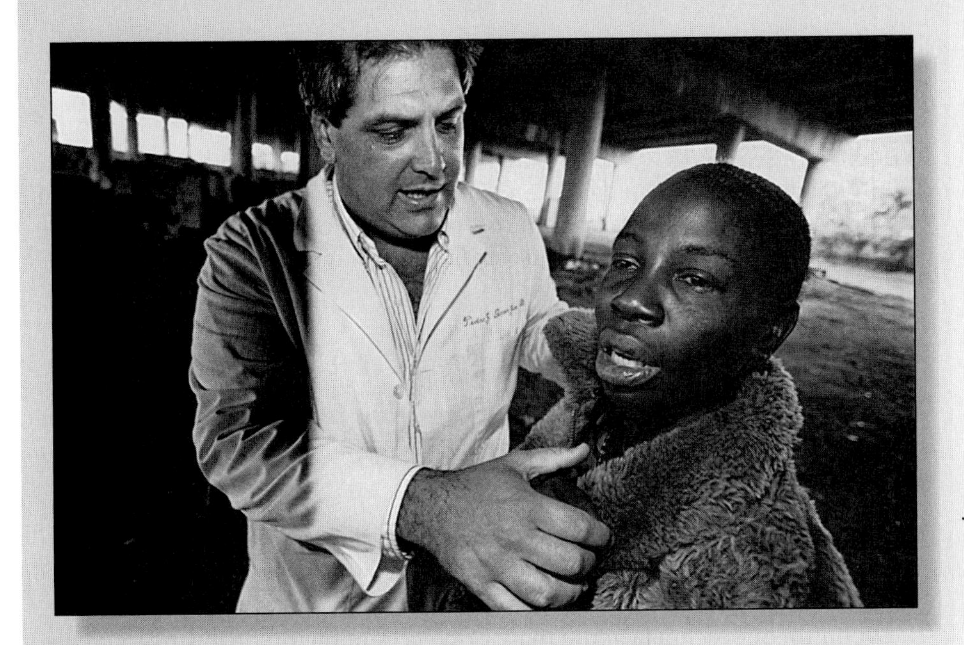

El médico y humanitario Pedro José Greer, Jr., ayuda a un hombre desamparado que vive debajo de una autopista en Miami, Florida

El doctor Greer también fundó y dirige otras dos clínicas para pobres en la ciudad, la de *Coconut Grove Outreach,* y la de San Juan Bosco, en la Pequeña Habana. La segunda presta servicios a los extranjeros indocumentados, la 20 primera a los residentes de pocos recursos económicos de la zona de Coconut Grove. Con su ayuda y entusiasmo se logró implementar en la Universidad de Miami un programa de educación para los desamparados. También logró establecer *Camillus Health Concern* como uno de los centros médicos adonde los estudiantes de medicina de la universidad pueden 25 acudir para cumplir con sus requisitos de servicio interno.

Toda esta experiencia adquirida en el auxilio médico y social a los desamparados lo ha llevado a convertirse en una de las figuras nacionales más atentas al grave problema de la atención médica para los indigentes. El doctor Greer es uno de los partidarios más decididos de la reforma de 30 la salud pública en pro de los desamparados y pobres del país. Ha brindado conferencias sobre el tema en Harvard University y en otras facultades de medicina importantes del país. En 1992 Greer formó parte del equipo del entonces gobernador Bill Clinton para la reforma de la salud pública en el estado de Arkansas, y en 1993 fue miembro del panel presidencial para 35 el mismo objetivo, esta vez a nivel nacional.

La revista *Time* llamó a Greer uno de los cincuenta líderes juveniles más prometedores del país. *Newsweek* lo catalogó entre los héroes cotidianos. Ha recibido numerosas distinciones y reconocimientos, entre ellos uno del Vaticano, el *Pro Ecclesia Et Pontificia.* También ha obtenido estipendios de 40 honor de las prestigiosas fundaciones *MacArthur* y *Jessie Ball DuPont.* La Conferencia Nacional de Cristianos y Judíos le otorgó la Medalla de Plata. El doctor Pedro José Greer es casi una leyenda en Miami, donde su labor ejemplar ha servido de acicate° para muchos nuevos activistas a favor de

°*punta de espuela/estímulo*

los derechos de los desamparados y los pobres. Su profundo sentido de compasión, humanidad y responsabilidad social ha sentado un precedente en la rama médica, no sólo en Miami, sino en todo el país.

El doctor Pedro José Greer, de padres cubanos, estudió en la Universidad de la Florida y obtuvo su título en medicina en la Pontífica Universidad Católica de Santiago de los Caballeros, en la República Dominicana. Greer ejerce como especialista en hepatología y gastroenterología en Miami.

PARA COMENTAR

Trabajando en parejas contesten las siguientes preguntas. Justifiquen su opinión cuando sea necesario. Luego pueden comparar sus respuestas con las de otros compañeros.

1. ¿Puede pensar en una persona en su comunidad que haya tenido impacto a nivel local, estatal o nacional debido a sus actividades como voluntario? ¿Quién es?
2. Es común oír decir a la gente mayor que la generación de jóvenes actuales no tiene el mismo sentido o dedicación al activismo social que existía en la década de los sesenta. ¿Cree que eso es cierto? Explique su opinión.
3. Nombre algo que le gustaría poder cambiar en su comunidad. ¿Cómo se lograría efectuar tal cambio? Explique por qué sería importante.

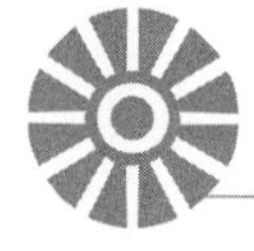

IV. El arte de ser bilingüe

Opinión editorial

Belkis Cuza Malé es una escritora cubana que escribe artículos de opinión para *El Nuevo Herald*, diario en español publicado en Miami.

LA TORRE DE BABEL[2]

(Adaptado) Belkis Cuza Malé

A principios de los años 80, durante la temporada de las Navidades, trabajé en una lujosa tienda de Nueva Jersey, envolviendo regalos, atando cintas y lazos. Era una labor que me hacía sentir satisfecha cuando veía en qué se convertía una simple cajita de cartón. Pero un día la jefa me pidió que no hablara en español con otra compañera y por primera vez sentí un extraño sabor a gente humillada.

[2]Tomado de *El Nuevo Herald*, 5 de septiembre de 1995. Sección A, p. 9.

Al año siguiente, en un viaje a Barcelona, la tierra de mis ancestros, mi hijo y yo entramos a una mercería en busca de sobre y papel, pero por mucho que le repetía al empleado lo que andaba buscando no se tomó la molestia de contestarme. Me miraba larga y sopesadamente y permanecía en silencio. Luego supe que mi delito había sido hablar español y no catalán.

Luchas en la familia

Esas luchas por acallar la lengua materna fueron más claras para mí cuando Teresa, mi tía abuela catalana, que nunca se había movido de su aldea, me recibió en su casa por esa misma época. La señora sólo hablaba catalán y toda su vida, cuentan sus hijos, había sido renuente a aprender castellano. Aunque yo le caía muy bien, sentía una extraña satisfacción en decir —en catalán— que yo tenía que entenderla.

La Torre de Babel no es una invención del profeta, sino una realidad más vieja que los tiempos, y eso nos ha llevado a la discriminación más feroz, a las guerras, al odio. Despreciamos al que no entendemos; nos repugna el eco de esos sonidos que no alcanzamos a descifrar. Nos dan miedo los que hablan otro idioma.

Una paradoja

Hace dos o tres décadas, aprender lenguas era la meta de mucha gente. Los traductores eran bien pagados, con una profesión privilegiada, pues se les tenía por muy inteligentes, con dones especiales. Había escuelas de idiomas y en las universidades las especialidades en lenguas eran respetadas. Hoy, todo eso es puro pasado. Nadie quiere oír hablar otro idioma. Resulta una paradoja que siendo Estados Unidos el país con la tasa más alta de inmigrantes, se haya abolido la necesidad de cultivar la lengua original de cada quien... aunque considero que se hace necesario e imprescindible el inglés... el aprendizaje y mantenimiento de otra lengua, cualquiera que ésta sea, es una ventaja única, un regalo que ningún inmigrante debería soslayar. Dominar el inglés y el español, o el inglés y el francés, o el inglés y el chino, o cualquier otro idioma, tendría que ser visto como un privilegio.

Ignorancia y mala fe

Lo de la señora Marta Laureano, de Amarillo, Texas, a quien le ha sido negado el derecho de hablar a su hija en español, es sólo un reflejo de la dura batalla que aún debe enfrentar el capítulo contra las fuerzas de la brutalidad y la opresión. En definitiva, por mucho que se intente frenar la imaginación siempre seguirán llegando, y, en la maleta, junto a sus pobres pertenencias, traerán oculto ese hermoso regalo que le hizo su madre al nacer, el español.

Quizás, el destino de este país es ser bilingüe. Pero eso sólo lo dirá el tiempo. Por el momento, nuestro deber es hablar bien ambas lenguas, no importa lo que sostengan los que por ignorancia sólo hablan en el idioma del odio.

Marta Laureano, con su niña de cinco años, en su casa, en Amarillo, Texas, en una foto tomada el 25 de agosto de 1995. Un juez a cargo de un caso de custodia infantil le dijo a Laureano, nativa de México, que hablarle solamente en español a su hija en casa se consideraba abuso infantil; por lo tanto, el juez ordenó a Laureano que le hablara a su hija en inglés.

¿Quién debe decidir en qué idioma se le debe hablar a su propia hija en su casa? ¿La madre que la trajo al mundo—su mundo, o el gobierno? ¿Qué sabe acerca de lo que nos enseña la lingüística y la educación bilingüe sobre la importancia del desarrollo de la primera lengua?

ACTIVIDADES

A. Composición. *Escriba una breve composición de no más de tres páginas acerca de uno de los tópicos siguientes:*

1. Cómo trataré de mantener el español en mi familia
2. La educación bilingüe en los Estados Unidos
3. La seguridad nacional después del 11 de septiembre de 2001 y el aprendizaje de los idiomas...
4. La ley y la lengua como derecho civil

Use la información de las bibliografías y otros recursos en **Unos pasos más** *para aprender más sobre estos temas.*

B. Cómo hacer la crítica de una película. *Escoja una película que le haya interesado especialmente para hacer una reseña. Busque algunas reseñas que le sirvan de muestra* (sample) *en revistas populares o periódicos en español. Preste atención, no sólo a cómo están escritas (el estilo), sino también a cuáles son los aspectos de un filme que se comentan.*

Observe los siguientes puntos de información o comentarios que puede incluir en su reseña:

1. El título, la procedencia y el año de la película
2. Los nombres de los actores principales

3. Los nombres de los personajes principales
4. El tipo de película (cómica, de aventura, para niños, de horror, de amor, de ciencia ficción, de misterio, de suspenso, de política, documental)
5. La trama (*plot*), si es agradable, complicada, interesante, tonta o ridícula, basada en un evento histórico, etc.
6. La calidad de la actuación
7. La calidad del guión (*script*)
8. La cinematografía, la dirección, la música, la duración
9. El nivel de interés que presenta para el público
10. Indique el número de "estrellas" que usted le daría (de una a cinco). Si la película es magnífica se clasifica con cinco estrellas; si es muy mala, con una estrella.

Basándose en lo anterior, escriba una sinopsis, además de su reacción ante la película, de una o dos páginas a máquina a doble espacio. A continuación, escoja y vea, si puede obtenerla, una película de tema cubano de la lista que aparece al final del capítulo en **Unos pasos más**. *Algunas recomendadas son:*

Before Night Falls. 2000. Película de largo metraje excelente, basada en la autobiografía del autor Reinaldo Arenas.

Fresa y chocolate. Cuba, 1993; 111 min. Historia de la relación amistosa entre un joven homosexual y un miembro de la juventud comunista en La Habana de los años 90.

Azúcar amarga. Dirigida par León Ichaso; 105 min. Trata de la vida de un estudiante comunista universitario en la Cuba de hoy.

Memorias del subdesarrollo. Cuba, 1968; 97 minutos. La historia de un intelectual en La Habana de principios de la década de los años 60. Filme de Tomás Gutiérrez Alea.

El super. 1979. L. Ichaso/O. Jiménez-Leal; USA; 90 mins. La vida y las dificultades de una familia cubana exiliada en Nueva York.

C. **Informe oral.** *Prepare para la clase un breve informe oral de cinco a diez minutos, en español, sobre la película escogida. Use el texto escrito como base.*

V. Unos pasos más: fuentes y recursos

A. PARA AVERIGUAR MÁS

Actividad

Busque una de las obras citadas abajo u otra que su profesor o profesora le recomiende. Escoja un capítulo o una sección que le interese y prepare una lista de tres a cinco puntos principales basados en la lectura. Anote sus impresiones generales. Prepárese para compartirlas oralmente en clase.

Cubanos y cubanoamericanos: bibliografía interdisciplinaria seleccionada

Ackerman, Holly. "The Balsero Phenomenon, 1991–1994." *Cuban Studies/Estudios Cubanos* 27 (1997): 169–200.

Bethell, Leslie, ed. *Cuba: A Short History.* Cambridge: Cambridge University Press, 1995.

Boswell, Thomas D. *The Cubanization and Hispanicization of Metropolitan Miami.* Miami: Cuban American National Council, 1994.

Boswell, Thomas D., and James R. Curtis. *The Cuban-American Experience: Culture, Images, and Perspectives.* Totowa: Rowman and Allanheld, 1984.

Castellanos, Jorge y Isabel Castellanos. *Cultura afrocubana.* Miami: Ediciones Universal, 1988.

Castellanos, Isabel. "The Use of English and Spanish Among Cubans in Miami." *Cuban Studies* 20 (1990): 49–63.

Cruz Varela, María Elena. *El ángel agotado/The Exhausted Angel.* Translated with introduction by Uva Clavijo. Essay by Nicasio Silva. Spanish & English. Miami: Fundación Liberal José Martí, 1992.

Fernández, Alina. *Alina: memorias de la hija rebelde de Fidel Castro.* Plaza & Janés Editores, 2000.

Fernández, Damián. *Cuba and the Politics of Passion.* Austin: University Of Texas, 2000.

Franqui, Carlos. *Retrato de familia con Fidel.* Barcelona: Seix Barral, 1981.

García, María Cristina. *Havana USA: Cuban Exiles and Cuban Americans in South Florida, 1959–1994.* Berkeley: University of California Press, 1996.

Geldof, Lynn. *Cubans.* London: Bloomsbury, 1991.

Gilbert, Abel. *Cuba de vuelta: el presente y el futuro de los hijos de la revolución.* Buenos Aires: Planeta, 1993.

Grenier, Guillermo J., ed. *Miami Now! Immigration, Ethnicity, and Social Change.* Gainesville: University Press of Florida, 1992.

Jorge, Antonio, Jaime Suchlicki, and Adolfo Leyva de Varona, eds. *Cuban Exiles in Florida: Their Presence and Contribution.* Coral Gables: University of Miami North-South Center, 1991.

Llanes, José. *Cuban Americans: Masters of Survival.* Cambridge: ABT Books, 1982.

MacCorkle, Lyn, ed. *Cubans in the United States: A Bibliography for Research in the Social and Behavioral Sciences, 1960–1983.* Westport: Greenwood Press, 1984.

Olson, James S., and Judith E. Olson. *Cuban Americans: From Trauma to Triumph.* Twayne's Immigrant Heritage of America Series. New York: Simon & Schuster, 1995.

Pérez, Lisandro. "Cubans in the United States." *The Annals of the American Academy of Social Sciences.* Beverly Hills: Sage Publications, 1986.

Pérez, Jr., Luis A. *Between Reform and Revolution.* New York: Oxford University Press, 1995

Pérez-Stable, Marifeli. *The Cuban Revolution: Origins, Cause, and Legacy.* New York: Oxford Univ. Press, 1999.

Rieff, David. *Going to Miami.* London: Bloomsbury, 1987.

———. *The Exile: Cuba in the Heart of Miami.* Touchstone, Reprint, 1994.

Rodríguez, Ana. *Diary of a Survivor: Nineteen Years in a Cuban Women's Prison.* New York: St. Martin's Press, 1995.

Roy, Maya. *Cuban Music: From Son and Rumba to Buena Vista Social Club and Timba Cubana.* Translated by Denise Afar. Princeron, N.J.: Markus Weiner Pubs., 2002.

Sánchez, Reinaldo, ed. *Reinaldo Arenas: Recuerdo y presencia.* Miami: Ediciones Universal, 1994.

Thomas, Hugh. *Cuba: La lucha por la libertad, 1762–1970.* Barcelona: Grijalbo, 1973–4. Versión en español realizada por Neri Daurella. La más reciente y actualizada edición en inglés es: *Cuba, or, The Pursuit of Freedom.* New York: Da Capo Press, 1998.

Valdés, Zoe. *La nada cotidiana.* Barcelona. Emece Editores, 1995.

Valladares, Armando. *Against All Hope.* New York: Alfred A. Knopf, 1986. Publicado también en español: *Contra toda esperanza.* Buenos Aires: Editorial InterMundo, 1988, c.1987.

Valls, Jorge. *Donde estoy no hay luz y está enrejado/Where I Am There Is No Light and It Is Barred/Où je suis il n'y a pas de lumière mais un grillage.* Trilingual text. Madrid: Editorial Playor, 1984.

Young, Allen. *Gays Under the Cuban Revolution.* San Francisco: Grey Fox Press, 1984.

B. PARA DISFRUTAR Y APRENDER

Películas sugeridas: documentales

Abraham and Eugenia: Stories from Jewish Cuba. Berkley, CA. Bonnie Burt Productions, 1995. 33 min. Entrevistas (la mayor parte en español) acerca de la situación de los cubanos judíos en Cuba hoy.

Adiós Patria: El éxodo cubano. Malecón Films 1990–1996. Escrito y producido por Alex Anton y Joe Cardona. Un documental sobre los cubanos que se han ido de Cuba, desde los años 60 hasta los 90. En español, con títulos en inglés.

Conducta impropia. 1984. Francia/USA. Filme del conocido director, Néstor Almendros y de Orlando Jiménez-Leal. [El guión de Néstor Almendros y Orlando Jiménez-Leal lo ha publicado en Madrid la Editorial Playor en 1984.]

Calle Ocho: Cuban Exiles Look at Themselves—A Documentary. Un documental de Miguel González Pando, 1994, producido por WTVJ-Miami y el "Living History Project" de la Florida International University.

El exilio cubano: del trauma al triunfo. 1990. Una producción de WSCV-Canal 51, Telemundo Miami. Salió en la televisión en 1989; grabado con permisos. Entrevistas en español a exiliados en Miami acerca de las dificultades que se pasan en Cuba, el clima político, las dificultades que se encuentran con la cultura y la lengua al comenzar una vida nueva.

Esto es Cuba/This is Cuba. 1996, USA. Chris Hume. Un joven norteamericano, estudiante graduado en estudios cinematográficos, finge ser turista para así filmar clandestinamente en Cuba.

Fidel Castro: Big Man, Small Island. 53 min., en inglés, 1996. Una producción interesante de la BBC.

Havana. British Broadcasting Co. (BBC), 1990. Jana Bokova. 105 min.

La otra Cuba (*The Other Cuba*). Dirigida por Orlando Jiménez Leal. Formato VHS (2000), en español, con títulos en inglés. Connoisseur/Meridian Films.

Miami-Havana. Institute for Policy Studies. Arlington, Virginia. Bono Film & Video Service (distribuidor), 1992. Incluye entrevistas a jovencitos y a personas mayores y trata el tema del conflicto político entre Cuba y Estados Unidos y cómo ha afectado a las familias cubanas. 52 min., en español con títulos en inglés.

Nadie escuchaba. (*Nobody Listened*) Producida y dirigida por Jorge Ulloa y Néstor Almendros. Los Angeles, CA: Direct Cinema, 1989. 117 min. Cuba Human Rights Project.

Ni Patria ni amo: Un documental de Miguel González-Pando. The Cuban Living History Project at Florida International University. Trata sobre la experiencia de la diáspora cubana desde la invasión de Playa Girón hasta el derribo de los aviones de Hermanos al Rescate.

Café con leche: Voices of Exile's Children. 1997. USA. Entrevistas de jóvenes cubanos del exilio.

José Martí: Cuba's Herald. 26 min., en español. Material de archivos históricos y comentarios de eruditos e historiadores. Distribuido por Films for the Humanities.

Películas sugeridas: filmes de largometraje

Before Night Falls. Dirigida por Julian Schnabel, con actuaciones excelentes de Javier Bardem y Johnny Depp, disponible en VHS y DVD (2001). Se basa en la autobiografía de Reinaldo Arenas, publicada después de su suicidio en 1990. Warner Home Video, U.S.

Azúcar Amarga (*Bitter Sugar*). 1996. Dirigida por León Ichaso, en blanco y negro, con la actuación de René Lavan. Salió en formato DVD en 1998. 102 min.

El Super. 1979. Dirigida por Orlando Jiménez Leal y León Ichaso, con la actuación de Hidalgo Gato. New Yorker Films; Video release: 1998. En español con títulos en inglés.

Fresa y chocolate / Strawberry and Chocolate. 1995. Dirigida por Juan Carlos Tabío y Tomás Gutiérrez Alea, con actuaciones de Jorge Perugorriá y Vladimir Cruz. Cuba.

¿Quién diablos es Juliette? (*Who the Hell is Juliette?*) Dirigida por Carlos Marcovich, esta película que trata de una "jinetera" (prostituta) jovencita en La Habana, Cuba, ganó el premio en la categoría de cine latinoamericano, en el Sundance Film Festival. En español. Disponible en DVD desde 2000. Kino Video.

Guantanamera. Cuba. Dirigida por Juan Carlos Tabío y Tomás Gutiérrez Alea, 1997. Disponible en formato DVD (2001), en español. New Yorker Films.

Memorias del subdesarrollo. (*Memories of Underdevelopment.*) 1968, 1973, Cuba. Dirigida por Tomás Gutiérrez Alea, en blanco y negro. VHS release: 1999, New Yorker Films.

Actividad Suplementaria

Si su biblioteca lo tiene o si es posible adquirirlo, miren *AIDS, Teens and Latinos*, un video reciente que trata sobre el SIDA en las comunidades latinas en los Estados Unidos. El documental muestra cómo un joven cubanoamericano trata de educar a compañeros de su edad acerca de la epidemia y su prevención, para prevenir que se conviertan en una trágica estadística más. 28 minutos, en colores; disponible a través de Films for The Humanities, 1–800–257–5126.

Música Cubana

Trate de escuchar música cubana popular de ayer y de hoy, como el son, son montuno, el danzón, punto guajiro, el guaguancó, la conga, la rumba, la guaracha, el mambo, el chachachá, etc. Algunos artistas y grupos musicales cubanos que puede escuchar son:

Ernesto Lecuona; Gonzalo Roig; René Touzet; María Teresa Vera y Lorenzo Hirrezuelo; Barbarito Díez; Celia Cruz; Beny Moré; Celina González y Reutilio Domínguez; Cachao; Miguel Matamoros; La Sonora Matancera; Pérez Prado; Bola de Nieve; Paquito de Rivera; Olga Guillot; Willy Chirino; Gloria Estefan; Albita Rodríguez; Silvio Rodríguez; Arturo Sandoval; Buena Vista Social Club; Compay Segundo; René González.

LITERATURA CUBANOAMERICANA: OBRAS SELECCIONADAS

Alvarez Borland, Isabel *Cuban-American Literature of Exile: From Person to Persona.* Charlottesville, London: Univ. of Virginia, 1998.

Arenas, Reinaldo. *Adiós a mamá: de La Habana a Nueva York.* Miami: Ediciones Universal, 1996.

———. *El portero.* Miami: Ediciones Universal., 1990.

Barquet, Jesús J. y Rosario Sanmiguel, eds. *Más allá de la isla: 66 creadores cubanos.* Juárez: Puentelibre Editores, 1995.

Behar, Ruth, ed. *Bridges to Cuba/Puentes a Cuba.* Ann Arbor: University of Michigan Press, 1995.

Burunat, Silvia y Ofelia García, eds. *Veinte años de literatura cubanoamericana: antología 1962–1982.* Tempe: Bilingual Review Press, 1988.

Chaviano, Daína. *Los mundos que amo.* Colombia: Alfaguara, 2004.

Eire, Carlos. *Writing for Snow in Havana: Confessions of a Cuban Boy.* New York: Free Press, 2003.

Fernández, Amando. *Antología personal.* Lima: Jaime Campodónico Editor, 1991.

Fernández, Roberto. *La vida es un "special".* Miami: La Universal, 1982.

———. *Raining Backwards.* Houston: Arte Público Press, 1988.

García, Cristina. *Dreaming in Cuban.* New York: Alfred Knopf, 1992.

———. *Las hermanas Agüero.* Traducción de Alan West. New York: Vintage Books (Vintage español), 1997.

Hospital, Carolina, Ed. *Cuban American Writers: Los atrevidos.* Princeton: Ediciones Ella/Linden Lane Press, 1988.

Hospital, Carolina y Jorge Cantera, eds. *A Century of Cuban Writers in Florida: Selected Prose and Poetry.* Sarasota: Pineapple Press, 1996.

Lázaro, Felipe. *Poetas cubanos en Nueva York: antología breve.* Introducción de Perla Rozencvaig. Madrid: Editorial Betania, 1991.

Medina, Pablo. *Exiled Memories: Cuban Childhood.* Austin: University of Texas Press, 1990.

Muñoz, Elías Miguel. *Desde esta orilla: poesía cubana del exilio.* Madrid: 1988.

———. *En estas tierras/In This Land.* [En inglés y español]. Tempe: Bilingual Press, 1989.

Obejas, Achy. *We Came All the Way From Cuba So You Could Dress Like This?* San Francisco: Cleiss Press, 1994.

Pérez Firmat, Gustavo. *Life on the Hyphen: The Cuban-American Way.* Austin: University of Texas Press, 1994.

———. *El año que viene estamos en Cuba.* Houston: Arte Público Press, 1997. [Traducida del inglés por el autor.]

———. *Next Year in Cuba: A Cubano's Coming of Age in America*. New York: Anchor Books/Doubleday, 1995. [Ésta es la obra original, en inglés.]

Prida, Dolores. *Beautiful Señoritas and Other Plays.* Editado y presentado por Judith Weiss. Houston: Arte Público Press, 1991.

Rivero, Eliana. "(Re)Writing Sugarcane Memories: Cuban Americans and Literature." Alegría, Fernando y Jorge Ruffinelli, eds., *Paradise Lost or Gained? The Literature of Hispanic Exile.* Houston: Arte Público Press, 1990, 164–182.

Tropicana, Carmelita Uzi Parnes. *Carnaval.* Selección de la obra dramática, en *Bridges to Cuba,* editado por Ruth Behar.

Valero, Roberto. *No estaré en tu camino.* Madrid: Ediciones Rialp, 1991.

Yanez, Mirta, ed. *Cubana: Contemporary Fiction by Cuban Women.* Introducción de Ruth Behar; traducido por Dick Cluster y Cindy Schuster. Boston: Beacon Press, 1998.

Recursos de la red (WWW)

Si desea explorar la red, vaya a http://www.wiley.com/college/roca, donde encontrará una lista de sitios relacionados con el tema de este capítulo. Abajo puede empezar a explorar los siguientes sitios.

Cuba and Cuban Americans on the Internet
http://www.library.miami.edu/netguides/cubanet.html

LANIC Resources: Cuba
http://www.lanic.utexas.edu./la/cb/cuba

Proyecto Varela
http://www.infoburo.org/proyecto_varela.htm

CTP Research Studies
http://www.ctp.iccas.miami.edu/research.htm

Prensa Independiente de Cuba
http://www.cubanet.org/

Celia Cruz
http://www.celiacruzonline.com/

Capítulo Cinco

La herencia multicultural de España

"España, que enlaza el resto de Europa con África, es el único estado europeo que fue ocupado y gobernado por árabes durante casi ocho siglos (711–1492)".

El Patio de los Naranjos de la famosa Mezquita de Córdoba

PARA ENTRAR EN ONDA

Escoja la respuesta apropiada. Si no está seguro, seleccione la que le parezca más lógica. Después compruebe sus respuestas con las que aparecen al pie de este ejercicio.

1. España tiene fronteras con
- **a.** Portugal y Francia.
- **b.** Francia y Austria.
- **c.** Portugal e Italia.

2. Los árabes dominaron lo que hoy es España hasta
- **a.** 1511.
- **b.** 1492.
- **c.** 711.

3. Las tapas son
- **a.** callejuelas sin salida de los pueblos de Andalucía.
- **b.** aperitivos que acompañan un vaso de vino o una cerveza.
- **c.** bailes folklóricos de Sevilla que están muy de moda.

4. La reina Sofía de España es de origen
- **a.** turco.
- **b.** griego.
- **c.** español.

5. Tablao
- **a.** es la palabra tabla mal escrita.
- **b.** se refiere al tablero de jugar al ajedrez o a las damas.
- **c.** es el escenario de tablas de madera donde se baila flamenco.

6. El gazpacho es
- **a.** un dialecto hablado en la región valenciana.
- **b.** una forma despectiva usada en Latinoamérica para referirse a un español.
- **c.** una sopa fría de tomate, aceite de oliva, ajo y pan.

7. El segundo libro más traducido en el mundo, después de la Biblia, es
- **a.** *Don Quijote de la Mancha.*
- **b.** el *Romancero gitano* de García Lorca.
- **c.** *La tragicomedia de Calixto y Melibea* (*La Celestina*).

8. Los lingüistas no han podido establecer el origen del
- **a.** idioma gallego.
- **b.** idioma vasco.
- **c.** idioma catalán.

9. La zarzuela es
- **a.** una combinación de embutidos, arroz, carnes rojas y viandas.
- **b.** el traje típico de las "bailaoras" de flamenco.
- **c.** una representación musical popular, donde se canta y se declama.

10. El famoso arquitecto catalán Antonio Gaudí diseñó en Barcelona
   a. el estadio olímpico.
   b. la iglesia “La Sagrada Familia”.
   c. la avenida de “Las Ramblas”.

Respuestas: 1a, 2b, 3b, 4b, 5c, 6c, 7a, 8b, 9c, 10b

I. Conversación y cultura

ESPAÑA AYER Y HOY

La España moderna es una gran fusión de diversas culturas y lenguas. Muchos grupos étnicos diversos —iberos, tartesios, celtas, celtíberos, fenicios, griegos, cartagineses, romanos, visigodos, judíos y árabes— conquistaron, ocuparon y poblaron las tierras de la Península Ibérica en distintas etapas de su historia, dejando sus huellas lingüísticas y culturales. Los tres grupos principales que quizás más influencia hayan ejercido en la formación de la nación son los cristianos, los moros y los judíos.

Los romanos, quienes llegaron a la península que llamaron Hispania en el año 201 a.C., conquistaron a los cartagineses y a los griegos después de arduas luchas, y dominaron casi todo el territorio ibérico (con la excepción de las tierras vascas) por unos seiscientos años, hasta principios del siglo V d.C. La romanización de la península fue profundísima y es fácil observar el impacto de la civilización romana en la lengua y la cultura españolas. Existen grandes obras romanas aún hoy día, como lo son los anfiteatros de las provincias de Sevilla y Cáceres y el acueducto de Segovia.

El Patio de los Leones del palacio de la Alhambra de Granada

El acueducto romano de Segovia. ¿Sabía que este acueducto sigue funcionando aunque fue construido hace siglos? Por eso cuando decimos en español "Es obra de romanos", significa que es tan duradero como las obras hechas por los romanos.

La influencia del latín es un punto importantísimo, ya que el español, igual que las otras lenguas romances principales (el italiano, el francés, el portugués y el rumano), se desarrolló a partir del latín vulgar, es decir, del habla popular, que se extendió poco a poco por todo el territorio peninsular, excepto por la región vasca. Allí se habla el éuscaro o vascuence, idioma no indeoeuropeo cuyos orígenes son oscuros aun para los lingüistas modernos.

Después de las invasiones de tribus de suevos, vándalos y alanos, grupos germánicos que arribaron alrededor del año 406, llegaron en 415 los visigodos, otro grupo germánico. Leovigildo, uno de sus reyes, se estableció en Toledo, y Recaredo (586–601), su hijo, quien heredó la corona, se convirtió a la religión católica en el año 587. Esta conversión del rey fue seguida por la realización del Tercer Concilio de Toledo, en 589, donde se proclamó la conversión de la España visigótica del arrianismo al catolicismo. Fue éste un antecedente temprano en la historia de la nación de lo que sería luego una de las características más notables de España por siglos: su enérgica fe religiosa en armonía y unidad con la política del estado, lo que hoy día no es alianza oficial o legal.

A las culturas hispanovisigodas —ya en su período de declinación— les siguió la de los árabes en el siglo VIII. Los musulmanes del norte de África cruzaron el Estrecho de Gibraltar y se adueñaron rápidamente de casi toda la Península Ibérica, a la cual llamaron Al-Andalus. Donde más tiempo permanecieron fue en el sur de España, en Andalucía, y por eso es allí donde más se manifiesta la influencia árabe. Tanto en los bailes, las costumbres y los cantos populares, como en la arquitectura (especialmente en **La Alhambra** de Granada, **La Mezquita** de Córdoba y **La Giralda** de Sevilla), el sello de esta cultura es evidente.

España, que enlaza el resto de Europa con África, es el único estado europeo que fue ocupado y gobernado por árabes durante casi ocho siglos (711–1492). La música, el arte, la arquitectura, la filosofía (la traducción de Aristóteles, la influencia de Averroes), la literatura, y sobre todo, cierta actitud de tolerancia hacia otros grupos étnicos son también resultado de esta influencia. Los pueblos y las culturas se mezclaron: los mozárabes prosperaron bajo la dominación árabe y los judíos disfrutaron de más tolerancia religiosa.

La influencia árabe también está presente en la lengua española. El idioma español —que así comienza a llamarse en el siglo XVI, y que también se conoce como castellano por haber surgido del reino de Castilla— se enriqueció con unos cuatro mil vocablos que la avanzada y prestigiosa cultura árabe aportó a la lengua, una cifra que equivale al siete por ciento del contenido lingüístico del español.

Los judíos emigraron de Palestina en gran número a raíz de la diáspora, y constituyeron, junto con los árabes, uno de los grupos étnicosociales más importantes e influyentes en la península. Alrededor del año 718 los líderes cristianos hispanorromanos iniciaron la Reconquista de la península, que duró hasta 1492 con la caída del califato de Granada. La expulsión de los judíos por decreto real de los Reyes Católicos, Fernando e Isabel, en 1492, los obligó a convertirse al cristianismo o a escapar a otras tierras de Europa. Como resultado de esta expulsión, impulsada por el deseo de unificación nacional y la discriminación religiosa dictada por los tribunales de la Inquisición, miles de judíos huyeron a Portugal, África del Norte, Italia y la zona de los Balcanes (Grecia, Albania, Yugoeslavia, parte de Rumanía, Bulgaria, etc.).

Al tratar los judíos desterrados de conservar su idioma español, éste se mantuvo aislado —se puede decir hasta fosilizado— a través de los siglos, convirtiéndose en un interesante dialecto con características del habla medieval del siglo XV, combinadas con palabras de los idiomas de las tierras adonde llegaron a establecerse. Hoy día esta curiosa variedad del español se oye poco y se limita más bien al uso doméstico y al ámbito religioso. Este dialecto, conocido como el judeoespañol o ladino, es a veces llamado también sefardí, término que viene de la palabra hebrea *Sefarad*, que era el nombre que los judíos le daban a España. Cuando Israel se instituyó en nación en 1947, miles de sefardíes fueron a establecerse y empezar una nueva vida en el nuevo estado independiente. Allí, más que en otra parte, existe hoy la comunidad más grande de descendientes de judíos españoles que todavía mantienen la lengua hablada. Publican revistas y periódicos (como *La luz de Israel*) y transmiten programas de radio y televisión en sefardí.

A esta mezcla de raíces étnicoculturales principales de España —la cristiana, la judía y la árabe— se añaden hoy día elementos culturales, costumbres actuales, gustos o preferencias, actitudes y perspectivas de españoles de regiones geográficamente distintas, separadas por barreras naturales. Se hallan así grandes diferencias culturales y lingüísticas entre gallegos, vascos, catalanes, castellanos, andaluces, gitanos, asturianos y canarios. En Galicia se escucha la lengua gallega; el catalán —reprimido durante años por la dictadura del Generalísimo Francisco Franco— es hoy lengua co-oficial junto al español, y se usa no sólo en Cataluña, sino también, con variantes regionales, en Alicante y Valencia, donde le llaman valenciano. En Asturias se puede oír el bable y en el sur de España, una variante andaluza del español, además del caló que hablan muchos gitanos.

En los últimos años, han llegado muchos refugiados e inmigrantes de diferentes países de Latinoamérica. También han llegado muchos inmigrantes africanos, que, en su mayor parte, huyen de la violencia y las pésimas condiciones de vida en sus países respectivos, y riesgan sus vidas tratando de llegar a España en embarcaciones, casi siempre en malas condiciones, llamadas "pateras" por los españoles. Adicionalmente, en las últimas décadas España también ha recibido a miles de refugiados e inmigrantes de muchas partes de Latinoamérica. Por ejemplo, durante las dictaduras de Pinochet en Chile y de la Junta Militar en Argentina hace años, muchos argentinos y chilenos se exiliaron en España. Más recientemente debido a los problemas económicos en Argentina, ha habido un aumento en el número de argentinos que van a España y a otros países con visa de turista y luego se quedan indocumentados, lo que les hace más difícil buscarse una forma de trabajar y vivir adecuadamente. También hay muchos dominicanos, centroamericanos, cubanos, y grupos asiáticos que han aumentado en número. Por consiguiente, España sigue siendo hoy un país muy heterogéneo debido a sus variadas lenguas, raíces multiétnicas e inmigraciones recientes, cosa que lejos de ser un factor negativo, es uno de los elementos que hacen de España un fascinante mosaico, diferente al resto de Europa.

Un café al aire libre en la Plaza Mayor de Salamanca.

MESA REDONDA

Conversación

A. *En grupos pequeños, contesten las preguntas y comenten los temas siguientes.*

1. ¿Tiene usted antepasados españoles? ¿Qué sabe de ellos? ¿De qué parte de España eran? ¿Cuándo vinieron a América? ¿Por qué?
2. ¿En qué observa usted en sí mismo o en su familia, en la lengua, las costumbres, la religión y las tradiciones, la influencia española?
3. ¿Qué importancia ha tenido la religión en su crianza? ¿Desempeña un papel importante en su vida y en la de su familia? ¿Celebran en su familia el Día del Santo? ¿Lleva usted el nombre de un santo o de una santa? ¿De cuál? ¿Qué sabe sobre él o ella?
4. ¿Es usted de ascendencia árabe o judía? ¿Cuáles son algunas de las tradiciones y costumbres que su familia ha mantenido y todavía practica, o que usted recuerda de su niñez o tal vez conozca por medio de amistades?

B. *Actividades*

1. Trabajando individualmente, escoja uno de los siguientes temas para investigar en enciclopedias y otras fuentes (como, por ejemplo, por el Internet). Tome dos o tres páginas de apuntes en español y prepárese para compartir con la clase lo que haya aprendido.
   - **Celebraciones españolas** (como la Feria de Sevilla, la Semana Santa en Sevilla, La Tomatina o las Fallas de Valencia).
   - **Las corridas de toros en España y en Hispanoamérica y las polémicas que suscitan.**
   - **La obra y la vida de alguno de los pintores más famosos de España** (como El Greco, Bartolomé Murillo, Velázquez, Francisco de Goya, Pablo Picasso, Joaquín Sorolla, Salvador Dalí o Joan Miró).
   - **La vida e importancia de la obra de santos escritores** como Santa Teresa de Ávila o San Juán de la Cruz.
   - **La Giralda (Sevilla) y La Alhambra (Granada)**, dos lugares famosos que hay que visitar y disfrutar.
2. **Para escribir.** Escoja con un(a) compañero(a) uno de los siguientes temas. Busquen juntos la información necesaria y luego escriban un breve informe.
   - **La historia de la lengua española y las aportaciones de diferentes lenguas y culturas.** Incluya una lista de palabras en español provientes del árabe y de otros idiomas.
   - **Antonio de Nebrija y la primera gramática española.** ¿Cuál fue el propósito del autor al escribirla? (Consulte la introducción a la obra si es posible.)
   - **Diario de Cristobal Colón.** Búsquelo en su biblioteca. Lea algunas secciones y haga un resumen de las mismas. Tenga en cuenta las observaciones del autor.

Los Encierros de San Fermín se celebran cada año en Pamplona.

- **La unificación de una nación, ¿a qué precio?** La Inquisición española adquirió fuerza con los decretos del año 1492, y siguió ejerciendo su influencia en asuntos españoles por siglos. ¿Cómo surgió? ¿Cuál fue su evolución? ¿Cuál era su propósito? ¿Cuándo se acabó oficialmente?
- **La Leyenda Negra.** ¿A qué se refiere este término en relación a la historia de España?
- **La Inquisición.** Averigüe y explique sobre la Inquisición, cuándo comenzó, cuando terminó oficialmente, a quiénes perseguían y por qué, cuáles fueron las consecuencias para España, etc.
- **Dos obras maestras de España: *La Celestina, Don Quijote.*** ¿En qué estriba la importancia de estas obras literarias? Sea curioso y averigüe, pregunte y lea, aunque sea unas pocas páginas de ellas o sobre ellas.

Cronología contemporánea española

Guernica (1937), un gigantesco cuadro cubista que lleva el nombre de una ciudad al norte de España. Fue pintado por el famoso pintor Pablo Picasso (Málaga: 1881, Francia: 1973). *Guernica* fue inspirado por los horrores y el sufrimiento causados por la Guerra Civil española, específicamente por el terror y la destrucción que causó el bombardeo que aniquiló al pueblo de Guernica.

Aunque el cuadro no nos presenta una imagen del evento mismo, da a entender el dolor, el horror y la agonía del espanto de la guerra.

- ¿Qué reacción le despiertan la fragmentación pictórica, las imágenes y los símbolos que puede observar? ¿Encuentra usted algún significado especial en las imágenes que Picasso evoca con los animales, como el caballo y el toro? ¿Qué parece sugerir Picasso con una obra hecha solamente en tonos de blanco, gris y negro?

1898	España pierde sus últimas colonias: Cuba, Puerto Rico y las Filipinas.
1902	Alfonso XIII se convierte en rey de España.
1915	Se estrena el ballet *El amor brujo* de Manuel de Falla.
1923–1930	Dictadura militar de Miguel Primo de Rivera.
1929	Salvador Dalí y Luis Buñuel hacen un filme surrealista, *Le Chien Andalou* (*El perro andaluz*).
1931	Vencen los republicanos y socialistas en las elecciones. Se proclama la repúbica y se termina con la monarquía en España. El rey Alfonso XIII abandona el país.
1936	Muere asesinado el poeta Federico García Lorca.
1936–1939	Guerra española. Los nacionalistas, encabezados por el general Francisco Franco y apoyados por la Alemania nazi y la Italia fascista, ganan la guerra y gobiernan en España de forma totalitaria hasta 1975.
1969	Juan Carlos de Borbón, nieto de Alfonso XIII, es nombrado heredero al trono español.
1973	Muere el pintor Pablo Picasso en Francia.
1975	Muere el general Franco y se abre el camino para la restauración de la democracia con Juan Carlos I de Borbón, quien accede al trono.
1977	Se legalizan los partidos políticos y se realizan las primeras elecciones democráticas desde 1933.
1978	Se aprueba una nueva constitución democrática.
1981	Intento de golpe de estado por el militar Antonio Tejero Molina.
1982	Por medio de elecciones libres triunfa el Partido Socialista Obrero Español (PSOE) con la elección de Felipe González como primer ministro.
1986	González es reelegido; España se une a la Comunidad Económica Europea.
1992	Se celebran la Olimpíadas en Barcelona y la Exposición Mundial en Sevilla. España experimenta una tremenda infusión de turismo y de capital.
1996	Elección de José María Aznar del Partido Popular como primer ministro.
2002	Derrame de petróleo de la embarcación "Prestige" en las costas de Galicia, el peor desastre ecológico en la historia del país.
2004	Mueren más de 200 personas en atentado terrorista contra trenes en Madrid.

Guernica, *1937, de Pablo Picasso (1881–1973). El cuadro cubista muestra los horrores y el sufrimiento causado por la Guerra Civil española, específicamente, el terror y la destrucción que causó el bombardeo que aniquiló al pueblo de Guernica. ¿Qué reacción le despiertan a usted la fragmentación pictórica, las imágenes y los símbolos que puede observar? ¿Qué le sugiere?*

II. Lectura

Ensayo

El autor del siguiente texto es **Juan de Dios Ramírez Heredia**, un gitano español que fue elegido diputado al Congreso de su país por el Partido Socialista Obrero Español (PSOE). El fragmento reproducido es de su libro, *Nosotros los gitanos* (1972).

CALÉS Y PAYOS

Por amor a la libertad nuestros antepasados abandonaron la India huyendo de los que pretendían esclavizarlos. Así vagaron por siglos en busca de un valle refrescante o un pueblo hospitalario donde poder asentar sus caravanas o emprender una nueva vida.

5 Según Paul Clebert, "los gitanos suponen el ejemplo único de un conjunto étnico perfectamente definido a través del tiempo y del espacio, que hace más de mil años y más allá de las fronteras de Europa, han llevado a cabo una gigantesca migración, sin que jamás hayan consentido alteración alguna a la originalidad y a la unidad de su raza". Porque, a sus ojos, ésta es la única 10 forma de vivir digna del hombre.

El más rudimentario° conocimiento del pueblo gitano demuestra claramente el inmovilismo de la cultura gitana. El setenta por ciento de los gitanos españoles viven exactamente igual que lo hicieron los primitivos gitanos que llegaron a nuestra patria en el primer tercio del siglo XV. 15 Habrán cambiado algunas formas externas de su vida, pero nuestra concepción del mundo, de la moral, de la palabra, y del hogar, no difieren en nada a la de los más remotos gitanos.

°rudimentario: simple, sencillo

Ya desde la llegada de las primeras tribus gitanas a España, empezaron a dictarse disposiciones en contra nuestra, las cuales perseguían la desaparición 20 de nuestra raza y la de la misma palabra que sirve para denominarnos.

Justamente fueron los Reyes Católicos los que sentaron las bases para que se creara el clima de repulsión contra los gitanos que durante tanto tiempo hemos venido padeciendo. Las pragmáticas° reales condenaban a los gitanos a mil penas distintas, desde los azotes° en las plazas públicas al 25 destierro, previo el infame desorejamiento.

°pragmática: ley, regulación, orden

°azote: latigazo, golpe dado con el látigo u otro medio

La ordenanza más cruel y desatinada° fue la de Felipe III, que decía así: "En el plazo de seis meses, [los gitanos] han de salir del reino para no volver jamás, so pena de muerte. Y los que quieran quedarse deberán hacerlo en lugares de más de cinco mil vecinos, no permitiéndoseles el uso de vestidos, 30 lengua ni el nombre de gitanos a fin de que su nombre y forma de vivir pueda para siempre borrarse y olvidarse".

°desatinado: disparatado, equivocado

El trato inhumano que recibieron nuestros antepasados hace cuatro siglos en nuestro común suelo hispano, es también en la actualidad un hecho, bajo capas más sutiles° de desnivel social y discriminación racial.

°sutil: disfrazado, no muy evidente

35 El contraste entre la sociedad de los payos, que cada día avanza más en el terreno de lo científico y lo cultural, y el inmovilismo gitano, se hace por momentos más acusado° provocando que la marginación gitana sea cada vez más acentuada. También los gitanos somos artífices° de nuestro propio *apartheid*, porque nos resistimos a renunciar a nuestro feudo°, que es el mundo entero. 40 Sabemos que la marginalidad gitana no nos viene impuesta solamente por el mundo payo. El tanto por ciento elevadísimo de analfabetos que hoy día tiene el pueblo gitano de todo el mundo es un índice demostrativo de la poca importancia que los padres gitanos han dado tradicionalmente a la escuela. Por eso nuestro afán de lucha se encamina a facilitar al máximo 45 la posibilidad de asistencia a clase de los niños gitanos, bien sea a una escuela especial para ellos o una normalmente integrada.

°acusado: peor, más grave
°artífice: autor, responsable
°feudo: antigua extensión de tierra en la Edad Media, perteneciente al señor feudal

La peculiar manera del ser del pueblo gitano provoca actualmente una consecuencia más: su marginación social en la ubicación° del hábitat dentro de las ciudades y aun en las afueras de las mismas. Más del cincuenta por 50 ciento de la población gitana española vive en condiciones francamente infrahumanas°, localizadas sus casas y chabolas° en los suburbios de las grandes ciudades, y aun dentro de estos suburbios ocupando la parte más abandonada y deprimente.

°ubicación: localización
°infrahumana: por debajo del nivel considerado apropiado para el ser humano
°chabola: casa muy humilde y pobre

Para la comunidad gitana española, fundamentalmente, el problema de la 55 vivienda es el mismo que el de los grupos socialmente más subdesarrollados, gracias a la vida sedentaria que practica el noventa y cinco por ciento de nuestra población nacional, frente a un cinco por ciento de nomadismo° restringido. [No obstante, la inmensa mayoría continúa practicando un nomadismo reducido de duración temporal, participando en ferias y 60 mercados como sistema de ganarse la vida.]

°nomadismo: tendencia al movimiento constante, a mudarse de lugar frecuentemente

Para el resto de la población gitana europea, nómada en su mayoría, su problema de vivienda es nulo. Viven en carromatos° o *roulottes*. Para ellos el problema es la falta de aparcamiento autorizado en las afueras de las ciudades, grandes o pequeñas, donde les permitan vivir el tiempo que 65 deseen pasar en aquel municipio o región.

°carromato: carro fuerte de dos ruedas

La ostensible° marginación social que padecemos los gitanos también tiene sus manifestaciones en el campo de la convivencia humana, provocadas unas por el rechazo que hace la sociedad a las clases subdesarrolladas, y motivadas otras por el desprecio que la comunidad marginada siente hacia quien vive 70 en condiciones superiores y que considera causante de su propia marginación.

°ostensible: evidente

Una familia gitana viajando en un carromato en Francia

PARA COMENTAR

Trabajando en parejas contesten las siguientes preguntas sobre ***Calés y payos.*** *Justifiquen su opinión cuando sea necesario. Luego pueden comparar sus respuestas con las de otros compañeros.*

1. Antes de leer el ensayo, ¿qué imagen tenía usted de los gitanos? ¿En qué estaba basada esta imagen?
2. Completen oralmente de acuerdo con la lectura.
   - "Calés" quiere decir...
   - "Payos" se refiere a...
   - Dos problemas que tienen los gitanos, según el ensayo, son...
   - Las condiciones en que vive más del 50% de la población gitana...
3. En el ensayo se menciona que uno de los problemas que tienen los gitanos nómadas europeos es encontrar un lugar para estacionar sus carromatos. Si un grupo quisiera aparcar sus *Winnebagos* para una estancia indefinida en su vecindario, ¿cree usted que sus vecinos le darían la bienvenida? ¿Qué problemas podría crear esto en su comunidad?
4. El autor dice que el 70% "de los gitanos españoles viven exactamente igual que lo hicieron los primitivos gitanos" y agrega que aunque algunos factores han cambiado, su concepción del mundo es la misma que han tenido por siglos. ¿Qué significa esto en relación a la identidad cultural de un grupo minoritario? ¿Tienen distintos valores los diferentes grupos raciales y étnicos, o todos los seres humanos aspiran a lo mismo?
5. Muchas familias gitanas llevan vida de nómadas. ¿Cómo se puede comparar la vida de los gitanos con la vida de los trabajadores migratorios en los Estados Unidos? ¿En qué se parece y en qué se diferencia?

Poesía

Antonio Machado (Sevilla, 1875–1939), escritor de la *Generación del 98,* es uno de los poetas más populares de España de este siglo. Aunque sevillano por nacimiento, a los ocho años se mudó con su familia a Madrid y vivió gran parte de su vida en Castilla.

Su esposa, Doña Leonor Izquierdo, murió en 1912, pocos años después de su boda, y esta tragedia parece ser una de las razones del sentido de pesimismo y agonía de su obra. Machado se trasladó a Baeza (Jaén), vivió después en Segovia y de nuevo en Madrid, donde trabajó de profesor.

Aparte de su propia obra poética y dramática, también escribió obras de teatro en colaboración con su hermano, Manuel. Antonio Machado terminó un doctorado en Filosofía y Letras; fue elegido académico de la Real

El poeta Antonio Machado (1875–1939) sentado al lado de su hermano Manuel, también poeta

Academia de la Lengua Española, pero nunca llegó a leer su discurso de ingreso debido a la situación política del país.

A su primer libro, *Soledades* (1903), le siguieron *Campos de Castilla* (1912), donde por medio de sus temas preferidos —España, el paisaje, la historia y la soledad interior— muestra al lector sus inquietudes y su tristeza. *Nuevas canciones* (1924) y *De un cancionero apócrifo* (1926) son otras de sus colecciones de poesías.

En la temática de su poesía se revela una gran preocupación por la fe y el sentido absurdo de la vida, el tiempo y el destino de su patria en los años que precedieron a la sangrienta y devastadora Guerra Civil española (1936–1939), que le obligó a exiliarse con su madre en Francia, donde ambos fallecieron. Fue en 1939 cuando Machado murió y fue enterrado en Corlliure, un pueblo costeño de Francia.

ANTES DE LEER

En grupos de tres o cuatro estudiantes, comenten lo siguiente. Compartan después sus observaciones con el resto de la clase.

1. Se habla mucho de la vida como "camino". ¿De qué forma se puede explicar este decir común?
2. ¿Está nuestra vida predestinada? ¿Cree que es cierto lo de "Querer es poder"? Explique su opinión.
3. ¿Hasta qué punto tenemos control del futuro? ¿Cuáles son los factores externos e internos que afectan nuestro destino?

"POEMA XXIX" DE PROVERBIOS Y CANTARES

Caminante, son tus huellas
el camino, y nada más;
caminante, no hay camino,
se hace camino al andar.
5 Al andar se hace camino,
y al volver la vista atrás
se ve la senda° que nunca
se ha de volver a pisar.
Caminante, no hay camino,
10 sino estelas° en la mar.

°*senda: camino*

°*estela: rastro, señal de espuma en el agua*

PARA COMENTAR

Trabajando en parejas, contesten las siguientes preguntas sobre el poema. Justifiquen su opinión cuando sea necesario. Luego pueden comparar sus respuestas con las de otros compañeros.

1. ¿Cómo podría interpretarse la idea de un caminante sin camino, según el poema de Machado? ¿Cree que es solamente un juego de palabras, o que el autor busca comunicar una idea más profunda? Explique.
2. "Caminante, no hay camino, / sino estelas en la mar". ¿Cómo podría explicarse la relación del mar con la creación del camino? ¿Cuál es la idea principal que comunica el poeta en esta breve poesía?
3. ¿Qué palabras se repiten en la poesía? Léale la poesía en voz alta a su compañero(a). Observe su ritmo.
4. ¿Piensa que el poeta cree o no cree en la predestinación? ¿Por qué?

Federico García Lorca, (1898–1936), nació en Fuentevaqueros, un pueblo no muy lejos de la ciudad de Granada. Perteneciente a la llamada *Generación del 27*, tuvo una vida breve pero muy intensa. En Madrid estudió derecho y filosofía y letras. Cultivó también la pintura y la música.

El gran poeta y dramaturgo, Federico García Lorca (1898–1936)

García Lorca, considerado por muchos como el poeta por excelencia de la España del siglo XX, es autor de una obra lírica de gran fama internacional y de alta calidad literaria: *Primeras canciones* (1922), *Romancero gitano* (1928), *Poeta en Nueva York* (1930), etc. También fue un dramaturgo muy notable (*Bodas de sangre, La casa de Bernarda Alba, Yerma,* etc.) Viajó por los Estados Unidos e Hispanoamérica, donde ejerció poderoso influjo en muchos poetas. Su celebridad también ha estado vinculada con su muerte, acaecida al principio de la Guerra Civil española, cuando fue fusilado en agosto de 1936 por los falangistas partidarios de Franco.

ANTES DE LEER

En grupos de tres o cuatro estudiantes, comenten lo siguiente. Compartan después sus observaciones con el resto de la clase.

1. ¿Qué instrumentos musicales relaciona usted con España? ¿Qué instrumentos musicales relaciona usted con su país de origen o con el país de origen de sus antepasados? ¿Toca usted algún instrumento musical? ¿Cuál?
2. Andalucía tiene un papel importante en la imagen que tenemos de España. ¿En qué parte de España está Andalucía? ¿Qué sabe de su cultura?

LA GUITARRA

Empieza el llanto
de la guitarra.
Se rompen las copas
de la madrugada.
5 Empieza el llanto
de la guitarra.
Es inútil
callarla.
Llora monótona
10 como llora el agua,
como llora el viento
sobre la nevada.
Es imposible
callarla.
15 Llora por cosas
lejanas.
Arena del Sur caliente
que pide camelias° blancas.
Llora flecha sin blanco,
20 la tarde sin mañana,
y el primer pájaro muerto
sobre la rama.
¡Oh guitarra!
Corazón malherido
25 por esas cinco espadas.

°camelias: flores muy bellas, sin olor

CANCIÓN DEL JINETE

°jaca: caballo no muy grande
°alforja: provisión de comestibles para el camino

Córdoba.
Lejana y sola.

Jaca° negra, luna grande,
y aceitunas en mi alforja°.
Aunque sepa los caminos (5)
yo nunca llegaré a Córdoba.

Por el llano, por el viento,
jaca negra, luna roja.
La muerte me está mirando
desde las torres de Córdoba. (10)

¡Ay qué camino tan largo!
¡Ay mi jaca valerosa!
¡Ay que la muerte me espera,
antes de llegar a Córdoba!

Córdoba. (15)
Lejana y sola.

PARA COMENTAR

Trabajando en parejas, contesten las siguientes preguntas sobre ***La guitarra*** *y* ***Canción del jinete.*** *Justifiquen su opinión cuando sea necesario. Luego pueden comparar sus respuestas con las de otros compañeros.*

1. Relea el poema *Canción del jinete* y observe cuál es su ritmo. ¿Cómo se sugiere el cabalgar del jinete? ¿Cuáles son los medios que hacen posible esa sugerencia?
2. ¿Qué significan las palabras *seguidilla* y *cante jondo* (*cante hondo*)? ¿Cuál es la relación entre estas palabras y el tono de la poesía *La guitarra*? Use el diccionario si no entiende el significado de las palabras *seguidilla* y *cante jondo.*
3. En *La guitarra,* ¿a qué cree que se refiere la frase "Llora flecha sin blanco, / la tarde sin mañana"?
4. La conclusión del poema *La guitarra,* "Corazón malherido / por cinco espadas", llama la atención sobre el número "cinco." ¿A qué se refieren las cinco espadas?
5. Dice Lorca: "jaca negra, luna roja" (*Canción del jinete*). ¿Cómo interpretaría estos dos únicos colores del poema?

PARA ESCRIBIR

Lea los siguientes temas. Luego escoja el que le interese más para escribir sobre el mismo. Comparta su trabajo con otro(a) compañero(a) e intercambien comentarios sobre lo que han escrito.

1. En las dos poesías hay palabras y frases repetidas. Identifique esas palabras o frases y explique cuál es el efecto de la repetición de sonidos, imágenes y asociaciones.

2. ¿Cree usted que el jinete va a llegar a su destino en la *Canción del jinete*? ¿En qué basa su opinión? Explique.
3. En un párrafo, o dos, compare el poema de Machado y *Canción del jinete* de Lorca en cuanto a lo siguiente: tema, dificultad de comprensión, belleza de imágenes y simbolismo, efecto en el lector, mensaje acerca de la predestinación o la falta de ella.
4. **Más allá de la lectura.** Averigüe lo que pueda sobre la vida y la obra de García Lorca. Investigue su biografía, su importancia en las letras españolas y sobre su muerte. ¿Por qué fue asesinado? Busque información en la biblioteca y en Internet.

III. Mundos hispanos

EL FLAMENCO

El flamenco, la música emocionante y el baile típico de los pueblos de Andalucía, se toca y se canta en los **tablaos** que se pueden hallar por toda España y otros países europeos, en Hispanoamérica y hasta en países como el Japón y los Estados Unidos. La palabra *tablao* se refiere al escenario en 5 sí, específicamente a las tablas de madera que se juntan para formar la plataforma que sirve de escenario para la actuación. Ese sencillo piso se convierte en un gran tambor resonante y poderoso cuando suben los artistas del cuadro flamenco y empieza la función. No solamente los **bailaores**, sino los músicos también lo golpean (taconean) para dar énfasis y acento al 10 compás que llevan sus palmas y la guitarra. Cuando el cuadro flamenco está compuesto por artistas que saben bien su oficio, hay mucho lugar para la improvisación, igual que en la música de jazz.

Bailando por sevillanas en Alosno, Huelva.

Las funciones suelen empezar tarde por la noche, y generalmente no terminan hasta la madrugada. Sin embargo, para el horario español esto no es un problema, ya que el español no le tiene ninguna aversión a acostarse tarde, y sobre todo a los jóvenes les encanta trasnochar.

Un cuadro flamenco está compuesto de muchos artistas que se adscriben a varios oficios. Entre ellos están los guitarristas (casi siempre hombres), los **cantaores**, las **cantaoras**, y los **palmeros**, quienes, aunque sólo llevan el compás con las palmas, suelen añadir un sabor increíble a la música, dando una fuerte base de ritmos enérgicos a la danza. Por supuesto, no faltan en el cuadro los dinámicos **bailaores** y **bailaoras**. Muchos cuadros grandes incluyen también a músicos que tocan la caja rítmica, la flauta o el violín, instrumentos que empezaron a aparecer en la música flamenca en los últimos diez años.

Aunque es un tipo de baile tradicional muy antiguo, el flamenco, como arte, continúa su propio desarrollo y evolución. Hace unos cincuenta años, las mujeres que bailaban flamenco no solían ejecutar **escobillas** fuertes (la **escobilla** es la parte del baile donde predomina el taconeo, el complicado ritmo de los pies). La **bailaora** más importante de este siglo, Carmen Amaya, cambió todo eso. Vestida de hombre, salió al escenario y taconeó más rápida y enérgicamente que nadie hasta el momento. Revolucionó así el baile flamenco de la mujer, y ahora vemos en los **tablaos** a artistas tales como La Tati y Eva la Hierbabuena, que realizan **escobillas** tan complicadas y difíciles como las de cualquier **bailaor** masculino.

Carmen Villena y Antonio Gades en Bodas de Sangre *(1981), película basada en la obra dramática de Federico García Lorca*

Muy celosamente estos artistas se llaman a sí mismos, en el lenguaje del oficio, **bailaores**, no bailadores, y **bailaoras**, y no bailadoras, ¡y mucho menos bailarinas! También se suele decir **cantaor**, y no cantador, ni cantante. Se dice que este vocabulario de corte netamente andaluz fue creado específicamente por los mismos artistas para distinguir el flamenco de otros géneros. Algunos artistas piensan que es impropio —a veces se toma por un insulto, aunque bien intencionado— el llamar "cantante", por ejemplo, al verdadero **cantaor**. Decir que alguien es **cantaor** significa afirmar que la persona domina el arte genuino, el compás de la música flamenca, y no sólo que interpreta su pieza en un estilo "aflamencado". Este estilo, el mismo que han adoptado algunos cantantes y grupos contemporáneos —como los *Gypsy Kings, Martirio, Ketama* o *Radio Tarifa*— es el resultado de la popularidad y la atracción de las que goza el flamenco en el mundo de hoy.

ACTIVIDADES

1. **El nuevo flamenco.** En grupos de tres o cuatro estudiantes, o individualmente, trate de escuchar la música de estos conocidos artistas que reflejan diferentes estilos del flamenco: La Niña de los Peines, Lola Flores, Camarón de la Isla, Carmen Linares, Tomatito, Azúcar Moreno, y los Gypsy Kings. Otros artistas que combinan el flamenco tradicional con música más moderna como el rock y los blues son: Pata Negra (*Blues de la Frontera*), Ketama, y Radio Tarifa con ritmos del África y del Caribe al mismo tiempo; y por supuesto, para escuchar flamenco tradicional, escuche la guitarra del gran Paco de Lucía, tal vez el mejor guitarrista de flamenco de todos los tiempos.

2. **Las películas de Saura.** Vean en parejas o en grupo alguna de las películas del director español, Carlos Saura, recomendadas en el punto B de la sección V de este capítulo. Escriban una reseña de dos páginas siguiendo las indicaciones dadas en el capítulo cuatro. Compartan su reseña con la clase.

3. **Flamenco en la comunidad.** En algunas ciudades se suelen presentar grupos de baile flamenco, aficionados o profesionales. Si ha visto una de esas presentaciones, comparta con sus compañeros de clase sus recuerdos e impresiones. Si hay tablaos en su comunidad, asista a una función, disfrútela y escriba dos o tres páginas con sus impresiones detalladas para compartirlas en clase.

4. **Flamenco en la red.** Busque en la red (*World Wide Web/WWW*) información sobre el flamenco y sus artistas. Luego prepárese a compartir con la clase parte de la información que haya escogido.

Flamenco World	http://www.flamenco-world.com/artists
Andalucía	http://www.andalucia.com
Canastero	http://members.aol.com/canastero/Index.html

5. **Paco de Lucía.** Se dice que él es el mejor guitarrista de flamenco. Busque información sobre este famoso músico. Si es posible, escuche algunas de sus grabaciones en CD o gratuitamente por la red. Encontrará

Muchachas vestidas en unos trajes típicos en la Feria de Abril de Sevilla

algunas entrevistas y canciones interesantes que podrá escuchar en *Flamenco World* y en las enciclopedias electrónicas sobre flamenco. ¿De dónde es él originalmente? ¿Qué tipos de canciones y bailes toca en su guitarra? ¿Sabe usted las diferencias entre *bulerías* y *fandangos*? ¿Entre una *rumba flamenca* y una *soleá*? ¿Qué son las *sevillanas*? A ver qué puede aprender de esta música tan peculiar e interesante.

OTRAS ACTIVIDADES ADICIONALES

1. **Lectura individual.** Busque en su biblioteca lo siguiente:
   a. *Platero y yo*, obra en prosa poética, muy lírica, escrita por **Juan Ramón Jiménez** (1881, Moguer; Puerto Rico, 1958), ganador del Premio Nobel de Literatura en 1956. Lea la obra en su totalidad si puede; si

no, escoja algunas secciones. Luego busque información acerca de la vida y la importancia de Juan Ramón Jiménez en las letras españolas y escriba un breve informe (no más de una página) sobre el autor y lo que haya leído de la obra.

b. **José Camilo Cela** (1916–2002) es otro escritor español que también recibió el Premio Nobel de Literatura. *La familia de Pascual Duarte* (1942), su primera novela, trata sobre un asesino rural que ya encarcelado y en espera de su ejecución, cuenta su vida. Lea los primeros dos o tres capítulos de la obra y escriba un resumen de lo que cuenta el narrador. Incluya sus propios comentarios sobre lo leído, el estilo y el contenido de la narración.

2. **Lectura en grupo.** En grupos de dos o tres estudiantes, lean un acto de *Bodas de sangre, La casa de Bernarda Alba,* o *Yerma* de Federico García Lorca. Los que prefieran leer la obra teatral completa, preparen un breve resumen e informe oral para la clase. Ver: *Teatro selecto de García Lorca.* Prólogo de Antonio Gallego Morell. Madrid: Escelicer, 1969.

3. **Proyecto de Planificación: Viaje a España.** En parejas o en grupos de tres, averigüen toda la información necesaria para preparar y planear bien un viaje imaginario a España en el verano o durante las vacaciones de Navidad. Consulten el sitio de *Nuevos mundos* en la red.

   Exploren los precios de los boletos y las diferentes opciones que existen en cuanto a hotel, hostal o parador para hospedarse. Infórmense sobre las posibilidades de alquilar un auto (lo cual es más económico si se reserva desde Estados Unidos). Busquen mapas, fijen las fechas, fíjense un presupuesto adecuado y planifiquen adónde y por cuantos días irán y qué visitarán en términos de ciudades, pueblos, parques, museos, catedrales, conventos y monasterios, cuevas prehistóricas, bosques, campos de olivos, montañas como las de la Sierra Nevada o los Pirineos. El viaje debe ser de entre dos y tres semanas, según la temporada que escojan ir. Usen su imaginación y sean creativos. Traigan fotos y mapas si pueden. Preparen un informe de un plan detallado para compartirlo con la clase... y ¿quién sabe?, a lo mejor planean un viaje que se pueda hacer realidad en el futuro. Ya habrán hecho las averiguaciones necesarias que viene bien hacer con anticipación. Acuérdense que hay enlaces que les facilitan la tarea. Diviértanse.

IV. El arte de ser bilingüe

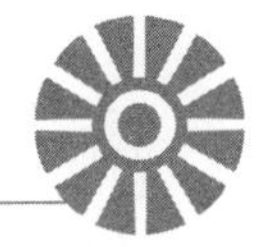

La traducción y la interpretación

La traducción ayuda a diseminar el conocimiento científico, académico, cultural, económico y político en el mundo, y como tal tiene una importancia primordial: ayuda a que los pueblos se conozcan entre sí y establezcan un respeto mutuo por sus diversas contribuciones.

EL ESPAÑOL ES LENGUA OFICIAL EN:

Argentina
Bolivia
Chile
Colombia
Costa Rica
Cuba
Ecuador
El Salvador
España
Guatemala
Honduras
México
Nicaragua
Panamá
Paraguay
Perú
Puerto Rico
República Dominicana
Uruguay
Venezuela

En la España medieval, una de las más famosas escuelas de traductores fue la Escuela de Traductores de Toledo, en el siglo XIII. Allí, bajo la protección del Rey Alfonso X, el Sabio, eruditos de origen judío, católico y musulmán colaboraban entre sí para la traducción de textos de diversa procedencia al latín y al castellano. Gracias a la labor de esos traductores, Europa, y posteriormente el resto del mundo, conocieron muchos textos de gran importancia para el desarrollo del pensamiento científico, cultural y social. Su labor propició la aparición de nuevas corrientes intelectuales, que luego condujeron al surgimiento del Renacimiento, y con él a la constitución de las naciones europeas y americanas modernas.

En Toledo se traducían obras de sabios y eruditos persas, hindúes y griegos que previamente se habían vertido en lengua árabe, judía o castellana. Mientras España entera vivía los últimos siglos de la Reconquista, y las diferencias religiosas entre musulmanes, católicos y judíos se agudizaban peligrosamente, una pequeña ciudad medieval daba ejemplo al país de la conveniencia de cultivar la armonía entre las tres culturas principales que entonces poblaban España. Por eso se ha dicho que la traducción es en muchos casos la mejor embajadora de la paz y la concordia, aunque no siempre se le dé la importancia que merece.

El bilingüismo cultivado es la clave en una carrera como la de traductor, quien se ocupa de textos escritos, o la de intérprete, quien sirve de enlace verbal entre dos personas de diferente habla. La segunda ocupación es por naturaleza mucho más dinámica que la primera, que se puede realizar a solas, con más tiempo y paciencia. Actualmente, esta profesión se practica en varias categorías: 1) la interpretación simultánea: el intérprete transmite oralmente a una lengua lo que se dice en otra; 2) la interpretación consecutiva: el intérprete es un intermediario entre dos hablantes, que le ceden la palabra por intervalos; la traducción *in situ*: el intérprete lee en voz alta un texto en otro idioma, realizando la traducción y la interpretación al mismo tiempo; 3) la interpretación sumaria: el intérprete hace un resumen de lo que una persona ha dicho, sin tener en cuenta los detalles.

En una sociedad como la norteamericana[1], las profesiones de traductor e intérprete tienen gran demanda y consideración. Los intérpretes de tribunales realizan sus tareas en los procesos judiciales para extranjeros o personas con pocos conocimientos del inglés. Estos empleados federales o estatales reciben buenos salarios por sus servicios, y están regulados por normas oficiales. Para llegar a ser intérprete de los tribunales federales han de aprobarse dos exámenes, uno escrito y otro oral.

Los traductores del país se han organizado en sociedades nacionales. La mayor organización de este tipo es la *American Translators Association* (ATA), con miles de miembros que trabajan en los lenguajes más disímiles.

[1] En los Estados Unidos, el español no es una lengua oficial. Sin embargo, es la segunda lengua que más se habla y la que más se estudia en las escuelas y en las universidades del país. La población hispana de los Estados Unidos ya se pasa de los 40 millones si incluimos los indocumentados.

Para hacerse miembro de esta asociación profesional, se debe pasar un examen escrito de cierta dificultad, en el que hay que probar que se puede hacer una buena traducción de textos escogidos. Para más información sobre la traducción o la interpretación, explore algunos de los siguientes sitios de la red:

American Translators Association
http://www.atanet.org

American Literary Translators Association
http://www.udallas.edu/research/cts/ALTA/join.htm

The National Association of Judiciary Interpreters and Translators
http://www.najit.org/index.html

California Court Interpreters Association
http://www.ccia.org

National Capital Area Chapter of the American Translators Association
http://www.ncata.org/

Institute of Translation & Interpreting (ITI)
http://www.ITI.org.uk

Fédération Internationale des Traducteurs (FIT)
http://www.fit-ift.org

ACTIVIDADES

1. **Traducción al inglés.** Imagínese que su lengua materna es el español y necesita comprobar que sabe traducir al inglés antes de ser admitido al programa de literatura inglesa. En una hoja aparte traduzca al inglés el siguiente texto. Use un buen diccionario en caso de dudas. Revise su trabajo cuando termine el borrador.

España está dividida actualmente en provincias, y estas provincias a su vez forman parte de las comunidades autónomas, las más famosas de las cuales son Andalucía, Galicia, Cataluña, el País Vasco, Aragón y las dos Castillas. Esta división política sigue en lo general una pauta histórica, lingüística y cultural. Así es que en Galicia se habla el gallego, un lenguaje muy similar al portugués; en Cataluña catalán, otro de los idiomas derivados del latín; y en el País Vasco el vascuence, un lenguaje para el cual los lingüistas no han hallado un origen histórico definido. El país es una monarquía, y el rey es el nieto de Alfonso XIII, derrocado en 1931. Los socialistas estuvieron al frente del gobierno desde 1982, pero actualmente ya no tienen el poder que tuvieron en los años ochenta.

2. **Agencia de publicidad.** Imagine que es la única persona bilingüe en la agencia de viajes donde usted trabaja. Su jefe ha escrito un anuncio para la radio y le pide que lo traduzca y adapte al español. Hágalo en una hoja aparte. Cuando lo lea en voz alta, no se puede pasar de 60 segundos. Use un buen diccionario en caso de dudas.

   One of these days you may find yourself dreaming of an exciting trip to Spain, one of the favorite and most visited tourist destinations in the world. Thousands visit Spain each year, drawn there by the richness of its history, its temperate climate, the warmth of its people, and its spectacular and varied scenery. Interested in art or architecture? While many people call Italy the largest and richest open museum in the world, did you know that Spain is second in line? Perhaps you're looking for a tranquil and relaxed get-away. The white, sun-baked villages of Andalusia offer visitors a window on a past steeped in traditions that are as much Moorish as they are European. And if you're a tourist with a taste for the contemporary, you can fast-forward into the excitement of cosmopolitan centers like Madrid and Barcelona, where the nightlife pulsates till dawn with an energy that is uniquely Spanish. As the saying goes, "Spain is different!" Come visit your travel agent at Meninas Travel Agency, located at 235 West Third Avenue, and book your trip today!

3. Relea el último párrafo del texto de la Actividad #1 en español. Luego túrnese con un(a) compañero(a) de clase para hacer una "interpretación simultánea" al inglés. Proceda de la misma manera, pero a la inversa, del inglés al español, con el texto de la Actividad #2.

4. **Programas universitarios de traducción e interpretación.** Si usted quisiera prepararse para ser intérprete o traductor, ¿dónde podría estudiar para entrar en una de estas profesiones? ¿Qué universidades o institutos en Estados Unidos ofrecen esta preparación a niveles pregraduado o graduado? Haga una investigacón por Internet y averigüe cuáles universidades estadounidenses ofrecen este tipo de estudios y en qué combinaciones de lenguas se especializan. ¿Fuera de Estados Unidos? Prepare un sumario de su investigación para poder dar un breve informe a la clase sobre cómo se puede preparar uno para una carrera en traducción o interpretación. Consejos: Busque programas en Arizona, California, Nueva York, Wahington, D.C., Florida y North Carolina. Fuera de Estados Unidos, busque en Inglaterra, España, Argentina y México, por ejemplo.

V. Unos pasos más: fuentes y recursos

A. PARA AVERIGUAR MÁS

Busque uno de los libros indicados a continuación u otro que su profesor o profesora le recomiende. Escoja un capítulo o una sección que le interese y prepare una lista de tres a cinco puntos principales basados en la lectura. Anote sus impresiones generales. Prepárese para compartir oralmente en clase.

España: bibliografía seleccionada

1. LIBROS DE REFERENCIA O CONSULTA

Cabeza Cabeza, Manuel. *Diccionario de la Guerra Civil española.* 1ra ed., 2 vol. Serie Espejo de España. Barcelona: Planeta, 1987.

Crespo Redondo, Jesús y Enríquez de Salamanca, María Fernanda, a cargo de la edición del proyecto. *Gran atlas de España.* Madrid: Aguilar, 1993.

Javierre, José María, coordinador. *Gran enciclopedia de España y América.* Madrid/Gela: Espasa-Calpe/Argantonio, 1983–1987 (10 volúmenes, con ilustraciones e índices).

2. LIBROS DE HISTORIA, LITERATURA Y SOCIEDAD

Calvo Buezas, Tomás. *¿España racista? Voces payas sobre los gitanos.* Barcelona: Anthropos, 1990.

Chandler, Richard E., and Kessel Schwartz. *A New History of Spanish Literature.* Rev. ed. Baton Rouge: Louisiana State University Press, 1991.

Folguera, Pilar, ed. *El feminismo en España: dos siglos de historia.* Madrid: Editorial P. Iglesias, 1988.

Foster, David William. *Literatura española: Una antología.* Vol. 1: *De los orígenes hasta 1700.* Tomo 2: *De los 1700 hasta la actualidad.* Hamden: Garland Publishing, 1995.

García de Cortázar, Fernando, y José Manuel González Vega. *Breve historia de España.* Madrid: Alianza Editorial, 1994.

Gibson, Ian. *The Assassination of Federico García Lorca.* London: Penguin, 1983. (Disponible en español.)

Mecholán, Henry, director del proyecto. *Los judíos de España: historia de una diáspora, 1492–1992.* Prólogo de Edgar Morin. Madrid: Editorial Trotta; Fundación de Amigos de Sefarad; Sociedad Quinto Centenario, 1993.

Ramos Gascón, Antonio, ed. *España hoy.* Madrid: Cátedra, 1991.

Rojas, Carlos. *La Guerra Civil vista por los exiliados.* 1ra edición. Serie Espejo de España; 13. Barcelona: Editorial Planeta, 1975.

Russel, P. E., ed. *Spain: A Companion to Spanish Studies.* London, 1982.

The Oxford Companion to Spanish Literature. Oxford: Clarendon Press, 1978.

Thomas, Hugh. *The Spanish Civil War.* New York: Harper & Row, 1977.

Valbuena Prat, Angel. *Historia de la literatura española.* Barcelona: G. Gile, 1968.

3. LIBROS SOBRE GITANOS Y FLAMENCO

Álvarez Caballero, Ángel. *El cante flamenco.* Madrid: Alianza Editorial, 1994.

———. *Gitanos, payos y flamencos, en los orígenes del flamenco.* Madrid: Cinterco, 1988.

Calvo, Pedro, y José Manuel Gamboa. *Historia-guía del nuevo flamenco: El duende de ahora.* Madrid: Ediciones Guía de Música, Antonio de Miguel, Editor, 1994.

Cano, Manuel. *La guitarra. Historia, estudios y aportaciones al arte flamenco.* Granada: Ediciones Anel, 1986.

Diccionario enciclopédico ilustrado del flamenco. 2 vols. Comp. José Blas Vega y Miguel Ríos Ruíz. Madrid: Cinterce, 1988.

Gordon, Diane. "The New Flamenco." *Guitar Player.* September 1992, 87–94.

Herrero, Germán. *De Jerez a Nueva Orleans: Análisis comparativo del flamenco y del jazz.* Granada: Editorial Don Quixote, 1991.

Llorens, María J. *Diccionario gitano: sus costumbres.* Madrid: Mateos, 1991.

Mitchell, Timothy. *Flamenco Deep Song.* New Haven: Yale Univ. Press, 1994.

Schreiner, Claus, ed. *Flamenco: Gypsy Dance and Music from Andalusia.* Traducido del alemán por Mollie Comeford Peters. Portland: Amadeus Press, 1985.

Thiel-Cramér, Bárbara. *Flamenco: The Art of Flamenco, Its History and Development Until Our Days.* Translated by Sheila Smith. First published in Swedish, 1990. Also published in German and in Spanish, 1991 (Spanish, ISBN 91–9712–594–6). Lindigo, 1991.

4. LIBRO SOBRE FIESTAS TRADICIONALES DE ESPAÑA

Garcia Rodero. *Festivals & Rituals of Spain.* Texto por J.M. Caballero Boland. New York: Harry N. Abrams, Inc., Publishers, 1992. En español el libro se llama: *España: Fiestas y ritos.* Barcelona: Lunwerg, 1992.

B. PARA DISFRUTAR Y APRENDER

Con uno, dos o más compañeros(as) de clase, escojan y vean una de las películas españolas recomendadas de la lista a continuación. Consulten las indicaciones dadas en el capítulo cuatro para escribir individualmente una breve reseña de un mínimo de dos páginas y un máximo de tres. Entreguen el trabajo a máquina. Consulten con su profesor(a) acerca de la posibilidad de dar un informe oral a la clase. Si su biblioteca no tiene la que quisieran ver, muchas se pueden conseguir de otras formas. Consulten los recursos dados en los apéndices del libro.

Películas en video o DVD de largometraje

Alas de mariposa (1991)
La ardilla roja (1992)
La Belle Epoque (1993)
Boom Boom (1989)
La caza (1975)
La colmena (1982)
Cría cuervos (1977)
El espíritu de la colmena (1973)
La fabulosa historia de Diego Marín (1997)
La línea del cielo (1984)
Los lunes al sol (2000)
Mamá cumple cien años (1979)
El mar y el tiempo (1989)
La mitad del cielo (1986)

El nido (1987)
La niña de tus ojos (1998)
Los olvidados (1950)
Pascual Duarte (1975)
Los peores años de nuestras vidas (1993)
La Plaza del Diamante (1982)
Los santos inocentes (1984)
Secretos del corazón (1997)
El sur (1983)
Tesis (1995)
El tiempo de los gitanos (1989)
Todos los hombres sois iguales (1993)
Tristana (1970)
Vacas (1992)
El verdugo (1963)
Viridiana (1961)

VIDEOS SELECCIONADOS: PEDRO ALMODÓVAR

Átame. España, 1990, 103 min.
Carne trémula. España/Francia, 1998, 101 min.
Entre tinieblas. España, 1984, 116 min.
La flor de mi secreto. España, 1996, 101 min.
Kika. España, 1994, 104 min.
La ley del deseo. España, 1987, 105 min.
Matador. España, 1986, 115 min.
Mujeres al borde de un ataque de nervios. España, 1988, 98 min.
¿Qué he hecho yo para merecer esto? España, 1985, 100 min.
Tacones lejanos. España, 1990, 115 min.
Todo sobre mi madre. España, 1999, 90 min.
Hable con ella. España, 2002, 112 min.
Pedro Almodóvar. Documental en español sobre el director; 60 min. Distribuido por *Films for the Humanities.*

VIDEOS SELECCIONADOS: CARLOS SAURA

El amor brujo. España, 1986, 100 min. Inspirada en la obra de Manuel de Falla. Con Antonio Gades, Cristina Hoyos y Laura del Sol. En español con títulos en inglés.
Bodas de sangre. España, 1981, 71 min. Versión flamenca basada en la obra de Federico García Lorca. Con Antonio Gades. Español con títulos en inglés.
Carmen. España, 1984, 99 min. Antonio Gades y Cristina Hoyos son los principales bailarines en esta versión flamenca de la opera de Bizet. Español.
Flamenco. España, 1994, Juan Lebrón Producciones; 100 min.: col. disponible por medio del Instituto Cervantes de Chicago o Nueva York.
Sevillanas. España, 1992, Juan Lebrón Producciones; 52 min.: col. disponible por medio del Instituto Cervantes de Chicago o Nueva York.
Los zancos. España, 1984, 95 min. Sobre un triángulo amoroso. Buenas interpretaciones de Laura del Sol y Francisco Rabal.
Carlos Saura. Documental en español sobre el director; 60 min:, distribuido por *Films for the Humanities.*

VIDEOS SELECCIONADOS: LITERATURA Y CULTURA ESPAÑOLA

Don Quixote. Video basado en la obra de Miguel de Cervantes. Duración: 5 horas y 10 minutos, producida por la RTVE; en español con títulos en inglés. Distribuida por *Films for the Humanities.* 1995.

Don Juan Tenorio. En español, 2 horas, 17 minutos. Obra maestra muy popular, basada en *El burlador de Sevilla* de Tirso de Molina. *Films for the Humanities.* 1988.

El burlador de Sevilla. Producción de la obra de teatro de Tirso de Molina. En español, 2 horas. Distribuida por *Films for the Humanities.*

Fuenteovejuna. Buena producción de la RTVE, basada en la famosísima obra de Lope de Vega. En español, 60 min., distribuida por *Films for the Humanities.*

La Celestina. Una excelente producción de una de las obras más importantes de la literatura española. Producida por RTVE, 60 minutos. Distribuida por *Films for the Humanities.*

La vida es sueño. Julio Núñez interpreta el papel de Segismundo. Buenos actores. 74 min., blanco y negro, en español. *Films for the Humanities.* 1968.

La casa de Bernarda Alba. Este video presenta la obra teatral de Federico García Lorca. 90 min., 1982. Distribuido por *Insight Media,* NYC, 1-800 2339910 ó 212-721-6316.

Spain: The Moorish Influence. (Versiones en inglés y en español). Filme muy recomendado sobre la España morisca, su arquitectura, arte, historia y cultura. 28 min., 1990. Distribuida por *Insight Media,* NYC, 1-800 2339910 ó 212-721-6316.

DOCUMENTALES SELECCIONADOS: FEDERICO GARCÍA LORCA

El balcón abierto. Película sobre la vida y la obra de Federico García Lorca. En español, 90 min.; *Films for the Humanities.* 1984.

García Lorca: *A Murder in Granada/Asesinato en Granada.* Documental en español, con narración en inglés, sobre la vida y la obra de Federico García Lorca. Muestra al poeta en los únicos momentos de filme existentes en que aparece. 55 min.

Recursos de la red (WWW)

Si desea explorar la red, vaya a http://www.wiley.com/college/roca, donde encontrará una lista de sitios relacionados con el tema de este capítulo. Abajo puede empezar a explorar los siguientes sitios.

Todo sobre España
http://www.red2000.com/spain/1index.html

Museos—Ministerio de Educación, Cultura y Deporte
http://www.cultura.mecd.es/museos/intro.htm

Paradores
http://www.parador.es/castellano/index.jsp

El Instituto Cervantes
http://www.cervantes.es/portada_b_dest2.jsp

Federico García Lorca—Museo-Casa Natal
http://www.museogarcialorca.org

Real Academia Española
http://www.ral.es

Revista de Estudios Literarios—*Espéculo*
http://www.vcm.es/info/especulo

Capítulo Seis

Los derechos humanos

"El fortalecimiento de la democracia, el diálogo político, la estabilidad económica, el progreso hacia la justicia social, el grado de coincidencia en nuestras políticas de apertura comercial y la voluntad de impulsar un proceso de integración hemisférica permanente, han hecho que nuestras relaciones alcancen mayor madurez. Redoblaremos nuestros esfuerzos para continuar las reformas destinadas a mejorar las condiciones de vida de los pueblos de las Américas y lograr una comunidad solidaria".

—Declaración de Santiago, Segunda Cumbre de las Américas, 1998

Ciudadanos que protestan la situación de los prisioneros políticos en Chile. ¿Dónde están los presos? ¿Quién respeta los derechos humanos?

PARA ENTRAR EN ONDA

Para ver cuánto sabe del tema del capítulo, responda a este cuestionario lo mejor que pueda. Escoja la respuesta más apropiada. Luego compruebe sus conocimientos, consultando la lista de respuestas que aparecen invertidas al pie de este ejercicio.

1. La Declaración Universal de los Derechos Humanos fue adoptada por la Organización de las Naciones Unidas
- **a.** en el siglo XVI.
- **b.** el 4 de julio de 1776.
- **c.** el 10 de diciembre de 1948.
- **d.** el 2 de mayo de 1998.

2. Los principios que establece esa declaración han sido
- **a.** aplicados constantemente por todos los miembros de la organización.
- **b.** ignorados por muchas dictaduras latinoamericanas.
- **c.** observados fielmente por todos los países del mundo.
- **d.** tenidos en cuenta por muchas de las dictaduras latinoamericanas.

3. Los derechos humanos son
- **a.** derechos básicos de los que deben gozar todos los seres humanos.
- **b.** leyes que deben imponerse en algunos países, pero no en todos.
- **c.** antiguas leyes que se imponían en el pasado en algunos países.
- **d.** derechos a los que no todos podemos aspirar.

4. ¿Cuál de estos casos puede considerarse un abuso de los derechos humanos?
- **a.** una violación de las leyes del tráfico
- **b.** la detención de un sospechoso por la policía
- **c.** el arresto de un individuo que ha cometido un delito
- **d.** la detención de un individuo sin causa justificada

5. Las Madres de la Plaza de Mayo son un grupo de mujeres que buscan información sobre el último destino de sus hijos desaparecidos durante la dictadura militar en
- **a.** El Salvador.
- **b.** Argentina.
- **c.** España.
- **d.** Chile.

6. En América Latina los gobiernos militares de las décadas de los años setenta y ochenta
- **a.** observaron fielmente el cumplimiento de los derechos humanos.
- **b.** arrestaron y torturaron arbitrariamente a los ciudadanos.
- **c.** tuvieron en cuenta las ideas políticas de la oposición.
- **d.** detuvieron a todo el que no observara los derechos humanos.

7. En América Latina se da el nombre de desaparecidos a las personas
- **a.** detenidas sin causa justificada cuyo paradero se desconoce.
- **b.** arrestadas y luego puestas en libertad.
- **c.** que no pueden salir del país por tiempo indeterminado.
- **d.** detenidas y sometidas a juicio por causa justificada.

8. Rigoberta Menchú es una indígena guatemalteca que
   - **a.** llegó a ser presidenta de su país.
   - **b.** nunca aprendió a hablar español.
   - **c.** obtuvo el Premio Nobel de la Paz en 1992.
   - **d.** combatió contra los españoles en las guerras de independencia.

Respuestas: 1c, 2b, 3a, 4d, 5b, 6b, 7a, 8c

I. Conversación y cultura

VIOLACIONES DE LOS DERECHOS HUMANOS EN LATINOAMÉRICA: VIOLENCIA E INJUSTICA

La tragedia causada por abusos de los derechos humanos es una de las más dolorosas y vergonzosas de Latinoamérica. Durante las décadas de los setenta y ochenta sobre todo, la época de las "guerras sucias" en Latinoamérica, los gobiernos militares abusaron en forma brutal de miles de sus ciudadanos. Algunos de estos abusos y arrestos arbitrarios, destierros o exilios forzados, saqueos, secuestros, torturas y ejecuciones por parte de los llamados "escuadrones de la muerte" o por otras fuerzas clandestinas, fueron cometidos secretamente, otros de forma abierta.

Uno de los métodos más infames que ha sido empleado en países como Chile, Argentina, Uruguay, Brasil, Guatemala, El Salvador, México y Honduras, es el de hacer "desaparecer" a personas que se consideran una amenaza al

Una protesta en Ciudad de Guatemala, Guatemala

estado. La conocida escritora mexicana, Elena Poniatowska, en un ensayo sobre el caso de los desaparecidos en América Latina, describió la situación así: "Opositores reales o sospechosos, eso no importa. Lo importante es prevenir. Cualquier inconforme es un enemigo, su familia también y un día sin más, de pronto, deja de estar entre nosotros".[1]

Los escuadrones de la muerte sacaban a ciudadanos —estudiantes universitarios, activistas políticos o religiosos, jóvenes, gente pobre, profesionales, escritores, maestros— de sus casas, sin orden de arresto legal, y los transportaban a lugares secretos que servían de cárceles y lugares de tortura. Nunca se los sometía a juicio.

Las familias de los "desaparecidos" no tenían ni tienen forma de saber sobre sus seres queridos: padres, madres, hermanos, hijos, compañeros de trabajo o de escuela *se esfumaban del mapa*, como si nunca hubieran existido. Se da el caso de hijos de desaparecidos que fueron regalados a las familias de los torturadores. Los secuestradores no les comunicaban a las familias si tenían o no a sus seres queridos, si estaban vivos o muertos, y mucho menos dónde estaban o cuál era su estado de salud. Como ha señalado Poniatowska: "Hasta los nazis comunicaron la lista de los que habían exterminado en sus campos de concentración".[2] Hoy día todavía no se sabe lo que ha pasado con la mayoría de las víctimas.

Muchas de estas personas, después de haber sido maltratadas y torturadas durante mucho tiempo, acabaron siendo asesinadas. En Argentina, por ejemplo, entre 1976 y 1983, un período de fuerte represión ilegal de elementos "subversivos", se calcula, según diversas fuentes, que entre diez mil y treinta mil personas desaparecieron. Se sabe ahora, por medio de testimonios y confesiones, que miles de prisioneros fueron tirados con vida desde aviones al océano Atlántico o a aguas del Río de la Plata en "vuelos de la muerte", o sepultados en fosas comunes secretas o dejados heridos o muertos en la calle. En algunos raros casos, algunos de los "desaparecidos" sobrevivían sus experiencias y las torturas y eran luego puestos en libertad, para ser posteriormente expulsados del país. Ése fue el caso de la argentina Alicia Partnoy, que se trasladó a los Estados Unidos, donde recuenta al mundo sus experiencias en su obra, *La escuelita*, traducida y publicada en inglés con el título *The Little School.*

En Chile, Salvador Allende, presidente de la nación, murió durante un golpe de estado en 1973; inmediatamente después del golpe comenzaron las graves violaciones de los derechos humanos bajo la dictadura de Augusto Pinochet: intimidaciones, detenciones ilegales, matanzas indiscriminadas durante protestas públicas, tortura, asesinatos y desapariciones. En 1986, entre el 28 de abril al 20 de mayo, por ejemplo, alrededor de quince mil chilenos de los barrios pobres de los alrededores de Santiago, llamados *poblaciones*, fueron detenidos y llevados por militares y policías, como si fueran ganado vacuno,

---

[1]Poniatowska, Elena. "Los desaparecidos". *Fuerte es el silencio.* México, D.F.: Ediciones Era, S.A., 1987, p. 138. ISBN 968-411-054-5.

[2]Ibid, pp. 138–139.

55 a estadios deportivos y a otros sitios para ser interrogados sobre los "terroristas"; sus hogares mientras tanto eran saqueados por los militares.[3] Otro método usado en Latinoamérica para reprimir la oposición política ha sido el asesinar a la gente en lugares públicos. Durante manifestaciones estudiantiles u obreras en Chile, por ejemplo, policías o militares tiroteaban a las multitudes, matando indiscriminadamente.

60 En El Salvador, la guerra civil de doce años, que tuvo como consecuencia la violación sistemática y generalizada de los derechos humanos, dejó setenta y cinco mil muertos, un millón de exiliados y cientos de miles de personas desplazadas de sus hogares.

En la Cuba de hoy también se han violado los derechos humanos de los 65 ciudadanos. Allí existe un ambiente general de represión que el gobierno alimenta a través de organismos "populares" y los Comités de Defensa de la Revolución que sirven para vigilar y delatar a las personas de la vecindad consideradas sospechosas o contrarias a la revolución. Por años el gobierno ha encarcelado sistemáticamente a los opositores, y se siguen registrando 70 numerosos casos de tortura mental y física, documentados por *Amnesty International*.

En otras partes en Latinoamérica ha habido ejecuciones masivas, que los militares exigían fueran públicas para que les sirviera de "lección" al pueblo. La guatemalteca Rigoberta Menchú, ganadora del Premio Nobel de la Paz 75 (1992), describe en su autobiografía una de estas masacres, donde militares guatemaltecos mataron a su hermanito de dieciséis años. Guatemala ha sufrido

El primero de mayo. Los policías chilenos se llevan a un hombre.

---

[3]Amnesty International. *Chile Briefing.* Amnesty International Publications: London, United Kingdom, 1986, p. 5. ISBN 0-939994-22-4.

horribles conflictos civiles en las últimas décadas, y estas luchas internas también han sido acompañadas por brutalidades contra las personas y sus derechos, con cien mil muertos y más de cuarenta mil desaparecidos. Aunque haya mejorado la situación política, desafortunadamente todavía hay allí violaciones e incertidumbre. Las estadísticas sobre las violaciones de los derechos humanos en Guatemala han sido de las más crudas de toda Hispanoamérica.

Para los familiares y amistades de las víctimas torturadas, desaparecidas, asesinadas o violadas sexualmente, resulta difícil perdonar, e imposible olvidar, aunque se declaren oficialmente amnistías generales para los militares culpables.

Con el proceso de democratización en Latinoamérica, los abusos contra los derechos humanos han disminuido, pero no se han extinguido por completo.

Un gran reto para muchas de las nuevas democracias en Latinoamérica consiste en esclarecer e investigar las violaciones de los derechos humanos, y al mismo tiempo poder dejar atrás un pasado brutal para concentrarse en mejorar el presente. Sobre todo será necesario mejorar la situación económica en general y aliviar el sufrimiento de los pobres (falta de alimentos necesarios, carencia de agua potable, insuficiencia de luz y energía y falta de educación). Se debe además resolver el gran problema del desamparo de tantos niños huérfanos, y fomentar y mantener el respeto a los derechos humanos.

MESA REDONDA

En grupos pequeños contesten las preguntas y comenten los temas siguientes.

1. ¿Qué quiere decir Poniatowska cuando declara que para los militares "lo importante es prevenir"?
2. ¿Por qué resulta irónica en el contexto anterior la idea de que los nazis hacían públicas las listas de los que asesinaban en los campos de concentración?
3. ¿Cómo ve usted la amnistía concedida a los militares después de todas las atrocidades cometidas? ¿Cree que se justifica para obtener la concordia nacional? ¿Se debe perdonar a los militares que hayan violado derechos humanos?
4. En Estados Unidos existe violencia racial, étnica y criminal. ¿Cómo compararía usted este tipo de violencia con la que se ha dado en Hispanoamérica? ¿Cómo se diferencian?
5. ¿Qué conoce usted sobre la intervención de la C.I.A. (*Central Intelligence Agency*) en la violencia y el abuso políticos en América Latina?
6. ¿Qué sabe sobre los abusos de los derechos humanos en otras partes del mundo? Por ejemplo, ¿en países como Iraq, China, Argelia, Liberia, Ruanda? ¿Sobre la situación que existía anteriormente en África del Sur?

II. Lectura

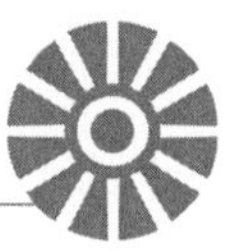

Poesía

Ariel Dorfman, nacido en Buenos Aires en 1942, pero de ciudadanía chilena, es poeta, dramaturgo, novelista, cuentista, autor de numerosos artículos periodísticos y destacado investigador de sociología. Su libro, *Para leer al Pato Donald*, escrito en colaboración, es ya un clásico sobre la influencia del dibujo animado estadounidense en Hispanoamérica. De su obra teatral, *La muerte y la doncella* —que trata de una mujer que cree reconocer al hombre que la había torturado— se hizo recientemente una versión cinematográfica, *Death and the Maiden*, dirigida por el famoso director Roman Polanski, con la actuación de Sigourney Weaver y Ben Kingsley. Dorfman vive desde hace algunos años en los Estados Unidos, donde enseña literatura y sigue escribiendo. Otras obras suyas son: *Moros en la costa* (1973), *Viudas* (1982), *La última canción de Manuel Sendero* (1982), *Máscaras* (1988), *Konfidenz* (1994) y *Heading South, Looking North: A Bilingual Journey* (1998).

El profesor Ariel Dorfman, conocido dramaturgo, poeta y ensayista

ANTES DE LEER

En grupos de tres o cuatro estudiantes comenten lo siguiente. Compartan después sus observaciones con el resto de la clase.

1. ¿Ha participado alguna vez en una manifestación o protesta política o de otro tipo? ¿Qué lo(la) llevó a participar? ¿Cómo fue su experiencia? ¿En qué tipo de protesta estaría dispuesto(a) a participar?

2. ¿De qué otra forma ha participado en la política? ¿En debates formales o informales? ¿En programas de radio o televisión? ¿Como voluntario(a) en campañas políticas de su comunidad o universidad? Si no ha participado, ¿por qué no le interesa o motiva este tipo de actividad?
3. ¿Qué haría si estuviera separado(a) de su familia y sus seres queridos y no pudiera comunicarse con ellos?
4. En su opinión, ¿existen situaciones en las que se justifica el uso de la tortura? ¿Cuáles?
5. ¿En qué se diferencia la prisión por motivos políticos de aquella que se impone por crimen o robo?

Un joven chileno protesta por la "desaparición" de su hermano en 1984.

ESPERANZA

para Edgardo Enríquez, padre
para Edgardo Enríquez, hijo

Mi hijo se encuentra
desaparecido
desde el 8 de mayo
del año pasado.
5 Lo vinieron a buscar,
sólo por unas horas,
dijeron,
sólo para algunas preguntas
de rutina.

10 Desde que el auto partió
ese auto sin patente
no hemos podido
saber
nada más
15 acerca de él.

Ahora cambiaron las cosas.
Hemos sabido por un joven compañero
al que acaban de soltar,
que cinco meses más tarde
20 lo estaban torturando
en Villa Grimaldi,
que a fines de septiembre
lo seguían interrogando
en la casa colorada
25 que fue de los Grimaldi.

Dicen que lo reconocieron
por la voz, por los gritos,
dicen.

Quiero que me respondan con franqueza
30 Qué época es ésta,
en qué siglo habitamos,
cuál es el nombre
de este país?
Cómo puede ser,
35 eso les pregunto,
que la alegría de un
padre,
que la felicidad de una
madre,
40 consista en saber
que a su hijo
lo están
que lo están torturando?
Y presumir por lo tanto
45 que se encontraba vivo
cinco meses después,
que nuestra máxima
esperanza
sea averiguar
50 el año entrante
que ocho meses más tarde
seguían con las torturas

y puede, podría, pudiera,
que esté todavía vivo?

°choclo: mazorca de maíz no madura aún

PASTEL DE CHOCLO°

La vieja no tenía nada que ver
con todo esto.

Se la llevaron
porque era nuestra madre.
no sabía lo que se dice
5 nada
pero nada de nada.

Te la imaginas?
Más que el dolor,
te imaginas la sorpresa!
10 Ella no podía sospechar
que gente
como ésa
existiera
en este mundo.

15 Ya van dos años y medio
y todavía no aparece.
Entraron a la cocina
y quedó hirviendo la tetera.
Cuando papá llegó a casa
20 encontró la tetera
seca
y todavía hirviendo.
El delantal no estaba.

Te imaginas cómo los habrá
25 mirado
durante dos años y medio,
cómo los estará,
te imaginas después la venda
durante dos años y medio
30 descendiendo
sobre los ojos
y esos mismos hombres
que no deberían existir
y que otra vez
35 se acercan?

Era mi mamá
Ojalá que no aparezca.

DOS MÁS DOS

Todos sabemos cuántos pasos hay,
compañero, de la celda
hasta la sala aquella.
Si son veinte,
5 ya no te llevan al baño.
Si son cuarenta y cinco,
ya no pueden llevarte
a ejercicios.

Si pasaste los ochenta,
10 y empiezas a subir
a tropezones y ciego
una escalera
ay si pasaste los ochenta
no hay otro lugar
15 donde te pueden llevar,
no hay otro lugar,
no hay otro lugar,
ya no hay otro lugar.

El Grito de Rebelde,
Rupert García, 1975

PARA COMENTAR

Trabajando en parejas contesten las siguientes preguntas sobre las poesías de Dorfman. Justifiquen su opinión cuando sea necesario. Luego pueden comparar sus respuestas con las de otros compañeros.

1. ¿Quién es el narrador del poema *Esperanza*?
2. En ese poema, ¿está seguro el narrador lírico de que su hijo está vivo? Explique.
3. Cuente las veces que se menciona el tiempo en el poema. ¿Qué finalidad tienen esa menciones?

4. Explique cómo pueden alegrarse los padres de que estén torturando a su hijo.
5. ¿A qué se refiere el título del poema *Pastel de choclo*? ¿Por qué dice el narrador en el último verso: "Ojalá que no aparezca"?
6. ¿Por qué tienen que contar los pasos los prisioneros en *Dos más dos*?
7. ¿Qué efecto emocional tiene el uso de la repetición al final de ese poema?

Poesía

Ángel Cuadra Landrove nació en La Habana, Cuba. Estudió derecho y arte dramático. Opositor del régimen dictatorial de Fulgencio Batista, fue condenado en 1967 a quince años de prisión por actividades en contra del

El sollozo, *1939, David Alfaro Siquieros. (Enamel on composition board, 48 1/2" × 32 43/4". The Museum of Modern Art, NY. Given anonymously. Photograph © 1998 The Museum of Modern Art, NY Resource).*

gobierno totalitario de Fidel Castro. Emigró a los Estados Unidos en 1985; vive y trabaja en Miami, donde ha enseña español en el Departamento de Lenguas Modernas de *Florida International University.* Contribuye con artículos periodísticos de interés humano para el *El Diario Las Américas*, y por supuesto, sigue escribiendo.

Su poesía, lírica y testimonial al mismo tiempo, ha sido conocida desde sus años de confinamiento, habiendo ganado varios prestigiosos premios internacionales de poesía. Los siguientes poemas son, respectivamente, tomados de: *Esa tristeza que nos inunda* (1985) y *La voz inevitable* (1994).

ESA TRISTEZA QUE NOS INUNDA

Esa tristeza que nos inunda de súbito
como un asalto gris que no sabemos dónde empieza.
Esa sinrazón de la amargura
en medio de la misma serenidad,
5 como una mancha oscura que crece
desde el vientre de la estrella.
No ha habido causa para suprimir la sonrisa;
no hubo antes trastornos en las coordenadas del equilibrio.
Pero allí nos hallamos de pronto
10 como destinatarios inocentes del mal,
acechado por las desordenadas grietas del sismo.
Se estrecha la angustia al final del pasillo.

CANCIÓN DEL PRESIDIO POLÍTICO

Qué remoto en la noche el paso de la vida:
sus arterias azules allá lejos.
Algo se va muriendo gota a gota
sobre el limo del tiempo.
5 Así, callados, como el tibio estanque de cera,
vamos edificando la gloria hueso a hueso.
(Afuera el pueblo suda sus dolores;
sobre asfaltos de roña va un hombre sonriendo).

El aire es sucio, aquí vomita el odio
10 su fetidez y su color de infierno.
(En otras tierras cruza un hombre amargo,
dobla la frente y domestica el pecho).

Pero aquí, llaga a llaga, aquí en triunfante muerte
mordidos por verdugos y por hierros;
15 aquí, por el que araña la mueca del asfalto
y el que arruga distancias sin sabernos,
aquí estamos labrando a roca y a sangre
la dignidad unánime del pueblo.

PARA COMENTAR

Trabajando en parejas contesten las siguientes preguntas sobre las poesías de Ángel Cuadra. Justifiquen su opinión cuando sea necesario. Luego pueden comparar sus respuestas con las de otros compañeros.

1. ¿Por qué el poeta distingue con tanta insistencia entre el "aquí" y el "afuera" en *Canción del presidio político*?
2. ¿Qué quiere decir en ese poema el verso "vamos edificando la gloria hueso a hueso"?
3. En el segundo poema el poeta usa las formas verbales "vamos" y "estamos"; ¿qué significa entonces el último verso, "la dignidad unánime del pueblo"?
4. ¿Qué impresión le dejan las poesías de Ángel Cuadra? ¿Cómo se comparan con las de Ariel Dorfman?

PARA ESCRIBIR

Lea los siguientes temas. Luego escoja el que le interese más para escribir sobre el mismo. Comparta su trabajo con otro(a) compañero(a) e intercambien comentarios sobre lo que han escrito.

1. En un párrafo breve, y refiriéndose a los textos de las poesías, compare la actitud de los padres en *Esperanza* con la de los hijos en *Pastel de choclo.*
2. Si usted o su familia abandonaron de urgencia su país de origen por razones políticas o sociales, ¿qué recuerda o sabe de esa experiencia? Escriba un párrafo con alguna anécdota o recuerdo al respecto.
3. Haga una comparación entre el tono de *Canción del presidio político* y el de *Dos más dos.* Aunque ambos poemas tratan del mismo lugar, hay diferencias entre ellos. ¿Por qué?

La escritora argentina, Luisa Valenzuela

Cuento

Luisa Valenzuela nació en Buenos Aires, Argentina, en 1938. Desde jovencita, trabajó como periodista en *Quince abriles,* una revista para adolescentes, y luego en el periódico *La Nación.* Vino a los Estados Unidos por primera vez en 1969 con una beca *Fulbright,* para participar en un taller para escritores, organizado por la Universidad de Iowa. Volvió nuevamente a los Estados Unidos en 1979. Vivió muchos años en Nueva York, luego de los cuales regresó a su patria, Argentina. Ha dado clases de composición literaria en varias universidades norteamericanas. Julio Cortázar y Carlos Fuentes, famosos escritores hispanoamericanos, han elogiado su obra, y varias revistas norteamericanas académicas le han dedicado números monográficos. Entre sus muchos libros, se pueden citar *Los heréticos* (1967), *Libro que no muerde* (1980), *Cambio de armas* (1982) y *Crimen del otro* (1989).

ANTES DE LEER

En grupos de tres o cuatro estudiantes comenten lo siguiente. Compartan después sus observaciones con el resto de la clase.

1. Si usted se quedara desamparado(a) y sin dinero por razones ajenas a su voluntad, ¿qué haría para conseguir comida, ropa y otras necesidades? ¿No repararía en hacer algo que le pareciera inmoral? Especifique.
2. ¿Es importante para usted lo que pasa con el cuerpo después de la muerte? ¿Por qué? ¿Donaría sus órganos, por ejemplo? ¿Cómo piensa que reaccionaria su familia?

LOS MEJOR CALZADOS

Invasión de mendigos pero queda un consuelo: a ninguno le faltan zapatos, zapatos sobran. Eso sí, en ciertas oportunidades hay que quitárselo a alguna pierna descuartizada° que se encuentra entre los matorrales y sólo sirve para calzar a un rengo°. Pero esto no ocurre a menudo, en general se encuentra el cadáver completito con los dos zapatos intactos. En cambio las ropas sí están inutilizadas. Suelen presentar orificios de bala y manchas de sangre, o han sido desgarradas a latigazos, o la picana° eléctrica les ha dejado unas quemaduras muy feas y difíciles de ocultar. Por eso no contamos con la ropa, pero los zapatos vienen chiche°. Y en general se trata de buenos zapatos que han sufrido poco uso porque a sus propietarios no se les deja llegar demasiado lejos en la vida. Apenas asoman la cabeza, apenas piensan (y el pensar no deteriora los zapatos) ya está todo cantado y les basta con dar unos pocos pasos para que ellos les tronchen° la carrera.

Es decir que zapatos encontramos, y como no siempre son del número que se necesita, hemos instalado en un baldío° del Bajo un puestito de canje°. Cobramos muy contados pesos por el servicio: a un mendigo no se le puede pedir mucho pero sí que contribuya a pagar la yerba mate° y algún bizcochito de grasa. Sólo ganamos dinero de verdad cuando por fin se logra alguna venta. A veces los familiares de los muertos, enterados vaya uno a saber cómo de nuestra existencia, se llegan hasta nosotros para rogarnos que les vendamos los zapatos del finado° si es que los tenemos. Los zapatos son lo único que pueden enterrar, los pobres, porque claro, jamás les permitirán llevarse el cuerpo.

Es realmente lamentable que un buen par de zapatos salga de circulación, pero de algo tenemos que vivir también nosotros y además no podemos negarnos a una obra de bien. El nuestro es un verdadero apostolado° y así lo entiende la policía que nunca nos molesta mientras merodeamos° por baldíos, zanjones°, descampados, bosquecitos y demás rincones donde se puede ocultar algún cadáver. Bien sabe la policía que es gracias a nosotros que esta ciudad puede jactarse° de ser la de los mendigos mejor calzados del mundo.

°descuartizada: hecha pedazos
°rengo: cojo
°picana: vara puntiaguda
°chiche: perfecto
°tronchar: cortar, impedir
°baldío: terreno sin cultivos
°canje: cambio
°yerba mate: hierba que se usa como el té; el mate es el utensilio para preparar la infusión
°finado: muerto
°apostolado: enseñanza, propagación de una idea
°merodear: andar sin rumbo
°zanjón: zanja grande y profunda
°jactarse: alabarse, vanagloriarse

Las madres de la Plaza de Mayo. Las madres, las abuelas y otros familiares y amistades de las personas desaparecidas, se reúnen contínuamente en Buenos Aires para exigir justicia e información sobre el paradero de sus seres queridos.

PARA COMENTAR

Trabajando en parejas contesten las siguientes preguntas sobre ***Los mejores calzados.*** *Justifiquen su opinión cuando sea necesario. Luego pueden comparar sus respuestas con las de otros compañeros.*

1. ¿Cuál es el tono del cuento y qué logra la autora con el estilo que usa?
2. ¿Por qué los mendigos no pueden utilizar las ropas de los cadáveres?
3. La autora dice: "Apenas asoman la cabeza, apenas piensan (y el pensar no deteriora los zapatos) ya está todo cantado y les basta con dar unos pocos pasos para que ellos les tronchen la carrera". ¿Quiénes son "ellos" en este pasaje? ¿A qué se refiere al decir "ya está todo cantado"?
4. Según el narrador, ¿cuál es el consuelo de los mendigos?
5. ¿Por qué no permiten los policías que los familiares se lleven los cuerpos de sus seres queridos?
6. ¿Cuál es la ironía de la última oración del cuento?

PARA ESCRIBIR

Hay ironía en la intención de un autor o autora cuando utiliza un tono risueño e incluso cómico para tratar algo muy serio. El uso de la ironía es un arma eficaz para convencer al lector del punto de vista del autor.

Uno de los ejemplos más famosos del uso de la ironía en la literatura inglesa es *A Modest Proposal* de Jonathan Swift, donde el autor propone que la gente se coma a los niñitos irlandeses para aliviar así el problema del hambre en Irlanda, y ofrece recetas para cocinarlos.

Escriba una breve composición de entre 75 y 100 palabras en la que explique cómo Valenzuela utiliza la ironía en el cuento **Los mejores calzados** *y cuál, en su opinión, es su intención o verdadero objetivo. Dé ejemplos específicos, acordándose de usar comillas al citar el texto.*

Hernando Téllez (1908–1966), nativo de Bogotá, Colombia, ejerció el periodismo en importantes diarios de su país. Sirvió como cónsul colombiano en Marsella, Francia, y fue senador de la república. Se distinguió primeramente a nivel nacional como ensayista, pero su fama continental se debe más bien a sus cuentos, y sobre todo al que se reproduce a continuación, *Espuma y nada más*, ampliamente antologizado desde su aparición. El relato fue impreso en la colección *Cenizas para el viento y otras historias*, publicada en 1950.

ANTES DE LEER

En grupos de tres o cuatro estudiantes comenten lo siguiente. Compartan después sus observaciones con el resto de la clase.

1. ¿Con qué frecuencia va usted a la peluquería? ¿A qué peluquería o salón de belleza va? ¿Cómo es? ¿Elegante? ¿Modesto(a)?
2. ¿Tiene un(a) peluquero(a) favorito(a)? ¿Cómo es? ¿Puede describirlo(la)?
3. ¿Cómo pasa usted el tiempo mientras espera turno o mientras el(la) peluquero(a) hace su trabajo?
4. ¿Ha experimentado alguna vez un dilema serio, al haber tenido que decidir entre dos posibilidades de igual peso, las dos indeseables? ¿Cuáles eran esas posibilidades? ¿Cómo pudo resolver el dilema?
5. Según su opinión, ¿cuál es la diferencia entre ser cobarde y ser prudente? ¿Existen situaciones donde la cobardía se convierte en prudencia, o viceversa? ¿Cuáles?

ESPUMA Y NADA MÁS

No saludó al entrar. Yo estaba repasando sobre una badana° la mejor de mis navajas. Y cuando lo reconocí me puse a temblar. Pero él no se dio cuenta. Para disimular continué repasando la hoja. La probé luego sobre la yema del dedo gordo y volví a mirarla contra la luz. En ese instante se quitaba el cinturón ribeteado° de balas de donde pendía la funda de la pistola. Lo colgó de uno de los clavos del ropero y encima colocó el kepis°. Volvió completamente el cuerpo para hablarme y, deshaciendo el nudo de la corbata, me dijo: "Hace un calor de todos los demonios. Aféiteme". Y se sentó en la silla. Le calculé cuatro días de barba. Los cuatro días de la última excursión en busca de los nuestros. El rostro aparecía quemado, curtido por el sol. Me puse a preparar minuciosamente el jabón. Corté unas rebanadas de la pasta, dejándolas caer en el recipiente, mezclé un poco de agua tibia y con la brocha empecé a revolver. Pronto subió la espuma. "Los

°*badana: piel curtida de carnero u oveja, usada para afilar*

°*ribeteado: adornado*

°*kepis: gorro militar*

muchachos de la tropa deben tener tanta barba como yo". Seguí batiendo
15 la espuma. "Pero nos fue bien, ¿sabe? Pescamos a los principales. Unos vienen muertos y otros todavía viven. Pero pronto todos estarán muertos". "¿Cuántos cogieron?" pregunté. "Catorce. Tuvimos que internarnos bastante para dar con ellos. Pero ya la están pagando. Y no se salvará ni uno, ni uno". Se echó para atrás en la silla al verme con la brocha en la
20 mano, rebosante de espuma. Faltaba ponerle la sábana. Ciertamente yo estaba aturdido. Extraje del cajón una sábana y la anudé al cuello de mi cliente. Él no cesaba de hablar. Suponía que yo era uno de los partidarios del orden. "El pueblo habrá escarmentado° con lo del otro día", dijo. "Sí", repuse° mientras concluía de hacer el nudo sobre la oscura nuca, olorosa
25 a sudor. "¿Estuvo bueno, verdad?" "Muy bueno", contesté mientras regresaba a la brocha. El hombre cerró los ojos con un gesto de fatiga y esperó así la fresca caricia del jabón. Jamás lo había tenido tan cerca de mí. El día en que ordenó que el pueblo desfilara por el patio de la escuela para ver a los cuatro rebeldes allí colgados, me crucé con él un instante.
30 Pero el espectáculo de los cuerpos mutilados me impedía fijarme en el rostro del hombre que lo dirigía todo y que ahora iba a tomar en mis manos. No era un rostro desagradable, ciertamente. Y la barba, envejeciéndolo un poco, no le caía mal. Se llamaba Torres. El Capitán Torres. Un hombre con imaginación, porque ¿a quién se le había ocurrido antes colgar a los
35 rebeldes desnudos y luego ensayar sobre determinados sitios del cuerpo una mutilación a bala? Empecé a extender la primera capa de jabón. Él seguía con los ojos cerrados. "De buena gana me iría a dormir un poco", dijo, "pero esta tarde hay mucho que hacer". Retiré la brocha y pregunté con aire falsamente desinteresado: "¿Fusilamiento?" "Algo por el estilo, pero
40 más lento", respondió. "¿Todos?" "No. Unos cuantos apenas". Reanudé de nuevo la tarea de enjabonarle la barba. Otra vez me temblaban las manos. El hombre no podía darse cuenta de ello y ésa era mi ventaja. Pero yo hubiera querido que él no viniera. Probablemente muchos de los nuestros lo habrían visto entrar. Y el enemigo en la casa impone condiciones. Yo
45 tendría que afeitar esa barba como cualquier otra, con cuidado, con esmero, como la de un buen parroquiano°, cuidando de que ni por un solo poro fuese a brotar una gota de sangre. Cuidando de que en los pequeños remolinos no se desviara la hoja. Cuidando de que la piel quedara limpia, templada°, pulida, y que al pasar el dorso de mi mano por ella, sintiera la
50 superficie sin un pelo. Sí. Yo era un revolucionario clandestino, pero era también un barbero de conciencia, orgulloso de la pulcritud° en su oficio. Y esa barba de cuatro días se prestaba para una buena faena.

Tomé la navaja, levanté en ángulo oblicuo las dos cachas°, dejé libre la hoja y empecé la tarea, de una de las patillas hacia abajo. La respondía a la
55 perfección. El pelo se presentaba indócil° y duro, no muy crecido, pero compacto. La piel iba apareciendo poco a poco. Sonaba la hoja con su ruido característico, y sobre ella crecían los grumos de jabón mezclados con trocitos de pelo. Hice una pausa para limpiarla, tomé la badana de nuevo y me puse a asentar° el acero, porque yo soy un barbero que hace bien sus
60 cosas. El hombre, que había mantenido los ojos cerrados, los abrió, sacó una de las manos por encima de la sábana, se palpó la zona del rostro que empezaba a quedar libre de jabón, y me dijo: "Venga usted a las seis, esta

°escarmentar: servirle a uno la experiencia de lección para el futuro

°reponer: replicar

°parroquiano: cliente

°templada: firme

°pulcritud: cuidado, esmero

°cacha: cada una de las hojas de una navaja

°indócil: rebelde, difícil

°asentar: afilar

tarde, a la Escuela". "¿Lo mismo del otro día?" le pregunté horrorizado. "Puede que resulte mejor", respondió. "¿Qué piensa usted hacer?" "No sé
65 todavía. Pero nos divertiremos". Otra vez se echó hacia atrás y cerró los ojos. Yo me acerqué con la navaja en alto. "¿Piensa castigarlos a todos", aventuré° tímidamente. "A todos". El jabón se secaba sobre la cara. Debía apresurarme. Por el espejo, miré hacia la calle. Lo mismo de siempre: la tienda de víveres y en ella dos o tres compradores. Luego miré el reloj: las
70 dos y veinte de la tarde. La navaja seguía descendiendo. Ahora de la otra patilla hacia abajo. Una barba azul, cerrada. Debía dejársela crecer como algunos poetas o como algunos sacerdotes. Le quedaría bien. Muchos no lo reconocerían. Y mejor para él, pensé, mientras trataba de pulir suavemente todo el sector del cuello. Porque allí sí que debía manejar con
75 habilidad la hoja, pues el pelo, aunque en agraz°, se enredaba en pequeños remolinos. Una barba crespa°. Los poros podían abrirse, diminutos y soltar su perla de sangre. Un buen barbero como yo finca su orgullo en que eso no ocurra a ningún cliente. Y éste era un cliente de calidad. ¿A cuántos de los nuestros había ordenado matar? ¿A cuántos había ordenado que los
80 mutilaran?... Mejor no pensarlo. Torres no sabía que yo era su enemigo. No lo sabía él ni lo sabían los demás. Se trataba de un secreto entre muy pocos, precisamente para que yo pudiese informar a los revolucionarios

°aventurar: arriesgarse a decir algo

°en agraz: antes del tiempo regular o estipulado

°crespo: rizado, ensortijado

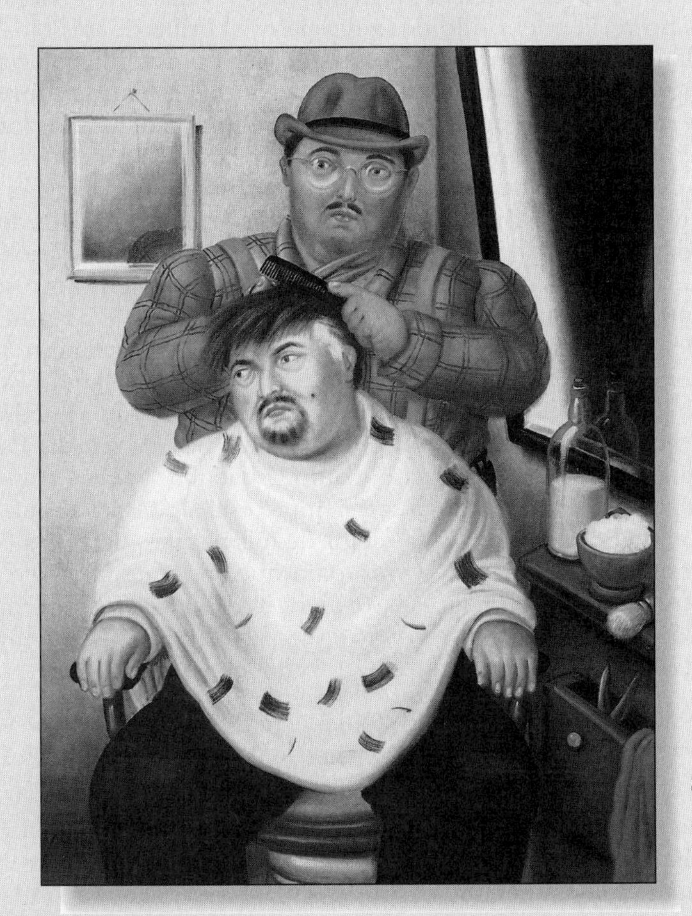

Self-Portrait, *1994, de Fernando Botero, el conocido pintor colombiano*

de lo que Torres estaba haciendo en el pueblo, y de lo que proyectaba hacer cada vez que emprendía una revolución para cazar revolucionarios. Iba a ser, pues, muy difícil explicar que lo tuve entre mis manos y lo dejé ir tranquilamente, vivo y afeitado.

La barba le había desaparecido casi completamente. Parecía más joven, con menos años de los que llevaba a cuestas cuando entró. Yo supongo que eso ocurre siempre con los hombres que entran y salen de las peluquerías. Bajo el golpe de mi navaja Torres rejuvenecía, sí, porque yo soy un buen barbero, el mejor de este pueblo, lo digo sin vanidad. Un poco más de jabón, aquí, bajo la barbilla, sobre la manzana°, sobre esta gran vena. ¡Qué calor! Torres debe estar sudando como yo. Pero él no tiene miedo. Es un hombre sereno que ni siquiera piensa en lo que ha de hacer esta tarde con los prisioneros. En cambio yo, con esta navaja entre las manos, puliendo y puliendo esta piel, evitando que brote sangre de estos poros, cuidando todo golpe, no puedo pensar serenamente. Maldita la hora en que vino, porque yo soy un revolucionario pero no soy un asesino. Y tan fácil como resultaría matarlo. Y lo merece. ¿Lo merece? No, ¡qué diablos! Nadie merece que los demás hagan el sacrificio de convertirse en asesinos. ¿Qué se gana con ello? Pues nada. Vienen otros y otros y los primeros matan a los segundos y éstos a los terceros y siguen y siguen hasta que todo es un mar de sangre. Yo podría cortar este cuello, así ¡zas!, ¡zas! No le daría tiempo de quejarse y como tiene los ojos cerrados no vería ni el brillo de la navaja ni el brillo de mis ojos. Pero estoy temblando como un verdadero asesino. De ese cuello brotaría un chorro de sangre sobre la sábana, sobre la silla, sobre mis manos, sobre el suelo. Tendría que cerrar la puerta. Y la sangre seguiría corriendo por el piso, tibia, imborrable, incontenible, hasta la calle, como un pequeño arroyo escarlata. Estoy seguro de que un golpe fuerte, una honda incisión, le evitaría todo dolor. No sufriría. Y qué hacer con el cuerpo? ¿Dónde ocultarlo? Yo tendría que huir, dejar estas cosas, refugiarme lejos, bien lejos. Pero me perseguirían hasta dar conmigo. "El asesino del Capitán Torres. Lo degolló° mientras le afeitaba la barba. Una cobardía". Y por otro lado: "El vengador de los nuestros. Un nombre para recordar (aquí mi nombre). Era el barbero del pueblo. Nadie sabía que él defendía nuestra causa". ¿Y qué? ¿Asesino o héroe? Del filo de esta navaja depende mi destino. Puedo inclinar un poco más la mano, apoyar un poco más la hoja, y hundirla. La piel cederá como la seda, como el caucho, como la badana. No hay nada más tierno que la piel del hombre y la sangre siempre está ahí, lista a brotar. Una navaja como esta no traiciona. Es la mejor de mis navajas. Pero yo no quiero ser un asesino, no señor. Usted vino para que yo lo afeitara. Y yo cumplo honradamente con mi trabajo... No quiero mancharme de sangre. De espuma y nada más. Usted es un verdugo y yo no soy nada más que un barbero. Y cada cual en su puesto. Eso es. Cada cual en su puesto.

La barba había quedado limpia, pulida y templada. El hombre se incorporó para mirarse en el espejo. Se pasó las manos por la piel y la sintió fresca y nuevecita.

"Gracias", dijo. Se dirigió al ropero en busca del cinturón, de la pistola y del kepis. Yo debía estar muy pálido y sentía la camisa empapada. Torres concluyó de ajustar la hebilla, rectificó la posición de la pistola en la funda

°manzana: nuez del cuello

°degollar: cortar la cabeza

y, luego de alisarse maquinalmente los cabellos, se puso el kepis. Del bolsillo del pantalón extrajo unas monedas para pagarme el importe del servicio. Y empezó a caminar hacia la puerta. En el umbral° se detuvo un segundo y volviéndose me dijo:

°umbral: parte inferior de la puerta

135 —Me habían dicho que usted me mataría. Vine para comprobarlo. Pero matar no es fácil. Yo sé por qué lo digo—. Y siguió calle abajo.

PARA COMENTAR

Trabajando en parejas contesten las siguientes preguntas sobre ***Espuma y nada más.*** *Justifiquen su opinión cuando sea necesario. Luego pueden comparar sus respuestas con las de otros compañeros.*

1. ¿Según el Capitán Torres le informa al barbero, ¿qué va a ocurrir por la tarde en el pueblo?
2. ¿Por qué supone el barbero que el capitán lo tiene como a uno "de los partidarios del orden"? ¿De qué orden se trata?
3. ¿Por qué se lamenta el barbero de tener al capitán como cliente?
4. ¿Qué propósito, en su opinión, tienen en el cuento las preguntas que le hace el barbero al Capitán Torres?
5. La tarea de afeitar se describe minuciosamente en el relato. ¿Qué efecto o sensación producen estas imágenes en el lector?
6. ¿Cree que la decisión final del barbero de no matar a Torres es correcta o prudente? ¿Qué habría hecho usted en su caso?
7. ¿Pensó que el barbero iba a matar al capitán? ¿En qué momento cambió de opinión? Busque la cita en el texto.
8. ¿A qué se refiere el título del cuento?

PARA ESCRIBIR

Lea los siguientes temas. Luego escoja el que le interese más para escribir sobre el mismo. Comparta su trabajo con otro(a) compañero(a) e intercambien comentarios sobre lo que han escrito.

1. ¿Cree que el barbero se comportó como un cobarde y un traidor a la revolución, o que es una persona de alta moral y de altos principios humanos? ¿Debió el barbero haber matado al capitán Torres? Considere las posibles consecuencias que hubiera tenido el matar al capitán y las que va a tener él no haberlo matado. Defienda su opinión.
2. ¿Es necesario aceptar la violencia como medio para ser un verdadero revolucionario? Explique su posición y defina lo que significa e implica ser un verdadero revolucionario.
3. "Me habían dicho que usted me mataría. Vine para comprobarlo. Pero matar no es fácil. Yo sé por qué se lo digo". ¿Cómo entiende usted este sorprendente final?
4. Dele otro final al cuento, o continúe la narración después de que el capitán sale de la barbería.

Testimonio

Rigoberta Menchú, india quiché, nació en 1959, en Chimel, cerca de San Miguel de Uspantán, seno de una de las comunidades indígenas de Guatemala. No aprendió español hasta los veinte años de edad, cuando quiso compartir con el mundo su historia y denunciar la opresión y los abusos cometidos contra su cultura, su tierra, su familia. Su voz es la voz de los indígenas conquistados, la voz de los sufrimientos por los que han pasado y aún pasan. Con la ayuda de la etnóloga Elizabeth Burgos-Debray, Rigoberta Menchú se dio a la tarea de contar al mundo las miserias de su familia, de su infancia, y las atrocidades horripilantes de los distintos gobiernos guatemaltecos contra los grupos indígenas. Así nació el ya célebre libro *Me llamo Rigoberta Menchú y así me nació la conciencia.* Por su papel combativo, en aras de la igualdad y justicia para todos los pueblos indígenas, le fue concedido el Premio Nobel de la Paz en 1992, el segundo obtenido por su pequeño país. En el campo de la literatura el escritor Miguel Ángel Asturias lo había ganado en 1967.

Como notará al leer, el español no es el primer idioma de Menchú, y esto se refleja en la forma del escrito, que es, además, una transcripción de su discurso oral.

La escritora y activista guatemalteca Rigoberta Menchú, ganadora del Premio Nobel de la Paz en 1992

ANTES DE LEER

En grupos de tres o cuatro estudiantes comenten lo siguiente. Compartan después sus observaciones con el resto de la clase.

1. ¿Qué información tiene sobre la situación de los indígenas en Centroamérica?

2. El quinto centenario del descubrimiento de América se celebró hace más de diez años, en 1992. ¿Qué fue lo que se "celebró" y por qué cree que los indígenas protestaron esas celebraciones? En su opinión, ¿qué ventajas y desventajas les ha traído a las poblaciones indígenas su contacto con la civilización europea? Haga una lista de las ventajas y desventajas más importantes para compartirla con su grupo.

SELECCIONES DE *ME LLAMO RIGOBERTA MENCHÚ Y ASÍ ME NACIÓ LA CONCIENCIA*

(Cuando ocurrieron los hechos narrados por Rigoberta Menchú, su padre había empezado a trabajar en el movimiento pro-derechos de los indígenas de Guatemala para solicitar mejoras en las condiciones de trabajo, vida y pago. El hermano menor de Rigoberta, de dieciséis años, había sido capturado junto 5 *a una compañera del pueblo. Los militares responsables informaron a todos los campesinos del área que debían presentarse en determinado lugar, en cierta fecha, para ver "algo". Los indígenas, incluyendo la familia Menchú, acudieron al lugar. Allí llegaron los militares e hicieron bajar de unos camiones a un grupo de campesinos que estaban torturando hacía cuestión de* 10 *semanas, y que casi no podían ni pararse ya. Entre ellos estaba el hermanito de Rigoberta Menchú que había "desaparecido".)*

...El caso de mi hermanito, estaba cortado en diferentes partes del cuerpo. Estaba rasurado° de la cabeza y también cortado de la cabeza. No tenía uñas. No llevaba las plantas de los pies. Los primeros heridos 15 echaban agua de la infección que había tenido el cuerpo. Y el caso de la compañera, la mujer que por cierto yo la reconocí. Era de una aldea cercana a nosotros... Estaba toda mordida la compañera. No tenía orejas. Todos no llevaban parte de la lengua o tenían la lengua en partes. Para mí no era posible concentrarme, de ver que pasaba eso. 20 Uno pensaba que son humanos y que qué dolor habrían sentido esos cuerpos de llegar hasta un punto irreconocible. Todo el pueblo lloraba, hasta los niños. Yo me quedaba viendo a los niños. Lloraban y tenían miedo. Se colgaban encima de sus mamás. No sabíamos qué hacer. Durante el discurso, cada vez el capitán mencionaba que nuestro 25 Gobierno era democrático y que nos daba de todo. Qué más queríamos. Que los subversivos traían ideas extranjeras, ideas exóticas que nos llevaba a una tortura y señalaba a los cuerpos de los hombres. Y que si nosotros seguíamos las consignas exóticas, nos tocaba la muerte como les toca a ellos. Y que ellos tenían todas las clases de armas que 30 nosotros querramos escoger, para matarnos. El capitán daba un panorama de todo el poder que tenían, la capacidad que tenían. Que nosotros como pueblo no teníamos la capacidad de enfrentar lo que

°*rasurar: afeitar*

ellos tenían. Era más que todo para cumplir sus objetivos de meter el terror en el pueblo y que nadie hablara. Mi madre lloraba. Casi, casi mi madre exponía la vida de ir a abrazar a ver a su hijo. Mis hermanos, mi papá tuvieron que detenerla para que no expusiera su vida. Mi papá, yo lo veía, increíble, no soltaba una lágrima sino que tenía una cólera. Y esa cólera claro, la teníamos todos. Nosotros más que todo nos pusimos a llorar, como todo el pueblo lloraba. No podíamos creer, yo no creía que así era mi hermanito. Qué culpa tenía él, pues. Era un niño inocente y le pasaba eso. Ya después, el oficial mandó a la tropa llevar a los castigados desnudos, hinchados. Los llevaron arrastrados y no podían caminar ya. Arrastrándoles para acercarlos a un lugar. Los concentraron en un lugar donde todo el mundo tuviera acceso a verlos. Los pusieron en filas. El oficial llamó a los más criminales, los "Kaibiles", que tienen ropa distinta a los demás soldados. Ellos son los más entrenados, los más poderosos. Llaman a los kaibiles y estos se encargaron de echarle gasolina a uno de los torturados. Y decía el capitán, esto no es el último de los castigos, hay más, hay una pena que pasar todavía. Y eso hemos hecho con todos los subversivos que hemos agarrado, pues tienen que morirse a través de puros golpes. Y si eso no les enseña nada, entonces les tocará a ustedes vivir esto. Es que los indios se dejan manejar por los comunistas. Es que los indios, como nadie les ha dicho nada, por eso se van con los comunistas, dijo. Al mismo tiempo quería convencer al pueblo pero lo maltrataba en su discurso. Entonces los pusieron en orden y les echaron gasolina. Y el ejército se encargó de prenderles fuego a cada uno de ellos...

PARA COMENTAR

Trabajando en parejas contesten las siguientes preguntas sobre el testimonio de Menchú. Justifiquen su opinión cuando sea necesario. Luego pueden comparar sus respuestas con las de otros compañeros.

1. Según cuenta el capitán, ¿de qué son culpables los prisioneros y por qué fueron torturados?
2. Compare la actitud de la madre con la del padre de Rigoberta Menchú.
3. ¿Por qué quieren los militares que todo el pueblo vea la ejecución de los prisioneros? ¿Qué pretenden lograr?
4. ¿Por qué es irónico que el militar diga que el gobierno es "democrático"?
5. En su opinión, ¿deben los Estados Unidos mantener vínculos económicos y políticos con los países que violan en forma flagrante los derechos humanos de sus ciudadanos? ¿Tienen los Estados Unidos que actuar en contra de los países que tienen un récord de atrocidades contra sus propios ciudadanos? ¿Por qué?

PARA ESCRIBIR

Escriba un párrafo, comparando las tácticas del capitán en ***Espuma y nada más*** *con las del capitán en el relato de Menchú.*

III. Mundos hispanos

El sacerdote Javier de Nicoló con un grupo de "gaminas" que ha rescatado de las calles de Bogotá

JAVIER DE NICOLÓ: PADRE QUE AYUDA A LOS GAMINES DE BOGOTÁ

Un ejemplo flagrante de otro tipo de injusticia y violación de derechos humanos es el caso de miles de niños desamparados que viven en las calles de muchas de las grandes ciudades latinoamericanas, donde personas que actúan como "vigilantes" o grupos secretos pagados por alguien clandestinamente, los asesinan rutinariamente, en campañas de exterminio. Los que matan igual que los que mandan matar a los jóvenes callejeros, los consideran "estorbos" para los comercios y el turismo, y justifican su acción como un último recurso para prevenir el aumento de la delincuencia juvenil. Así ha ocurrido en el caso de muchos de los llamados *gamines*, los niños desamparados que viven en las calles o los alcantarillados de Bogotá, Colombia; y de otros tantos que andan por las calles de ciudades de Brasil y otros países de Latinoamérica.

Un niño salvadoreño, que vive en un parque de su ciudad, declaró ante la prensa de televisión de su país: "Les pedimos que sean un poco comprensivos, que no se manchen las manos en matar así a la gente. La verdad es que también nosotros somos humanos y no nos queremos morir de esa manera; queremos una oportunidad en la vida de ser alguien, de ser algo tan siquiera".[4]

---

[4]San Salvador-Associated Press. "Niños de la calle salvadoreños denuncian asesinatos". *El Nuevo Herald/The Miami Herald.* Americana Latina, Sección B, p. 3. Sábado, 5 de agosto, 1995.

Esa oportunidad se la ha dado a niños callejeros de Bogotá el sacerdote Javier
20 de Nicoló, quien estableció un orfanato para brindarles hogar y comida. Lo que empezó en los años setenta con un grupo de veinte muchachos ha crecido a servir ochocientos jóvenes al año. A diferencia de otros programas, éste depende mucho de la fuerza de voluntad del niño mismo; él tiene que dar el primer paso para pedir ayuda, e incluso son los niños
25 los que están a cargo de las operaciones del orfanato. Cientos de niños que eran drogadictos, sin esperanza en la vida, ahora son graduados de su programa y trabajan y tienen vidas productivas; algunos se han graduado de la universidad, otros han vuelto para continuar la buena obra de Nicoló.

ACTIVIDAD

Lea las siguientes preguntas. Luego anote sus respuestas y coméntelas en clase en grupos de tres o cuatro estudiantes.

1. ¿Se ven muchos niños(as) o jovencitos(as) (*teenagers*) en su pueblo o comunidad pidiendo dinero o comida? ¿Suelen reunirse en un lugar determinado? ¿En cuál?
2. ¿Dónde y cómo viven los niños huérfanos? ¿Quién los ampara y ayuda?
3. ¿Qué tipo de asistencia provee la ciudad, el condado, el estado o el gobierno federal para esos niños? ¿Quién cree que puede o no puede adoptarlos?
4. ¿Puede mencionar otras fuentes de ayuda que existen? ¿Cómo ayudan a aliviar el problema? ¿Qué ayuda hay en su comunidad? ¿Qué propondría usted en su comunidad?
5. ¿Qué proyectos podría formular usted para ayudar a los niños huérfanos o desamparados en los Estados Unidos? ¿En Latinoamérica?

LA POBREZA Y LAS MÁS DE 4.000 MAQUILADORAS EN LA FRONTERA: ABUSOS, VIOLENCIA Y CONTAMINACIÓN AMBIENTAL

La enorme frontera entre México y Estados Unidos no es un lugar seguro en muchos sentidos de la palabra. Se ha reportado ya por mucho tiempo que ha habido horrendos asesinatos y otros actos contra personas —muchas de las víctimas, mujeres— que tratan de cruzar la frontera desde
5 México para llegar a Estados Unidos, y otras personas, gente que vive y trabaja en maquiladoras cerca de la frontera entre México y Estados Unidos. Los sueldos, las condiciones de trabajo y de vida, en general, en algunos de los pueblos fronterizos son pésimas. En Ciudad Juárez, México, cerca de El Paso, Texas, ha habido muchos asesinatos en los
10 últimos 30 años, una violencia que llegó a captar la atención internacional por su brutalidad.

Otro problema serio es la gran cantidad de contaminación ambiental que se halla en la frontera, la cual mucha gente ya llama "la frontera química" debido a que hay tanta contaminación de sustancias químicas que éstas pueden afectar negativamente la salud de los residentes de las zonas de los dos países. Estos problemas de la frontera se han empeorado debido a la proliferación de las maquiladoras o plantas de trabajadores que emplean a más de un millón de personas, que forman una mano de obra extremadamente barata para negociantes de Estados Unidos. Parte del problema es que, aparte de que les pagan una miseria a los trabajadores, las regulaciones de seguridad para los obreros son muchas veces muy bajas o sencillamente ignoradas por las compañías. Los trabajadores trabajan desde el amanecer hasta la puesta del sol y a veces se contaminan con sustancias químicas tóxicas. Se cuenta que hay compañías que les ofrecen "vitaminas" a los trabajadores, pero estas píldoras son anfetaminas para que trabajen más y sean más productivos durante sus largas horas de trabajo de factoría. Por estas razones mucha gente protesta contra lo que se ha venido a llamar "globalización", pues se interpreta como la política del abuso de los más pobres por parte de los más ricos.

Maquiladora en Tijuana

ACTIVIDAD

1. **Ciudad Juárez.** Averingüen sobre el tema y/o traten de ver *Señorita Extraviada, Missing Young Woman* (74 min. Estados Unidos, 2001), un documental de Lourdes Portillo acerca de violaciones de derechos humanos en Juárez. http://www.lourdesportillo.com/senoritaextraviada/
2. **¿Esclavos modernos?** Busque información sobre las maquiladoras y las condiciones de trabajo de estas personas y la asociación con corporaciones estadounidenses que se benefician al contratar por poco dinero a personas del extranjero.
3. **Trabajadores agrícolas y el uso de pesticidas.** Busque información acerca del uso indebido de pesticidas y cómo han afectado a trabajadores agrícolas pobres en el pasado. http://www.environmentalhealth.org/maquiladoras.html#Overview

IV. El arte de ser bilingüe

Proclama sobre los derechos humanos

ACTIVIDAD

Basándose en lo leído y comentado a lo largo del capítulo, la clase va a redactar una proclama sobre los derechos humanos. Deben seguir estos pasos:

1. En grupos de tres o cuatro estudiantes compongan una lista de los derechos que consideren fundamentales para todo ser humano, cualquiera que sea su nacionalidad, edad, raza, religión, sexo, u orientación sexual. Tengan en cuenta el modelo siguiente como guía.

TODO SER HUMANO

1. Debe tener libertad de palabra.
2. Ha de gozar...
3. Tiene derecho a...
4. Merece que...
5. Ha de respetar...

2. Escojan un(a) representante de cada grupo para leerle la lista a la clase. Presten atención a la lectura y tomen notas de lo que escuchen para poder realizar el paso 3.
3. Comparen la lista de su grupo con las de los demás grupos en la clase para escribir en la pizarra una "lista maestra". Tengan en cuenta las semejanzas y diferencias de las listas leídas en clase para no repetir los mismos puntos.
4. Discutan las ideas de la "lista maestra" para llegar a un acuerdo general de lo que van a incluir en la proclama de la clase.
5. Escriban entre todos una proclama de una a dos páginas en la que combinen las ideas de todos los grupos de la clase.
6. Pueden presentar la proclama a una publicación hispana de la universidad o de la comunidad para su publicación.

PARA ESCRIBIR

Escoja uno de los temas siguientes para escribir un breve editorial para un periódico hispano de su comunidad. Puede usar las frases sugeridas en cada uno de los temas para comenzar su trabajo.

1. **Los niños desamparados en Latinoamérica.** ¿Qué hacer con los miles de niños desamparados que llenan las ciudades de Hispanoamérica?

   Una manera de aliviar la situación...

2. **La violación de los derechos humanos en el mundo.** ¿Qué papel y qué posición política deben adoptar los Estados Unidos en cuanto a las violaciones de los derechos humanos en países como Guatemala, Chile, Cuba, Colombia, China, Argelia, Liberia, etc.?

   Los Estados Unidos deberían...

3. **La injusticia.** Frente a la pobreza extrema, el hambre, el analfabetismo, las represiones y violaciones de derechos humanos, ¿se justifica alguna vez la violencia o se debe esperar sin remedio?

   Las soluciones a estos problemas...

4. **La violación de derechos humanos de grupos minoritarios en los Estados Unidos.**

   A. Escoja una situación del pasado: por ejemplo, los campamentos en los que se mantuvieron presos a miles de inocentes nipo-americanos durante la Segunda Guerra Mundial; las leyes que discriminaban contra los africanos-americanos (*Jim Crow laws*) y la violencia del *Ku Klux Klan* y de otros grupos racistas. ¿Qué otros grupos minoritarios han sufrido o sufren todavía violaciones de sus derechos humanos? ¿Qué piensa de tantos inmigrantes que recientemente son encarcelados indefinidamente como consecuencia de extremas precauciones después de los ataques del 9/11? ¿Dónde empiezan nuestros derechos a interferir con los de otras personas?

   Si usted escribe sobre una época histórica determinada, adopte el punto de vista de una persona de esa época.

   B. Busque información en la red en el sitio de Amnistía Internacional y otros lugares, como los del ACLU (*American Civil Liberties Union*), MALDEF (*Mexican American Legal Defense Fund*), el NGLTF (*National Gay & Lesbian Task Force*), sobre las violaciones de los derechos humanos en los Estados Unidos hoy. ¿Qué tipo de violaciones y quejas se reportan y por cuáles grupos minoritarios? ¿Cuáles son los temas que resaltan aun en un sistema de gobierno democrático como el estadounidense? ¿Qué se escribe sobre la pena de muerte, por ejemplo, sobre todo en comparación con Canadá y con los países europeos?

V. Unos pasos más: fuentes y recursos

A. PARA AVERIGUAR MÁS

Busque uno de los libros indicados a continuación u otro que su profesor o profesora le recomiende. Escoja un capítulo o una sección que le interese y prepare una lista de tres a cinco puntos principales, basados en la lectura. Anote sus impresiones generales. Prepárese para compartirlas oralmente en clase.

Derechos humanos: bibliografía seleccionada

Agosín, Marjorie. *Circle of Madness: Mothers of the Plaza de Mayo.* Fredonia, N.Y.: 1992.

Argueta, Manlio. *Un día en la vida.* Madrid: Alfaguara, 1984.

Limón, Graciela. *En busca de Bernabé.* Houston: Arte Público Press, 1997. Original in English: *In Search of Bernabé.* Houston: Arte Público Press, 1993.

Menchú, Rigoberta. *Crossing Borders.* Translated and edited by Ann Wright. London and New York: Verso, 1998.

Menchú, Rigoberta, con Elizabeth Burgos Debray. *Me llamo Rigoberta Menchú.* Barcelona: Seix Barral, 1993.

Murillo, Mario and Jesús Rey Avirama. *Colombia and the United States: War, Terrorism, and Destabilization.* Seven Stories Press, 2003.

Padilla, Heberto. *Fuera del juego.* Río Piedras: Editorial San Juan, 1971. (Bibliografía del "Caso Padilla").

Partnoy, Alicia. *The Little School: Tales of Disappearance & Survival in Argentina.* Traducida por la autora con Lois Athey y Sandra Braunstein. Pittsburgh: Cleis Press, 1986. (El original se titula *La escuelita.*)

Rodríguez, Ana, and Glenn Garvin. *Diary of a Survivor: Nineteen Years in a Cuban Prison.* New York: St. Martin's Press, 1995.

Thomson, Marilyn. *The Women of El Salvador: The Price of Freedom.* Sponsored by the *Comisión de Derechos Humanos de El Salvador.* Philadelphia: Institute for the Study of Human Issues, 1986.

Thornton, Lawrence. *Naming the Spirits.* New York: Doubleday, 1995.

Timerman, Jacobo. *Chile: Death in the South.* (Traducido por Robert Cox de un manuscrito en español no publicado.) New York: Vintage Books, 1987.

———. *Cuba: A Journey.* Traducido al español por Toby Talbot. New York: Alfred A. Knopf, 1990.

———. *Preso sin nombre, celda sin número.* Buenos Aires: de la Flor, 1981.

Valladares, Armando. *Contra toda esperanza: 22 años en el 'Gulag de las Américas'.* 1ra. edición para Hispanoamérica. Buenos Aires: Kosmos, 1985. Traducido al inglés bajo el título: *Against All Hope: The Prison Memoirs of Armando Valladares.* Traducido del español por Andrew Hurley. New York: Alfred A. Knopf, Random House, 1986.

B. PARA DISFRUTAR Y APRENDER

Con uno, dos o más compañeros(as) de clase, escojan y vean una de las películas sobre violaciones de los derechos humanos recomendadas en la lista a continuación. Consulten las indicaciones dadas en el capítulo 4 para escribir individualmente una breve reseña de un mínimo de dos páginas y un máximo de tres. Entregue el trabajo a máquina. Consulten con su profesor(a) acerca de la posibilidad de dar un informe oral a la clase.

Películas en video o DVD

La historia oficial (*The Official Story*). Trata de los desaparecidos en Argentina durante la dictadura militar. Obtuvo el premio Oscar a la mejor película extranjera. Argentina, 1984.

Las Madres de la Plaza de Mayo (*"The Mothers of the Plaza de Mayo"*). Documental sobre las madres de hijos desaparecidos en Argentina durante la "Guerra Sucia". Testimonios, entrevistas con las madres. Argentina, 1985. Distribuida por *Women Make Movies.* http://www.wmm.com/

La noche de los lápices (*"The Night of the Pencils"*). Basada en sucesos verdaderos, trata de la vida de un estudiante de secundaria que sufrió prisión durante el período de la dictadura militar. 101 min. Argentina, 1986.

No habrá más penas ni olvido. (*"Funny Dirty Little War"*). Un filme de Héctor Olivera acerca de la Argentina peronista. En español con títulos en inglés. Argentina, 1983.

Rojo amanecer. Filme sobre la masacre de estudiantes que ocurrió en México en 1968. 96 min., drama político. Cinematográfica Sol. México, 1989.

Romero. Con Raúl Juliá, en el papel del arzobispo Óscar Arnulfo Romero (1917–1980), de San Salvador, defensor de los pobres y de los derechos humanos, asesinado mientras celebraba una misa. Estados Unidos, 1989.

Salvador. Sobre un periodista y fotógrafo estadounidense que documentó los sucesos relativos al conflicto civil del país. Estados Unidos, 1985.

El Salvador: The Seeds of Liberty. Documental de 30 minutos que narra el conflicto en El Salvador por medio de entrevistas con militares, líderes politicos y religiosos; contiene escenas del funeral del asesinado Arzobispo Romero y examina la violencia en contra de las misioneras norteamericanas en ese país. Estados Unidos, 1981.

Dateline: San Salvador. Documental sobre la guerra civil en El Salvador. Estados Unidos, 1987.

Missing. Película de los Estados Unidos, con Jack Lemmon y Sissy Spaceck, sobre la violencia, tortura y los desaparecidos en Latinoamérica. Estados Unidos, 1989.

Niños desaparecidos. Documental de Estela Bravo acerca de las madres y las abuelas en Argentina que andan buscando a sus hijos y nietos desaparecidos durante la llamada Guerra Sucia en los años setenta y ochenta. En español sin títulos en inglés; 24 mins., 1985.

State of Siege. Película sobre el terrorismo, dirigida por el mismo director de *Missing,* Costa Gravas. 1973.

Rigoberta Menchú: Broken Silence. Video de 25 minutos en el que la ganadora del Premio Nóbel de la Paz de 1992, habla acerca de sus experiencias y aspiraciones para los pueblos indígenas. En inglés. Estados Unidos.

Conducta impropia (*"Improper Conduct"*). Documental del cinematógrafo Néstor Almendros sobre las violaciones de derechos humanos y la represión de los homosexuales en Cuba. Estados Unidos, Francia, 1984.

Nobody Listened. Documental/reportaje de PBS que contiene entrevistas y testimonios sobre las violaciones de los derechos humanos en Cuba comunista. Estados Unidos, 1990.

Apartment 0. Filme de suspenso acerca de un inglés que vive en Argentina y que le alquila una habitacíon a un hombre que tal vez no sea quien dice que es. En inglés y español. 1989.

Death and the Maiden. Película con Ben Kingsley, dirigida por Roman Polanski y basada en una obra de Ariel Dorfman, acerca de una mujer (interpretada por Sigourney Weaver) que cree haberse encontrado de nuevo con la persona que la había torturado. Estados Unidos, 1995.

Rodrigo D: No Future. Acerca de los jóvenes callejeros de Medellín, la capital de las drogas en Colombia. En español con títulos en inglés. Colombia, 1990.

School of the Americas, School of Assassins. Documental, narrado en inglés por Susan Sarandon, este video de 20 minutos describe la asistencia militar y el entrenamiento que los Estados Unidos ofrecen a naciones latinoamericanas en el conocido "U.S. Army School of the Americas." Distribuido por *Films for the Humanities.*

Los olvidados. Clásico del cine de Luis Buñuel, sobre los niños mendigos en México. México, 1950.

Los niños abandonados (*"The Abandoned Children"*). Los protagonistas son niños de las calles de una ciudad colombiana. En español con títulos en inglés. Colombia, 1974.

Pixote. Fuerte película sobre la vida dura de los niños que viven en las calles en Brasil. En portugués con títulos en inglés. Brasil, 1981.

Midnight Express. Filme norteamericano sobre la experiencia de un joven turista norteamericano en una prisión turca. Estados Unidos, 1978.

Territorio Comanche. Cuenta la historia de una periodista, Laura, que va a Sarajevo. Conoce allí a Mikel y a otros periodistas con quienes comparte la vida durante los peores momentos de esa ciudad. España, 1997.

El viñedo (*"The Vineyard"*). Basado en sucesos verídicos, es la historia de un niño que roba uvas, pero que cuando lo agarran los guardias, le abren fuego. Un periodista trata de averiguar lo que realmente ha ocurrido. 88 minutos, 2000. Uruguay. Distribuida por LAVA, *Latin American Video Archives*; ver: www.latinamericanvideo.org o llamar al 212-463-0108.

Casas de Fuego (*"Houses of Fire"*) Juan Bautista Stagnaro. Trata sobre un médico, Salvador Mazza, que dedica su vida a tratar de encontrar una cura para la enfermedad conocida como *Chagas*. La comunidad médica ignora el problema y el médico se va a las zonas donde existe más el problema para poder hacer sus investigaciones. Argentina, 107 minutos, 1995. Distribuida por LAVA, *Latin American Video Archives;* ver: www.latinamericanvideo.org o llamar al 212-463-0108.

La guerra de Chiapas. Carlos Mendoza/Canal 6 de julio. Documental sobre el conflicto en Chapas. Se examina el fondo y los problemas de la zona. 38 minutos, 1994. Distribuida por LAVA, *Latin American Video Archives*; ver: www.latinamericanvideo.org o llamar al 212-463-0108.

Nunca Más (*"Never Again"*). Marta Rodrígues y Fernando Restrepo. Filme acerca de los paramilitares en Colombia.

Recursos de la red (WWW)

Si desea explorar la red, vaya a http://www.wiley.com/college/roca, donde encontrará una lista de sitios relacionados con el tema de este capítulo. Abajo puede empezar a explorar los siguientes sitios.

Comisión Interamericana de Derechos Humanos (O.E.A.)
http://www.cidh.org/default.htm

Organización de Naciones Unidas (O.N.U.) Derechos Humanos
http://www.un.org/spanish/hr

Red de Derechos Humanos en Colombia
http://www.colhrnet.igc.org

Projecto Desaparecidos en Argentina
http://www.desaparecidos.org/arg/

Human Rights Watch
http://www.hrw.org/spanish

Casa Alianza—Vivir en las calles
http://www.casa-alianza.org/ES/street-children

UNICEF
http://www.unicef.org/voy/es

Capítulo Siete

La mujer y la cultura

"Los títulos de las novelas acerca de mujeres en América Latina son significativos: 'Santa' *o* 'Monja, casada, virgen y mártir' ".

Elena Poniatowska, *Mujer y literatura en América Latina*

Open Air School, *Diego Rivera, 1932. (Lithograph, printed in black composition,* $12\frac{1}{2}'' \times 16\frac{3}{8}''$. *The Museum of Modern Art, NY. Gift of Abby Aldrich Rockefeller. Photography © 1998 The Museum of Modern Art, NY.)*

PARA ENTRAR EN ONDA

Para ver cuánto sabe del tema del capítulo, responda a este cuestionario lo mejor que pueda. Escoja la respuesta apropiada. Luego compruebe sus conocimientos consultando la lista de respuestas que aparecen invertidas al pie de este ejercicio.

1. ¿Quién fue la primera hispana elegida al Congreso de los Estados Unidos?
  a. Nydia Velázquez
  b. Ileana Ros-Lehtinen
  c. Linda Chávez

2. Sor Juana Inés de la Cruz
  a. fue una monja feminista del siglo XVII.
  b. escribió un famoso ensayo autobiográfico, *Respuesta a sor Filotea,* en defensa del desarrollo de las habilidades intelectuales.
  c. fue llamada la décima musa y el fénix de América por su gran erudición.
  d. todo lo anterior.

3. Las *adelitas,* mujeres soldados de la Revolución Méxicana, tomaron su apodo del nombre de la amante de Pancho Villa.
  a. verdadero
  b. falso

4. ¿Cómo se llamaba la traductora azteca de Hernán Cortés que le ayudó a conquistar Tenochtitlán?
  a. Doña Marina
  b. Malintzín
  c. La Malinche
  d. todo lo anterior

5. Eva Perón, conocida por millones como Evita, llegó a ser vicepresidenta de Argentina durante la presidencia de su marido, Juan Perón.
  a. verdadero
  b. falso

6. Ellen Ochoa es
  a. la primera hispana miembro del Gabinete de un presidente norteamericano.
  b. la primera locutora hispana de un programa de noticias de una de las grandes cadenas de la televisión.
  c. la primera astronauta latina.

7. El *Marianismo* se refiere a:
  a. mujeres que tienen buenos modales.
  b. una manera de ser y de vivir basada en la conducta idealizada de la Virgen María, o sea, llevar una vida de sacrificio propio.
  c. un movimiento político-social latinoamericano del siglo XIX.
  d. una idea popular de darle el nombre de "María" a la primera hija en honor a la Virgen.

8. La primera persona en Latinoamérica en ganar el Premio Nobel en Literatura fue
   a. Alfonsina Storni.
   b. María Luisa Bombal.
   c. Gabriela Mistral.
   d. Rosario Castellanos.

9. En 1877, este país latinoamericano fue el primero en permitir que las mujeres cursaran estudios en las universidades de la nación:
   a. Argentina
   b. Cuba
   c. Colombia
   d. Chile

Respuestas: 1b, 2d, 3a, 4d, 5b, 6c, 7b, 8c, 9d

I. Conversación y cultura

LA MUJER Y LA SOCIEDAD EN EL MUNDO HISPANO

A pesar de los estereotipos que existen de la mujer latinoamericana y de figuras destacadas de la historia o la cultura popular (tales como Sor Juana Inés de la Cruz, Eva Perón y Carmen Miranda), la realidad es que la mujer latinoamericana, igual que la mujer española, se ha ido inventando su

Self-Portrait with Cropped Hair, *Frida Kahlo, 1940. (Oil on canvas,* $15\frac{3}{4}'' \times 11''$. *The Museum of Modern Art, NY. Gift of Edgar Kaufmann, Jr. Photography © 1998 The Museum of Modern Art, NY Art Resource)*

5 propia versión no sólo de lo que significa ser mujer, sino también de lo que significa ser feminista en sus circunstancias históricas.

Por muchos años, mujeres pobres, mujeres de la clase media y de las clases económicas más acomodadas, han ido involucrándose cada vez más en la vida social, cultural y política de la comunidad y de sus respectivos países. 10 Sin embargo, llegar a altos cargos del poder gubernamental les resulta todavía difícil en algunos países. Igualmente, aun cuando hay más mujeres en profesiones que eran tradicionalmente masculinas, son los hombres los que controlan y predominan en el ámbito del comercio internacional, en el mundo de los negocios y en la política interior y exterior. La etnicidad, 15 la raza y la clase económica de la persona —sea hombre o mujer— también han sido factores que han separado y a veces han unido a las mujeres, como clase en sí o como grupo social.

En Latinoamérica, igual que en los Estados Unidos, muchas mujeres trabajan muy duro desde el amanecer hasta el anochecer para luego llegar 20 al hogar y seguir trabajando para el marido y la familia, limpiando, cocinando y cuidando a los niños, o sea, haciendo el trabajo del que tradicionalmente se han ocupado. El machismo de la cultura hispana, la tradición, las costumbres culturales y los valores religiosos han perpetuado por siglos la idea de que la mujer debe ser una virgen santa como lo es la 25 Virgen María, y han ayudado a mantenerla en un rol inferior al del hombre.

Hoy día en muchos sectores de Latinoamérica y España, es obvio que el rol de la mujer ha variado. Muchas mujeres desempeñan nuevos y difíciles papeles en la sociedad de sus respectivos países. Unas veces por derecho propio y otras por sentido de independencia e igualdad, las mujeres han 30 llegado a altos cargos profesionales o directivos en empresas y en puestos gubernamentales. A veces, sin embargo, la mujer ha tenido que lanzarse a trabajar y competir en la economía por necesidad. En Nicaragua, por ejemplo, más de la mitad de los hogares están encabezados por mujeres. La necesidad económica de la clase media y de la clase baja, la inestabilidad política y la 35 extendida pobreza en Latinoamérica, además del deseo humano de superarse y de avanzar en la vida, son sólo algunos de los factores que ayudan a explicar los cambios que están ocurriendo, aun si se realizan a pasos lentos.

MESA REDONDA

A. *En grupos pequeños, contesten las preguntas y comenten los temas siguientes.*

1. ¿Cree usted que los niños y las niñas son educados de la misma manera en la sociedad de los EE.UU., o cree que desde el momento en que nacen los niños, la sociedad comienza a tratar a los varones de forma diferente a las hembras? ¿Qué opina?

2. En la sociedad hispana se educa a los dos sexos de la misma forma o en forma diferente? ¿Hay diferencias significativas?

3. ¿Qué diferencias puede usted observar entre su propia crianza y educación formal y la de sus hermanos o hermanas? Haga una lista breve y compare sus apuntes con sus compañeros(as). Si cree que no hay diferencias en la educación, explique las razones.

B. *En grupos de tres o cuatro, hagan dos columnas, una con los adjetivos que describan las características estereotípicas que tradicionalmente se han considerado "masculinas" y otra con las "femeninas". Comparen sus listas con las de otros grupos y comenten las semejanzas y las diferencias. Al finalizar podrán hacer un diagrama de Venn en la pizarra, en el que combinen las características mencionadas por todos los grupos de la clase.*

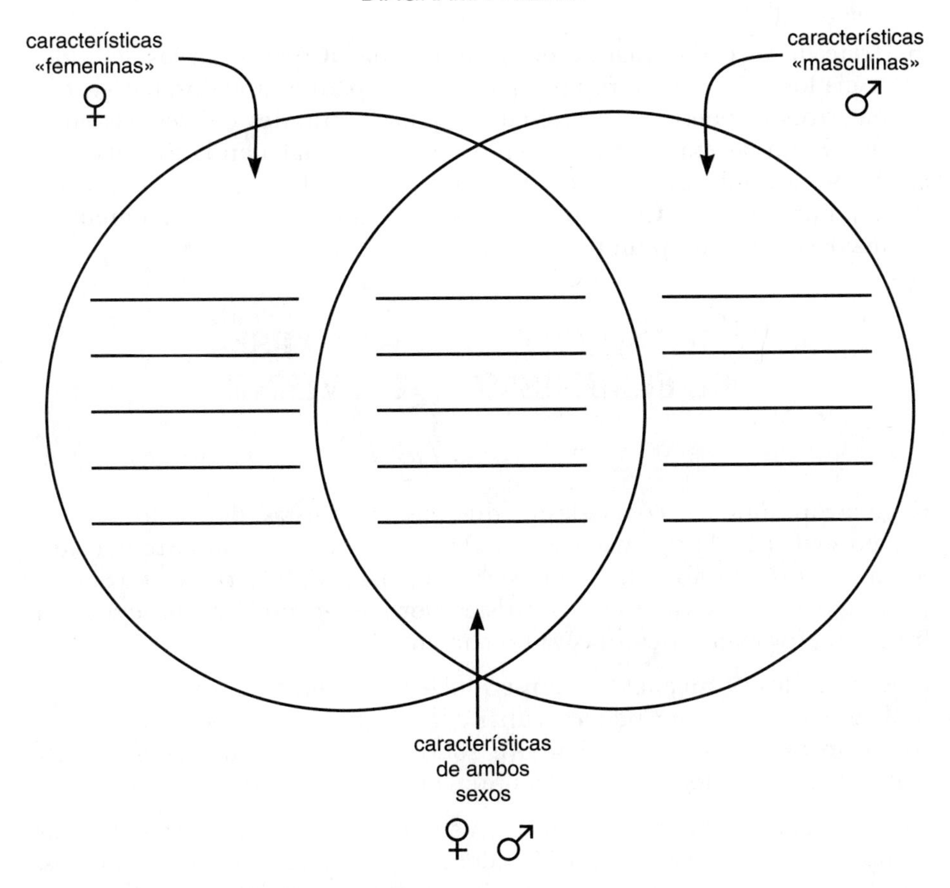

II. Lectura

Ensayo

ANTES DE LEER

En grupos de tres o cuatro estudiantes comenten lo siguiente. Compartan después sus observaciones con el resto de la clase.

1. ¿Cree que las mujeres ya han logrado conseguir la igualdad social en los Estados Unidos? ¿Piensa que todavía queda algo por hacer? ¿Qué?

2. ¿Cree usted que las mujeres han logrado conseguir igualdad en el poder político de los Estados Unidos? ¿Qué no han logrado y por qué cree que es así? Explique su respuesta.
3. ¿Cree que se trata a la mujer igual que al hombre en el trabajo? ¿Cuáles son algunas ventajas de ser mujer en el mundo de los negocios? ¿Y algunas desventajas?
4. ¿Piensa que la situación de la mujer en los EE.UU. ha mejorado o empeorado como consecuencia del movimento feminista? Explique su respuesta.
5. Trate de recordar cuando era niño o niña. ¿Cómo eran las actitudes hacia los niños y las niñas por parte de sus padres, abuelos, parientes y maestros o maestras de la escuela? ¿Había grandes diferencias en el trato? ¿En las expectativas? ¿En lo que se enseñaba en la escuela a los niños y a las niñas acerca de la historia y las contribuciones de las mujeres a la humanidad? ¿Cree que todo esto ha cambiado suficientemente o no? Explique su opinión.

¿IGUALES O DIFERENTES? EL FEMINISMO QUE VIENE

Por Amanda Paltrinieri, periodista argentina

Cambiaron muchas cosas desde que las sufragistas del siglo pasado comenzaron a luchar para conseguir el voto femenino. Si hace treinta años todavía se ridiculizaba a las feministas como arpías°, histéricas o varoneras y viejas feas que se metían a activistas porque no podían conseguir un hombre. Hoy esas caricaturas ya no corren. (5)

°arpías: una mujer fea y antipática

Muchos de los postulados° feministas hicieron carne en la sociedad: ya no se discute que la mujer puede ocupar cualquier espacio; nadie mira como bichos raros a quienes deciden vivir solas, no casarse o no tener hijos, y lentamente se comienzan a combatir el acoso sexual y la violencia doméstica.

°postulados: propuestas

(10) Quedan temas pendientes, pero lo cierto es que algo cambió, y muchas agrupaciones plantean que la igualdad está conseguida (o, al menos, instalada su idea) y que es tiempo de mirar hacia atrás, valorar aciertos, corregir errores y poner el acento en los valores femeninos: en otras palabras, en la diferencia.

(15) Pocos dicen que la Revolución Francesa no podría haberse hecho sin el protagonismo activo de las mujeres. Sin embargo fueron ellas quienes marcharon hacia Versalles y obligaron a Luis XVI a ir a París, desde donde iba a serle más difícil escapar.

En medio de aquella efervescencia se crearon numerosos clubes de mujeres, (20) muchas de las cuales incluso tomaron las armas. Pero si pensaron que las cosas iban a cambiar para ellas, se equivocaron fuertemente: establecida la República, les dieron las gracias y las mandaron a casa. Acto seguido se negó la propuesta del marqués de Condorcet de dar la misma educación a mujeres y a varones.

25 Probablemente pocos movimientos feministas se hayan sentido tan traicionados como los de esa época. Olympe de Gouges, quien pertenecía a los sectores más moderados de la Revolución, autora de la Declaración de derechos de la mujer y la ciudadana, fue a parar a la guillotina. En 1793 fueron cerrados los clubes de mujeres y al año siguiente les prohibieron 30 cualquier tipo de actividad política. De derechas o de izquierdas, las más destacadas perdieron la cabeza (literalmente) o debieron exiliarse.

Paralelamente, la Revolución Industrial produjo una paradoja: mientras las mujeres de clases acomodadas se quedaban en su hogar, las menos pudientes° fueron incorporadas masivamente a las fábricas, pues les pagaban menos que 35 a los varones y eran más sumisas que éstos. Esta situación dio origen en el siglo XIX al movimiento sufragista. La del voto no era la única reivindicación, sino sólo la primera y la que podía unir a todas las mujeres más allá de sus diferencias políticas y sociales. En cada país el movimiento tuvo sus propias características: en los Estados Unidos, por ejemplo, estaba ligado a la lucha 40 contra la esclavitud.

°pudientes: ricas

Las sufragistas protagonizaron huelgas y manifestaciones, y sufrieron fuertes represiones. Cada 8 de marzo, Día Internacional de la Mujer, se recuerda a las obreras estadounidenses que murieron quemadas en 1908, cuando se declaró un incendio en la fábrica que habían tomado.

45 La idea de que las mujeres eran tan explotadas como los obreros volcó a muchas feministas hacia el marxismo. Otro fiasco: aunque éste denunciaba la explotación económica y sexual de la mujer, la restringía al marco de la lucha de clases y cualquier pretensión fuera de ese marco era considerada una "desviación burguesa". Los reclamos, en todo caso, había que dejarlos 50 para después de la revolución. Pero la experiencia soviética dejó en claro

Una muchacha moderna

que una cosa no tiene que ver con la otra: se estableció la igualdad por decreto, pero no se hizo nada por cambiar la mentalidad de la sociedad en ese aspecto.

Hoy parece absurdo considerar que la mujer no está capacitada para elegir 55 autoridades o ser parte activa de la vida política y económica de cualquier sociedad. Sin embargo, el derecho a votar sólo se consiguió en las primeras décadas de este siglo (y no en todo el mundo). Eso sí: quedó demostrado que las sufragistas habían acertado al suponer que el voto sería sólo el primer paso, especialmente después de la Segunda Guerra Mundial, cuando 60 la economía de tantos países descansó sobre los hombros femeninos.

°*títere: marioneta*

Durante los años sesenta y setenta no quedó títere° con cabeza: si algo caracterizó esas décadas fueron los cuestionamientos. En ese período el feminismo resurgió y ganó la calle con reclamos, como el derecho de la mujer a disponer de su propio cuerpo o tener igualdad económica y 65 profesional.

Por boca de autoras como las estadounidenses Kate Millet y Sulamith Firestone comenzaron a oírse términos como "patriarcado", "género", "casta sexual", y con ellos los planteos sociales entraron también en el terreno de lo privado. "Lo personal es político", era la consigna. ¿Qué significa esto? 70 Que como nuestra sociedad es patriarcal todos los varones, no importa la clase social a la que pertenezcan, se benefician económica, sexual y psicológicamente. El ejemplo más claro es el del trabajo hogareño, que suele estar a cargo de la mujer (aunque ella además tenga un empleo fuera de su casa) y que carece de retribución.

75 Al llevar las discusiones a la esfera privada comenzaron a gestarse grupos de autoconciencia. Estos grupos permitieron dar otra dimensión al movimiento feminista: más que desde la teoría se comenzó a pensar desde las experiencias personales. Sin descuidar los espacios para estudiar y organizarse, se crearon otros que atendían a las necesidades de las mujeres 80 de carne y hueso tales como las de tener guarderías o centros para mujeres maltratadas o víctimas de la violencia sexual.

Como todo movimiento, el feminismo evolucionó a la par de la sociedad: su escandalizadora irrupción en los años sesenta y setenta con manifestaciones en favor del aborto o actos como la quema de corpiños mostró —al igual 85 que el hippismo o los movimientos estudiantiles— que los valores tradicionales de la sociedad occidental estaban en crisis y que debían discutirse. Los ochenta fueron años más conservadores y mostraron una paradoja que encuentra el ejemplo más acabado en la figura de Margaret Thatcher. Una mujer llegó a gobernar uno de los llamados "países centrales". 90 Pero ¿hubo algo más masculino que ella? ¿Hay que masculinizarse para ganar un espacio en una sociedad de varones? Entonces, ¿a qué clase de mujer —y a qué clase de sociedad— se aspira?

Los noventa fueron precisamente eso, años de barajar y dar de nuevo. De la discusión —todavía no acabada— surge un nuevo feminismo que viene 95 pisando fuerte: el de la diferencia.

Betty Friedan, fundadora de la principal organización feminista de los Estados Unidos, revisó su postura y opina que "no debemos dejar los valores de la familia a la derecha". Jane Roe, la mujer cuyo caso llevó a legalizar el aborto en ese país, se convirtió al catolicismo. Naomi Wolf, una de las
100 más conocidas militantes del feminismo norteamericano, también cambió su posición ante el tema desde que tuvo una hija.

Probablemente el gran cambio es la aceptación del derecho a elegir cualquier opción. Ya no se trata de mirar por encima del hombro a la mujer que elige trabajar en su hogar o considerar "desnaturalizada" a quien prefiere no
105 casarse o no tener hijos. Incluso cambió el concepto de familia. El modelo tradicional ya no es el único: las familias a cargo de una sola persona siguen en aumento, y ya no extraña ver a un varón que cambia pañales o que se encarga de buena parte del trabajo hogareño. "El hombre y la mujer han de asumir nuevos papeles —dice la escritora Erica Jong—, y yo creo que
110 muchas parejas jóvenes se esfuerzan en experimentar con ello... Los hombres también están pasando malos momentos".

Así como el feminismo actual no es el mismo de los años sesenta, la sociedad incorporó muchos de sus planteos en esferas que podrían parecer insólitas. Es el caso, por ejemplo, de infinidad de empresas que (tras comprobar sus
115 bondades) optaron por lo que se podría llamar estilo gerencial femenino, en el que las decisiones se toman desde la participación, en contraposición al estilo masculino, vertical, inapelable y sujeto a errores. Muchas compañías —japonesas especialmente— están muy contentas con los resultados que obtuvieron desde que implementaron este sistema.

Portrait of the Artist as the Virgin of Guadalupe, *Yolanda M. López, 1978*

120 Ahora, bien: ¿qué es esto de un pensamiento femenino? "La mujer tiene una diferencia en relación con el hombre —opina la italiana Alessandra Bocchetti—, no sólo biológica, sino también histórica y de práctica cotidiana° que, le proporciona un saber. Las mujeres conocen a los seres humanos desde el lado menos heroico, en sus necesidades, en su cotidianidad, en sus 125 debilidades... Creo que ésa es su gran fuerza, su gran aporte a la sociedad: un don de realismo".

°cotidiana: perteneciente a la vida diaria

Para la sexóloga Shere Hite "el feminismo de los noventa debe estar basado en la diversidad: diversidad en los estilos de vida, en los objetivos y en las opiniones: a medida que crecemos, podemos asimilar y disfrutar de nuestras 130 diferencias y conocernos mutuamente".

No todas las feministas coinciden con ellas: "Donde las situaciones de poder son jerárquicas —opina la española Celia Amorós— lo diferente queda bloqueado en el lugar de lo desigual". Para Susan Faludi, la idea de que la igualdad ya se ha conseguido es un engaño, pues considera que el 135 patriarcado tiene numerosos recursos para perpetuarse.

"El fin del patriarcado no quiere decir que no exista dominio patriarcal —responden las partidarias de la diferencia—, sino que ya no significa nada en la mente de la mujer, e incluso ya en la de muchos varones".

Desde esta óptica, ya no hay más banderas de guerra: ellas sostienen que es 140 tiempo de mediación y que las llamadas políticas de igualdad empequeñecen

La Criada, *1974, Fernando Botero*

el sentido original de la diferencia sexual. Para ellas ya no se trata de pedir reconocimiento, sino de negociar, precisamente, desde la fuerza y la autoridad que da la diferencia.

La ley de cupo° femenino, por la que uno de cada tres cargos electivos corresponde a una mujer, es un buen ejemplo de esta discusión. Desde un ángulo, la medida cubre un bache: la política siempre estuvo dominada por los varones y con esta ley la mujer tiene una representación que tradicionalmente le fue negada. Desde el otro ángulo, es sólo un paliativo que suena a limosna. ¿Por qué plantear treinta por ciento para las mujeres? ¿Por qué no decir que ninguno de los dos sexos puede ocupar más de setenta por ciento de los cargos?

°*cupo: cuota*

Lo cierto es que muchas dicotomías (ama de casa/trabajadora, esposa y madre/mujer sola) han desaparecido, y no se trata de competir o no con el varón. "El hecho de que una mujer sea libre vuelve necesaria la amistad entre hombres y mujeres —afirma Alessandra Bocchetti, política y teórica feminista italiana—. La vuelve obligatoria. Si no hay amistad entre hombre y mujer no existe posibilidad de hacer sociedad."

Investigación: Leonel Giordano © *Nueva,* 1997

PARA COMENTAR

Trabajando en parejas contesten las siguientes preguntas sobre el artículo. Justifiquen su opinión cuando sea necesario. Luego pueden comparar sus respuestas con las de otros compañeros.

1. Según el artículo, ¿cuál fue el papel de las mujeres en la Revolución Francesa?
2. De acuerdo con la autora, ¿cuál fue el origen del movimiento sufragista?
3. ¿A qué suceso histórico se hace homenaje el 8 de marzo, Día Internacional de la Mujer?
4. ¿De qué década era la consigna feminista: "Lo personal es político"?
5. ¿Qué es la ley de cupo femenino? Explíquela.

PARA ESCRIBIR

Lea los siguientes temas. Luego escoja el que le interese más para escribir sobre el mismo. Comparta su trabajo con otro(a) compañero(a) e intercambien comentarios sobre lo que han escrito.

1. Describa la mujer que más impacto ha tenido en su vida. Usando ejemplos basados en hechos reales, destaque una o dos de sus cualidades más admirables.
2. Describa el personaje femenino que más admira, bien sea de la literatura, del cine o de algún programa de televisión. Explique de forma detallada por qué la admira.
3. Dé su opinión sobre el feminismo, sus logros y sus fallas. Respalde sus ideas con hechos concretos.

Poesía

ANTES DE LEER

En grupos de tres o cuatro estudiantes comenten lo siguiente. Compartan después sus observaciones con el resto de la clase.

1. La virginidad y la castidad de la novia eran un requisito estricto en los matrimonios del pasado. ¿Cómo ha cambiado esta situación en la sociedad moderna?
2. ¿Cuáles son los derechos que la mujer ha conquistado en la sociedad moderna y cuáles se le niegan todavía? ¿Por qué sucede eso?
3. ¿Se diferencian la mujer hispanoamericana y la norteamericana en sus responsibilidades domésticas y laborales (educación de los hijos, manejo del dinero, tareas)?
4. ¿Cuáles son las virtudes que busca un hombre en la mujer actualmente? ¿Cuáles son las que la mujer busca en el hombre?
5. ¿Tienen los prejuicios tradicionales masculinos la culpa de la condición social de la mujer en algunas áreas de Hispanoamérica? ¿O es otra la causa? Explique.

Sor Juana Inés de la Cruz (1648–1695) es la figura literaria más famosa del período colonial de Hispanoamérica. Nació en México, durante el virreinato español. Su padre era español y su madre, que era analfabeta, era criolla. Según Sor Juana nos cuenta en uno de sus escritos autobiográficos, ya había aprendido a leer a los tres años. Se cuenta que desde una temparana edad

Sor Juana Inés de la Cruz,
Miguel Cabrera, 1780

(a los doce años) la niña precoz quería asistir a clases en la universidad, aunque fuera disfrazada de hombre, ya que en su época la universidad era solamente para hombres.

A los trece años de edad fue a la corte, donde vivió como dama de honor de la virreina. Se destacó continuamente por su brillante inteligencia y sus diversos talentos. Entró a los dieciséis años en un convento de la orden de las Carmelitas Descalzas, y a partir de 1669 hasta su muerte fue monja de la orden de San Jerónimo.

Su obra poética, escrita bajo la influencia del barroco español, ha sido considerada una de las cumbres artísticas de la época. Una gran parte de sus versos son de tema amoroso. Tan notoria fue su figura y su arte en el México colonial que aun durante su vida la llamaron la "décima musa de México". Sus escritos le ocasionaron serios conflictos con las autoridades eclesiásticas, y cuatro años antes de su muerte, siguiendo la orden del obispo de México, abandonó su quehacer literario y vendió su gran biblioteca, tal vez la más grande que hubiera entonces en el continente. Mientras cuidaba a las monjas enfermas en su convento, ella también se enfermó y murió durante la plaga que hacía estragos durante esa época. El gran escritor mexicano Octavio Paz escribió su biografía: *Sor Juana Inés de la Cruz, o las trampas de la fe.* En 1991 la directora argentina María Luisa Bemberg realizó una película sobre la vida de Sor Juana: *Yo, la peor de todas.*

REDONDILLAS

Arguye de inconsecuentes el gusto y la censura de los hombres que en las mujeres acusan lo que causan

Hombres necios° que acusáis
a la mujer sin razón,
sin ver que sois la ocasión
de lo mismo que culpáis:
5 si con ansia sin igual
solicitáis su desdén°,
¿por qué queréis que obren bien
si las incitáis al mal?
Combatís su resistencia
10 y luego, con gravedad,
decís que fue liviandad°
lo que hizo la diligencia.
[...]
Con el favor y el desdén
15 tenéis condición igual,
quejándoos, si os tratan mal,
burlándoos, si os quieren bien.
Opinión, ninguna gana;
pues la que más se recata°,
20 si no os admite, es ingrata,

°necio: ignorante, tonto

°desdén: desprecio

°liviandad: ligereza, desvergüenza

°recatarse: cuidarse, tener prudencia

y si os admite, es liviana.
Siempre tan necios andáis
que, con desigual nivel,
a una culpáis por cruel
25 y a otra por fácil culpáis.
¿Pues cómo ha de estar templada°
la que vuestro amor pretende,
si la que es ingrata, ofende,
y la que es fácil, enfada?
30 [...]
Dan vuestras amantes penas
a sus libertades alas,
y después de hacerlas malas
las queréis hallar muy buenas.
35 ¿Cuál mayor culpa ha tenido
en una pasión errada:
la que cae de rogada°,
o el que ruega de caído°?
¿O cuál es más de culpar,
40 aunque cualquiera mal haga:
la que peca por la paga°,
o el que paga por pecar°?
Pues, ¿para qué os espantáis
de la culpa que tenéis?
45 Queredlas cual las hacéis
o hacedlas cual las buscáis.
Dejad de solicitar,
y después, con más razón,
acusaréis la afición°
50 de la que os fuere a rogar.
Bien con muchas armas fundo°
que lidia° vuestra arrogancia,
pues en promesa e instancia,
juntáis diablo, carne y mundo.

°templada: severa, rigurosa

°la que cae de rogada: la que "cae" después de recibir ruegos

°o el que ruega de caído: ruega después de haber caído

°la que peca por la paga: una prostituta

°el que paga por pecar: el que usa los servicios de la prostituta

°afición: inclinación, entusiasmo o gusto por algo

°fundo: llego a ver, supongo

°lidiar: tener que ver, ocuparse

PARA COMENTAR

Trabajando en parejas contesten las siguientes preguntas sobre la poesía. Justifiquen su opinión cuando sea necesario. Luego pueden comparar sus respuestas con las de otros compañeros.

1. ¿Por qué se culpa al hombre de la debilidad moral de la mujer en el poema de Sor Juana?
2. ¿Cómo describiría usted a los "hombres necios" a los que se dirige el poema?
3. Según se dice en *Redondillas*, la mujer nunca gana ("si no os admite... / si os admite..."). ¿Se refleja también en estas líneas la vida actual?

4. El poema de Sor Juana da a entender que en la época de la colonia (siglo XVII), se catalogaba a la mujer de acuerdo con una serie de códigos creados por el hombre. ¿En qué partes del poema se puede hallar prueba de esto?
5. ¿Cuál es la recomendación que hace Sor Juana a los "hombres necios"?
6. ¿Qué quiere decir en la última estrofa, "... en promesa e instancia, / juntáis diablo, carne y mundo"?

La poeta argentina Alfonsina Storni, 1892–1938

Poesía

Alfonsina Storni (1892–1938) nació en Suiza, pero creció y vivió la mayor parte de su vida en Argentina. Trabajó como maestra en Rosario y en Buenos Aires. Ganó fama primero en ese país, y luego en todo el mundo de habla española, por sus poemas y su actitud feminista. Su poesía de la primera etapa trata de las relaciones entre el hombre y la mujer en la sociedad argentina e hispanoamericana de la época. Storni critica en su obra la situación de la mujer mediante una fina y lírica ironía. Más tarde, hacia el final de su vida, su labor creativa adquirió un carácter más intelectual. En 1938, al saber que padecía de un cáncer incurable, se suicidó.

ANTES DE LEER

En grupos de tres o cuatro estudiantes comenten lo siguiente. Compartan después sus observaciones con el resto de la clase.

1. ¿Cuando se enamora, qué exige usted de la otra persona? ¿Por qué?
2. ¿Piensa que todavía se cree que el llanto de los hombres es una señal de debilidad, una indicación de una característica poco masculina? ¿De qué depende esa actitud?
3. ¿Qué entiende usted por feminismo? ¿Por qué aboga ese movimiento?
4. ¿Cree que existen dos patrones diferentes para juzgar al hombre y a la mujer en la vida social y profesional?
5. ¿Tienen su padre, hermano(s) o tío(s) una actitud diferente o igual a la suya en relación con los derechos de la mujer? ¿Por qué?

TÚ ME QUIERES BLANCA

De la colección El dulce daño *(1918)*

Tú me quieres alba;
me quieres de espuma;
me quieres de nácar°,
Que sea azucena°
5 sobre todas, casta.
De perfume tenue°.
Corola° cerrada.
Ni un rayo de luna
filtrado me haya,

°*nácar: substancia dura que producen las conchas de mar*
°*azucena: tipo de flor* (lily)
°*tenue: delicado, suave*
°*corola: cubierta exterior de la flor*

°*margarita: tipo de flor* (daisy)

°*nívea: de blancura similar a la nieve*

ni una margarita° (10)
se diga mi hermana.
Tú me quieres blanca;
tú me quieres nívea°;
tú me quieres casta.
Tú, que hubiste todas (15)
las copas a mano,
de frutos y mieles
los labios morados.
Tú, que en el banquete

°*pámpano: rama de la vid, el árbol de la uva*

°*Baco: dios griego del vino y las fiestas*

°*estrago: daño, ruina*

cubierto de pámpanos°, (20)
dejaste las carnes
festejando a Baco°.
Tú, que en los jardines
negros del Engaño,
vestido de rojo (25)
corriste al Estrago°.
Tú, que el esqueleto
conservas intacto,
no sé todavía
por cuáles milagros (30)
(Dios te lo perdone),
me pretendes casta
(Dios te lo perdone),
me pretendes alba.
Huye hacia los bosques; (35)
vete a la montaña;
límpiate la boca;
vive en las cabañas;
toca con las manos
la tierra mojada; (40)
alimenta el cuerpo
con raíz amarga;
bebe de las rocas;

°*escarcha: el rocío* (dew) *de las plantas*

°*salitre: nitrato de potasio, compuesto químico del mar*

°*levarse: levantarse*

°*tornada: devuelta*

duerme sobre la escarcha°;
renueva tejidos (45)
con salitre° y agua;
habla con los pájaros
y lévate° al alba.
Y cuando las carnes
te sean tornadas°, (50)
y cuando hayas puesto
en ellas el alma,
que por las alcobas
se quedó enredada,
entonces, buen hombre, (55)
pretendeme blanca,
preténdeme nívea,
preténdeme casta.

PESO ANCESTRAL

Tú me dijiste: no lloró mi padre;
tú me dijiste: no lloró mi abuelo;
no han llorado los hombres de mi
raza,
5 eran de acero.

Así diciendo te brotó una lágrima
y me cayó en la boca...; más veneno
yo no he bebido nunca en otro vaso
así pequeño.

10 Débil mujer, pobre que entiende,
dolor de siglos, conocí al beberlo.
Oh, el alma mía soportar no puede
todo su peso.

HOMBRE PEQUEÑITO

Hombre pequeñito, hombre pequeñito,
suelta a tu canario que quiere volar...
yo soy el canario, hombre pequeñito,
déjame saltar.

5 Estuve en tu jaula, hombre pequeñito,
hombre pequeñito que jaula me das.
Digo pequeñito porque no me entiendes,
ni me entenderás.

Tampoco te entiendo, pero mientras tanto
10 ábreme la jaula, que quiero escapar;
hombre pequeñito, te amé media hora,
no me pidas más.

PARA COMENTAR

Trabajando en parejas contesten las siguientes preguntas sobre los poemas de Storni. Justifiquen su opinión cuando sea necesario. Luego pueden comparar sus respuestas con las de otros compañeros.

1. "Tú me quieres blanca", le dice Storni al hombre. ¿Se refiere este adjetivo a la raza de la autora o a otro aspecto? ¿Qué interpretación le daría usted?
2. ¿Por qué le dice la voz lírica al "buen hombre" en el mismo poema que debe ir a la montaña, vivir en el bosque con los animales, dejar la ciudad y probar la naturaleza?
3. Después de cumplir con las recomendaciones el "buen hombre" puede pretenderla "blanca... / ...casta". ¿Por qué se hace posible lo que al principio se negaba?

4. ¿Por qué describe Storni en *Peso ancestral* la lágrima del hombre como "veneno"?
5. ¿A qué piensa que se refieren las palabras "peso ancestral"?
6. ¿Cómo describiría al "hombre pequeñito" según lo sugerido por Storni en su poema?
7. ¿Cómo se relacionan el "hombre pequeñito", el "canario" y la "jaula" en el poema de Storni?
8. ¿Por qué quiere escapar de esa relación la autora?

Poesía

Rosario Castellanos nació en la ciudad de México en 1925 y falleció en Tel Aviv, Israel, en 1974, mientras servía de embajadora de su país. Se destacó en la poesía, la novela, el teatro y el ensayo. Varios de sus cuentos y novelas reflejan su preocupación por la población indígena de su país. Otro tema central de su obra es el papel que desempeña la mujer en la sociedad mexicana moderna. Los tres poemas siguientes son ejemplos de su poesía feminista coloquial.

Rosario Castellanos (1925–1974), escritora mexicana. Uno de los temas que trata su obra es el papel que desempeña la mujer en la sociedad contemporánea mexicana.

KINSEY REPORT NO. 6

Señorita. Sí, insisto. Señorita.
Soy joven. Dicen que no fea. Carácter
llevadero°. Y un día
vendrá el Príncipe Azul, porque se lo he rogado
5 como un milagro a San Antonio. Entonces
vamos a ser felices. Enamorados siempre.

°llevadero: soportable, fácil de tratar

¿Qué importa la pobreza? Y si es borracho
lo quitaré del vicio. Si es un mujeriego
yo voy a mantenerme siempre tan atractiva,
10 tan atenta a sus gustos, tan buena ama de casa,
tan prolífica° madre
y tan extraordinaria cocinera
que se volverá fiel como premio a mis méritos
entre los que, el mayor, es la paciencia.

15 Lo mismo que mis padres y los de mi marido
celebraremos nuestras bodas de oro
con gran misa solemne.

No, no he tenido novio. No, ninguno
todavía. Mañana.

°prolífica: que tiene muchos hijos

PARA COMENTAR

1. En *Kinsey Report no. 6,* ¿qué haría la narradora si su esposo resultara ser mujeriego y borracho?
2. ¿Por qué insiste en que la llamen señorita? ¿Qué implicaciones tiene esto en la cultura hispanoamericana?
3. En su opinión, ¿por qué la narradora no ha tenido nunca ningún novio?
4. Si tuviera que describir la actitud de la narradora con un solo adjetivo, ¿cuál escogería? ¿Por qué?

PARA ESCRIBIR

1. Escoja la poesía que más le haya gustado de esta sección.
2. Léala nuevamente y apunte dos o tres ideas sobre los aspectos que considere más importantes.
3. Basándose en sus apuntes, escriba un párrafo que explique lo que usted entendió después de leerla y analizarla nuevamente.
4. Comparta su trabajo con otro(a) compañero(a) e intercambien comentarios sobre lo que han escrito.

Obra dramática (fragmento)

ANTES DE LEER

En grupos de tres o cuatro estudiantes comenten lo siguiente. Compartan después sus observaciones con el resto de la clase.

1. Piensen en los mitos de la Creación que conocen. Hagan una lista y un resumen corto de cada uno.
2. Decidan como grupo cuál de los mitos quieren contar al resto de la clase. Nombren a una persona como portavoz del grupo y a otra persona como secretaria. El portavoz presentará a los demás estudiantes el mito que eligieron, y la secretaria tomará apuntes al escuchar los comentarios del resto de la clase.

3. Cada equipo debe presentar a la clase el mito que hayan escogido. En el caso de que hayan escogido varios equipos el mismo mito, cada equipo intentará añadir detalles que le faltaban a los grupos anteriores.

EL ETERNO FEMENINO: FARSA

La escena siguiente se encuentra en la obra dramática de Rosario Castellanos titulada *El eterno femenino: farsa.*

MEROLICO. —Señoras, señores, distinguido público, ¡pasen, pasen a ver el fenómeno más extraordinario del mundo: la Mujer que se volvió Serpiente por desobediente! Señora, muéstrele usted este ejemplo a su hija, para que se enseñe a ser dócil. Joven, pase usted a mirarse en este espejo de cuerpo entero. Distinguido público: éste es un espectáculo para toda la familia, un espectáculo recomendado por las autoridades, tanto eclesiásticas como civiles. Un espectáculo en el que se combinan la diversión y la enseñanza de los sagrados principios morales. Diviértase y haga patria, ayudando a preservar las sacrosantas tradiciones de las que se nutre nuestra idiosincracia. Por un peso ¡fíjese usted bien, por un solo peso! usted lo consigue todo: distracción sana y protección segura contra las ideas exóticas. ¿Cuántos boletos? ¿Cuántos? ¿Quién dijo yo?

La gente, que huye por principio de todo lo que sea didáctico, comienza a dispersarse y sólo queda Lupita; paga su entrada y tiene acceso al interior de la carpa. Hay en ella una representación de lo que comúnmente se entiende como paraíso: un ameno jardín, con arroyuelos murmuradores, un manzano y una mujer cubierta con mallas escamosas que dormita hasta que un "spot" de luz la despierta. Deslumbrada, alza el rostro y escruta a lo que debería ser el público. Cuando descubre que no hay nadie más que Lupita da un gran bostezo.

EVA. —No se puede decir que éste sea un éxito.

LUPITA. —(*Apenada*) Si usted no cree que valga la pena molestarse por mí y quiere suspender la función...

EVA. —Oh, no. Tengo demasiada conciencia profesional para hacer eso. ¿A qué atribuirías tú esta falta de público?

LUPITA. —Hay mucha competencia.

EVA. —Eso ha de ser. Porque mi historia no ha dejado de ser interesante. Al contrario. Con esto del *Women's Lib* yo ando como chicle, de boca en boca. Unos me exaltan, otros me maldicen, pero nadie me olvida. En lo que a mí concierne, nunca he estado más en forma que hoy. Es el momento oportuno para... Pero mi mánager es un irresponsable: firma contratos con el primero que pasa y se desentiende por completo de la propaganda. En tales circunstancias es un milagro que *tú* estés aquí. Un verdadero milagro. (*Pausa que Lupita no sabe cómo romper.*) Desde hace siglos he soñado con alguien a quien pudiera contarle la verdadera historia de la pérdida del Paraíso, no esa versión para retrasados mentales que ha usurpado a la verdad. Tal vez tú... ¿Eres curiosa?

LUPITA. —Si no lo fuera no estaría yo aquí.

EVA. —Hmmm. Esa respuesta me huele a frase célebre. Pero, en fin, no se puede exigir mucho. Comenzaremos.

Eva se despoja de la malla escamosa y le queda otra de color carne. Va a sentarse, con un aire de total aburrimiento, debajo del manzano. Adán, también en mallas que insinúan su desnudez, aparece. Con un aire de maestro rural amonesta a Eva.

45 ADÁN. —...y no lo olvides: tú te llamas Eva. Repítelo: Eva.

EVA. —¿ Por qué?

ADÁN. —(*Confundido y, naturalmente, airado.*) ¿Cómo que por qué? Esas preguntas no las hace una mujer decente. Obedece y ya.

EVA. —No veo la razón.

50 ADÁN. —(*Que tampoco la ve. Para disimular.*) Te encanta llevar la contraria, hacerte la interesante. ¿Por qué no sigues el ejemplo de los demás? Mira. *(Actuando lo que dice.)* Tú te llamas árbol. Á-r-b-o-l. Y tú, hormiga. H-o-r-m-i-g-a. Con *h*, aunque la *h* es muda.

EVA. —No oigo que nadie responda nada.

55 ADÁN. —Es eso precisamente lo que quiero que aprendas. A no replicar.

EVA. —¿Cómo quieres que replique un árbol o una hormiga si son mudos? Así qué chiste. ¿Por qué no hablas con el perico? Porque él sí te puede contestar, ¿verdad?

ADÁN. —¡Qué equivocada estás, querida, qué equivocada! *(Herido pero*
60 *generoso.)* Yo no hablo con las cosas ni con los animales. Eso sería rebajar mi nivel. Ni siquiera hablo contigo.

EVA. —Eso sería elevar tu nivel.

ADÁN. —¡No seas insolente!

EVA. —No se trata de insolencia, sino de lógica. ¿Con quién hablas entonces?

65 ADÁN. —No hablo *con*, hablo *para*. Mi interlocutora es la posteridad.

EVA. —¿Quieres decir que hablas para nuestros tataranietos?

ADÁN. —Por favor, mujer, no seas prosaica. Yo pongo el problema en el plano del espíritu y tú lo reduces a los más vulgares elementos biológicos.

EVA. —Sin ellos, sin mi colaboración, quiero decir, ¿quién sería tu auditorio?

70 ADÁN. —La eternidad. Dios.

EVA. —¿Jehová?

ADÁN. —Él puede crear seres de la nada. A mí me formó con barro y a ti...

EVA. —Sí, ya sé, no me lo repitas. A mí me hizo con una de tus costillas.

ADÁN. —¿Lo ves? No eres indispensable. Y es bueno que recuerdes, de una
75 vez y para siempre, que tu condición es absolutamente contingente.

EVA. —Lo mismo que la tuya.

ADÁN. —¡Ah, no! Yo soy esencial. Sin mí, Dios no podría ser conocido ni reverenciado ni obedecido.

EVA. —No me niegues que ese Dios del que hablas (y al que jamás he visto)
80 es vanidoso: necesita un espejo. ¿Estás seguro de que no se trata de una diosa?

ADÁN. —¡No seas irreverente! Dios —porque está hecho a mi imagen y semejanza— quiso coronar la creación con una conciencia. *Mi* conciencia.

EVA. —Suena muy bonito... pero ¿qué te pidió a cambio?

ADÁN. —Que yo catalogue lo existente, que lo ordene, que lo cuide y que haga que se sujeten a su ley todas las criaturas. Comenzando contigo. Así que repite lo que te he enseñado. ¿Cómo te llamas?

EVA. —¿Cómo me llamas tú?

ADÁN. —Eva.

EVA. —Bueno. Ése es el seudónimo con el que voy a pasar a la historia. Pero mi nombre verdadero, con el que *yo* me llamo, ése no se lo diré a nadie. Y mucho menos a ti.

ADÁN. —¡Contumaz! No voy a seguir perdiendo el tiempo contigo. (*Revisando una agenda.*) Hoy me toca ocuparme de los lepidópteros. (*Se aleja, con la agenda abierta en la mano, y va señalando con un lápiz y apuntando nombres. Eva permanece en su lugar. Bosteza, se estira, está a punto de caer muerta de aburrimiento.*)

SERPIENTE. —(*Que había estado escondida detrás del árbol y que se manifiesta ahora como una figura asexuada con reminiscencias de reptil. Canta.*)

El hastío es pavorreal
Que se muere de luz
En la tarde...

EVA. —¿Qué es eso?

SERPIENTE. —La posteridad que canta.

EVA. —No seas cursi. Dime, ¿de dónde has salido?

SERPIENTE. —Si yo te lo dijera no me lo creerías: del mismo lugar que has salido tú.

EVA. —(*Despectiva*) ¿Eres otra costilla ambulante?

SERPIENTE. —Vamos, vamos, no me digas que crees en esas fábulas. Y, a propósito, ¿dónde está Adán?

EVA. —Vagando por allí. Ya sabes a lo que se dedica: a ponerles nombre a las cosas.

SERPIENTE. —¿Quieres decir que es un poeta? Debo advertirte que esa es una actividad escasamente remunerada.

EVA. —Para lo que nosotros necesitamos...

SERPIENTE. —(*Observándola*) ¡Qué horror! No tienes nada que ponerte!

EVA. —(*Con un gesto de pudor*) ¡Qué vergüenza! ¡Y delante de un extraño!

SERPIENTE. —Yo no soy un extraño. Yo conozco tu nombre verdadero.

EVA. —(*Sin preocuparse por verificarlo deseosa de confiar*) ¿Cómo lo supiste?

SERPIENTE. —Quedarías maravillada si yo te contara todo lo que sé. He estado en varios paraísos antes de venir a parar en éste, y te aseguro que nunca he visto un sitio más decepcionante.

EVA. —Y si aquello era tan bonito y esto es tan horrible, ¿por qué viniste aquí? ¿Por qué te quedas? ¿Por qué no vuelves?

SERPIENTE. —(*Misteriosa y triste*) Soy un exiliado político.

EVA. —¿Qué quiere decir eso?

SERPIENTE. —Que estuve en desacuerdo con el régimen. Tú sabes que la tiranía no tolera la crítica.

EVA. —¿Te echaron?

SERPIENTE. —Pedí asilo. Pensé que aquí las cosas serían diferentes. Y, en
130 realidad, el lugar es agradable... digo, para pasar unas pequeñas vacaciones.

EVA. —¿Vacaciones aquí? Aquí ninguno trabaja.

SERPIENTE. —¿Es posible? Ahora me explico la... digamos la escasez de tu vestuario.

135 EVA. —Dime, ¿qué es lo que usan las mujeres... allá?

SERPIENTE. —En esta temporada, hojas de parra. De diferentes colores, en diversas combinaciones. Es el último grito de la moda.

EVA. —(*Seductora*) ¿No sería posible conseguir una para mí?

SERPIENTE. —Bueno... eso cuesta dinero. Y me temo, por lo que cuentas de
140 las actividades de Adán, que no gana mucho.

EVA. —Tampoco quiero depender de él. Quiero bastarme a mí misma. Ya bastante me echa en cara lo de la costilla.

SERPIENTE. —¿Y sabes cómo se gana el dinero?

EVA. —Ni siquera sé, bien a bien, qué es el dinero.

145 SERPIENTE. —Es la recompensa del trabajo.

EVA. —¿Y qué es el trabajo?

SERPIENTE. —La mejor cura contra el aburrimiento. ¿Ves ese campo que tienes frente a ti?

EVA. —Ajá.

150 SERPIENTE. —¿Qué te parece?

EVA. —Así, así.

SERPIENTE. —Es un desperdicio, un verdadero desperdicio. Es el campo perfecto para sembrar viñedos.

EVA. —(*Pescando al vuelo la idea*) ¡Montones de hojas de parra! Para todas
155 las estaciones del año, para cada una de las horas del día, para la ocasión solemne y para el uso cotidiano...

SERPIENTE. —No corras tanto. Lo primero que habría que conseguir es un permiso de cultivo.

EVA. —¿Permiso? ¿A quién?

160 SERPIENTE. —Al dueño.

EVA. —El dueño es egoísta y cicatero. ¿Sabes que nos ha prohibido que comamos la fruta de ese árbol?

SERPIENTE. —¿Por qué?

EVA. —Ah, no se digna dar razones. Simple y sencillamente porque sí.

165 SERPIENTE. —¿Y a ti no te subleva esa arbitrariedad?

EVA. —A mí me hierve el hígado.

SERPIENTE. —¿Y entonces por qué no comes?

EVA. —(*Vacilante*) En realidad no se me antoja mucho.

SERPIENTE. —En realidad tienes miedo.

170 EVA. —No quisiera engordar.

SERPIENTE. —La fruta no engorda, eso está probado científicamente. Además, si trabajas tienes que estar bien alimentada.

EVA. —¿Es duro labrar la tierra?

SERPIENTE. —Cuando no se está acostumbrado... *(Corta una manzana y se le*
175 *ofrece a Eva)* Come.

EVA. —(*Tomando la manzana*) Tú no tienes aspecto de campesino.

SERPIENTE. —¿De qué tengo aspecto?

EVA. —No sé. Tal vez de... de intelectual.

SERPIENTE. —Me hubiera gustado más que me dijeras que tenía aspecto de
180 inteligente. Porque una persona inteligente se las ingenia para hacer lo que quiere y pagar por ello lo menos posible.

EVA. —(*Concertándose como para hacer cuentas*) Si yo como esa manzana...

SERPIENTE. —Habrás demostrado una cosa: que eres libre. Ahora bien, la libertad vale mucho. Pero cuesta mucho más.

185 EVA. —¡No me importa! Yo no obedezco órdenes arbitrarias, ni creo en cuentos de hadas, ni...

Relámpago, oscuridad momentánea. Cuando vuelve la luz ya no está la serpiente, sino sólo un Adán acusador.

ADÁN. —¿Qué has hecho?

190 EVA. —He descubierto que ese campo necesita cultivo. La parra se daría bien.

ADÁN. —¿De qué estás hablando?

EVA. —De que es una vergüenza que los dos andemos desnudos como dos pordioseros.

ADÁN. —No necesitamos ropa: éste es el país de eterna primavera.

195 EVA. —Propaganda turística. Ninguna primavera es eterna. Y a mí no se me da la gana esperar al otoño para recoger las hojas caídas. Yo quiero preparar mi vestuario ya. Así que manos a la obra.

ADÁN. — *(Incrédulo)* ¿Quieres decir que piensas trabajar?

EVA. —Yo no me cansaré porque estoy bien alimentada. Prueba esta manzana.

200 ADÁN. —¿Cómo te atreves? ¡Es el que Jehová nos ha prohibido!

EVA. —¿Por qué?

ADÁN. —Porque sí.

EVA. —¿A que no te atreves a preguntarle sus razones?

ADÁN. —(*Que está perdiendo fachada*) Atreverme, lo que se llama atreverme...
205 ¿por qué no? Pero sería una falta de respeto. Y Jehová es tan respetable: tiene una gran barba blanca.

EVA. —(*Desilusionada*) ¿Es viejo? Ahora lo comprendo todo: nos ha prohibido tocar esa fruta por envidia. Quiere que, en la flor de la edad como estamos nosotros, seamos tan débiles y tan impotentes como él. ¿Sabes lo que tiene
210 esa manzana? *(Adán hace un signo negativo con la cabeza)* Vitaminas. Hay que hacer dieta equilibrada si queremos que nuestros hijos sean sanos.

ADÁN. —¿Hijos?

EVA. —Claro. Hay que pensar en ellos. Me gustaría dejarles de herencia una pequeña granja de labor, con sus vacas de ordeña y sus aves de corral y...

215 ADÁN. —(*Que ha estado mordisqueando distraídamente la manzana, se atraganta*) ¿Quién te ha metido esas ideas en la cabeza?

EVA. —Las ideas no se meten en la cabeza: salen de la cabeza. ¿Qué tal estuvo la manzana? ¿Sabrosa?

ADÁN. —(*Mirando, horrorizado, el hueso*) ¡Dios mío!

220 EVA —No lo llames. ¿Para que lo quieres?

ADÁN —Para pedirle que no nos castigue.

EVA —¿Qué más castigo quieres que esta vida ociosa sin perspectivas de progreso ni de cambio, sin nada?

ADÁN —(*Nostálgico*) Pero éramos tan felices... No nos faltaba nada.

225 EVA —No deseábamos nada, que es distinto. Y no éramos felices. Éramos egoístas y cobardes. La categoría humana no se recibe; se conquista.

ADÁN —(*Arrodillado*) Señor, yo no soy digno. Señor, ten piedad de nosotros.

VOZ CAVERNOSA Y DISTANTE. —"¡Parirás con dolor!"

EVA. —Pago el precio de la plenitud. Y juro que no descansaré hasta vencer el dolor.

230

VOZ. —"¡Moriréis! ¡Os perderéis!"

EVA. —La muerte será la prueba de que hemos vivido.

ADÁN. —(*Tratando de detenerla*) Eva, te lo suplico, retrocede.

EVA. —(*Avanzando siempre*) No es posible. La historia acaba de comenzar.

PARA COMENTAR

Trabajando en parejas, contesten las siguientes preguntas sobre ***El eterno femenino: farsa.*** *Justifiquen su opinión cuando sea necesario. Luego pueden comprobar sus respuestas con las de otros compañeros.*

1. Al principio del acto, Eva proclama que va a contar la "verdadera historia de la pérdida del paraíso". ¿En qué se diferencia esta historia de la historia del Génesis que usted recuerda?
2. Describa las diferencias que encuentra entre las personalidades de Adán y Eva.
3. ¿Cómo se compara la actitud que tiene Eva hacia su nombre con la actitud que tiene Esperanza en el cuento *Mi nombre* de Sandra Cisneros?
4. En la Biblia, Satanás en algún momento fue uno de los ángeles más importantes del cielo, pero cayó. En la obra, ¿cuál fue el motivo de la Serpiente para dejar el Paraíso, según lo que cuenta Eva?
5. ¿Cuáles son los motivos de Eva para comerse la manzana prohibida?
6. ¿Cuál es la actitud de Adán hacia la pérdida del Paraíso? ¿Y la de Eva?
7. ¿Qué líneas demuestran el deseo de Eva de ser una persona independiente?

8. ¿Por qué cree usted que Castellanos ha hecho a Eva la más ambiciosa de la pareja? ¿Cree usted que ella pretende comentar algo sobre el papel de la mujer en la sociedad actual? ¿Qué?
9. En su opinión, ¿muestra la autora respeto o desprecio hacia la decisión de Eva, o muestra una actitud ambivalente? ¿En qué se basa su opinión?
10. ¿Cómo describiría usted el tono de la pieza? Dé ejemplos del texto que sirven de muestra de este tono.

PARA ESCRIBIR

Análisis y explicación

Escoja una de las siguientes citas y explíquela dentro de su contexto, con sus propias palabras. Luego, analícela detalladamente, con referencias específicas al texto, en uno o dos párrafos. Su análisis puede contener una reacción personal a la cita. Comparta su trabajo con otros(as) compañeros(as) e intercambien comentarios sobre lo que han escrito.

1. "Las ideas no se meten en la cabeza: salen de la cabeza".
2. "La categoría humana no se recibe; se conquista".
3. "La libertad vale mucho... pero cuesta mucho más".
4. "La muerte será la prueba de que hemos vivido".

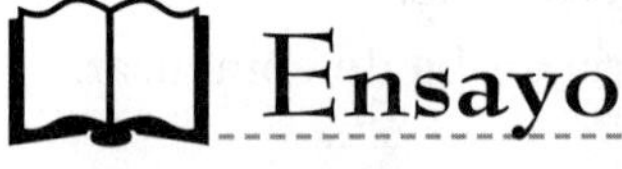

Elena Poniatowska

Elena Poniatowska nació en 1933, en París, de padre francés-polaco y madre mexicana. Desde los nueve años vivió en México, aunque ha residido también en los Estados Unidos. Se ha destacado a nivel continental como novelista y periodista. Es una de las cultivadoras más conocidas del género conocido como "literatura testimonial", donde se mezclan las técnicas del periodismo con las de la novela. Su primer éxito en ese sentido fue la obra *Hasta no verte Jesús mío* (1969), donde ficcionaliza la vida de Jesusa Palancares, luchadora revolucionaria. También ha escrito sobre los amores del famoso pintor Diego Rivera con su amante rusa Quiela, y sobre la vida de la fotógrafa anarquista mexicana Tina Modotti. En *La Noche de Tlatelolco* interpreta los sucesos de 1968 en México que condujeron a la muerte de estudiantes y trabajadores, masacrados por el ejército. Poniatowska se presenta a menudo en universidades norteamericanas, donde es muy respetada por sus escritos e ideas feministas. Sus obras se han estado traduciendo a muchos idiomas.

"La literatura de las mujeres en México, después del caso único de Sor Juana, empieza ahora y está ligada irremediablemente al movimiento de la mujer".[1]

---

[1] Elena Poniatowska. Citado *en Puerta abierta. La nueva escritora latinoamericana.* Autoras: Caridad L. Silva-Velázquez y Nora Erro-Orthman. México: Editorial Joaquín Mortiz S.A., 1986. Página 199.

MUJER Y LITERATURA EN AMÉRICA LATINA

La literatura de las mujeres en América Latina es parte de la voz de los oprimidos. Lo creo tan profundamente que estoy dispuesta a convertirlo en leitmotif,° en un ritornello,° en ideología.

°*leitmotiv: tema central que se repite*
°*ritornello: estribillo, repetición*

...

5 La que hace surgir esta literatura es una realidad indignante y dolorosa. Queremos dejar constancia aquí y ahora, sin hacernos ilusiones, y meter nuestro rollo en un ánfora° que flote desesperadamente y llegue al otro lado del mar, al otro lado del tiempo, para que los que vengan sepan cuán alto fue el grito de quienes los antecedieron.

°*ánfora: cántaro antiguo de dos asas, para guardar y transportar el vino*

10 ...

Las escritoras latinoamericanas venimos de países muy pobres, muy desamparados. No tienen ustedes idea a qué grado son pobres nuestros países, no puedo siquiera imaginarlos, imaginarlo. Porque la pobreza no es la del indigente europeo, la del *clochard* que se envuelve filosóficamente 15 en su abrigo de cuatro estaciones, no, la pobreza de América Latina es la de la indiferencia. No hay nadie ante quién pararse, nadie a quién decirle: "*No he comido, hace días que no como*" porque a nadie le importa, eso no importa. Ninguna sopa del Ejército de Salvación aguarda sobre el fuego, ningún albergue para pasar la noche. El hambre va haciéndose terrosa,° 20 polvosa,° se esparce extenuada sobre las cosas de la tierra. La desolación° es irremediable. Traten ustedes de hablar con alguien que tiene hambre, verán cómo se pierde su mirada. Los hambrientos siguen una rendija en el suelo y por allí se les va la mirada y no la recuperan. Como que no han percibido su propia existencia, no saben que viven. Crecen sí, pero en dolor, 25 en esa renuncia calculada de la que ni siquiera son conscientes. Están solos al lado de todos porque viven al margen, hasta el ruido parece alejarse de ellos, el mundo los ha drenado. El suyo es un silencio de piedra.

°*terrosa: que parece de tierra, o está sucia como la tierra*
°*polvosa: polvorienta*
°*desolación: gran dolor o pena*

...

No reclamamos para América Latina el patrimonio de la miseria mundial; 30 sabemos que la hay en otros continentes, que la India está marcada por ella, que existe en África y en los países árabes. Pero declaramos, sí, un tipo particular de miseria, que no es la tercermundista° ... sino de la soledad, el desconocimiento, la indiferencia. En los mapas del continente latinoamericano aparecen muchas extensiones pintadas de rojo como regiones 35 inexploradas. Así nos sentimos nosotros, vírgenes, intactos, aún sin nombre, sin que nadie se proponga descubrirnos.

°*tercermundista: relativo al llamado Tercer Mundo: Asia, África y América Latina*

...

No pretendo afirmar que la literatura femenina empieza con las revoluciones del Siglo XX en América Latina. No, no, sé bien que hubo 40 otras batallas y que la mayor la ganó Sor Juana Inés de la Cruz, nacida en 1651, y que Octavio Paz considera aún el mayor poeta del Siglo XX. Pero no lo fue a partir de su condición de mujer, al contrario; escribió en una romanza: "*Yo no entiendo de esas cosas / Sólo sé que aquí me vine / porque si es que soy mujer, / ninguno lo verifique /*". La primera decisión de Sor Juana es

°lastrar: recargar algo, haciéndolo más pesado

°embarazar: dificultar

°agudizarse: hacerse más agudo

°aullar: dar aullidos o gritos muy fuertes

45 salir de esa envoltura femenina que la lastra° y sobre todo la condena. No en vano se corta el pelo, para encerrarse a estudiar mientras éste crece, porque cabeza tan desnuda de noticias no puede ostentar tan apetecible adorno. Y porque es muy vehemente y poderosa su inclinación a las letras abandona la corte del Marqués de Mancera y a los diecinueve años entra 50 al Convento de las Jerónimas. Sólo el encierro le brinda lo que ella busca y llama "*las impertinencias de su genio*" que son el querer vivir sola, el no tener ocupación obligatoria que embarace° la libertad de su estudio, ni rumor de comunidad que impida el sosegado silencio de sus libros. Tres siglos después, la mexicana Rosario Castellanos —quien deseó un orden 55 hermoso y verdadero— siente que el mundo no sólo la defrauda sino le es hostil. Y los gritos a lo largo del continente se agudizan° hasta que Sylvia Plath aúlla° que la mujer ha sido el ser más vejado de la historia. Doblemente sometidas, una por la conquista, que trae aparejada la religión, otra por su condición de mujer, la visión femenina será siempre la de los vencidos; la 60 mujer que no se somete al hombre está condenada al fracaso. Los títulos de las novelas acerca de mujeres en América Latina son significativos: "*Santa*" o "*Monja, casada, virgen y mártir*".

...

Si escritoras latinoamericanas que viven una situación de privilegio como 65 Marta Traba, Griselda Gambaro, Claribel Alegría, se han aliado a los oprimidos, otras han querido darles voz a los que no la tienen. Tal es el caso de Jesusa Palancares, la protagonista de "*Hasta no verte Jesús mío*", de Domitila la minera boliviana y de su antecesora Carolina María de Jesús. Su relato reúne la suficiente calidad como para acceder a la literatura. Quisiera 70 detenerme en ellas porque más que nadie reflejan a las grandes mayorías del continente latinoamericano y a las enormes contradicciones que se desconocen en Europa. En América Latina las mujeres no somos una masa homogénea que compartimos idénticas tareas, como podría suceder en Europa. Lo dijo muy bien Domitila al enfrentarse, en el Año Internacional 75 de la Mujer en México, a una líder mexicana que le pedía que dejara de hablar de masacres y del sufrimiento de su pueblo y hablara de "nosotras las mujeres ... de usted y de mí ... de la mujer, pues". "Muy bien, le dije, hablaremos de las dos. Pero, si me permite, voy a empezar. Señora, hace una semana que yo la conozco a usted. Cada mañana usted llega con un 80 traje diferente; y sin embargo, yo no. Cada día llega usted pintada y peinada como quien tiene tiempo de pasar en una peluquería bien elegante y puede gastar buena plata en eso; y sin embargo, yo no. Y para presentarse aquí como se presenta, estoy segura de que usted vive en una vivienda bien elegante, en un barrio también elegante, ¿no? Y, sin embargo, nosotras las mujeres 85 de los mineros tenemos solamente una pequeña vivienda prestada, y cuando se muere nuestro esposo o se enferma o lo retiran de la empresa, tenemos noventa días para abandonar la vivienda y estamos en la calle.

Ahora, señora, dígame, ¿tiene usted algo semejante a mi situación? ¿Tengo yo algo semejante a su situación de usted? Entonces, ¿de qué igualdad vamos 90 a hablar entre nosotros? Si usted y yo no nos parecemos, si usted y yo somos tan diferentes, nosotras no podemos en este momento ser iguales, aún como mujeres, ¿no le parece?

Pero en aquel momento, bajó otra mexicana y me dijo:

—Oiga usted: ¿qué quiere usted? Ella aquí es la líder de una delegación de México y tiene la preferencia. Además, nosotras aquí hemos sido muy benevolentes con usted, la hemos escuchado por radio, por televisión, por la prensa, en la Tribuna. Yo me he cansado de aplaudirle.

A mí me dio mucha rabia que me dijera esto, porque me pareció que los problemas que yo planteaba servían entonces simplemente para volverme un personaje de teatro al cual se debía aplaudir. Sentí como si me estuvieran tratando de payaso"...

Los pobres son siempre los bufones°, los utilizables, los intercambiables, la masa, el pueblo, los que sirven de telón de fondo, los que viven otra vida, los exiliados también; su situación de inferioridad los condena y ellos mismos se condenan.

°bufón: persona que hace reír

...

El otro pavor es el de la tortura. Pueden ustedes alegar que mi visión es parcial; que en América Latina suceden otras muchas cosas además de la tortura, la desaparición, el hambre. Es cierto. Dentro de la literatura latinoamericana, los temas son múltiples y esplendorosos, y no necesariamente giran en torno a la desgracia. A nadie puede impedírsele ver el mundo desde arriba, desde el espacio cósmico y resulta bien poético constatar° con Yuri Gagarin que la tierra es azul.

°constatar: comprobar

...

Poco a poco nos enteramos de secuestros en América Latina, de opositores políticos cuyas casas son sitiadas a las cuatro de la mañana cuando rechinan las llantas de un automóvil, se escuchan portazos, el ruido de gente que corre y luego nada, salvo los vecinos que al día siguiente murmuran temerosos. "*Anoche ... un operativo*". Pero no sabíamos que una mujer que va caminando a nuestro lado, tomada de nuestro brazo, asida° a nuestra sonrisa, súbitamente podría desaparecer, así de un momento a otro. Alaíde Foppa se fue a Guatemala y murió del corazón en la segunda tortura. La otra tortura es la del hambre, las mazmorras° del hambre, y los desaparecidos del hambre; los niños asidos a la sonrisa del padre que se suicida porque no consigue empleo.

°asir: coger, agarrar

°mazmorra: calabozo o prisión subterráneas

...

Nada. Por eso escribimos. Escribimos para explicarnos lo incomprensible, para dejar constancia, para que los hijos de nuestros hijos sepan. Escribimos para ser. Escribimos para que no nos borren del mapa. Escribimos en América Latina porque es la única manera que conocemos para no desaparecer o para dar testimonio de los desaparecidos por la política y el hambre. Escribimos para que sepan que durante un espacio de tiempo y luz —un lapso dirían los científicos— vivimos sobre la tierra, fuimos un punto, una referencia, un signo, una partícula que se movió, proporcionó energía, calor, se unió a otras partículas. Por eso escribimos. Escribimos como los hombres que inscriben su nombre en los muros de la cárcel; lo dejan grabado con las uñas, rascan los muros con las manos, con los dientes, con toda la fuerza que traen adentro, con toda la rabia de esta vida que les quieren quitar. Escribimos un momento antes del edicto° y la condena, un

°edicto: ordenanza, ley

140 momento antes de que nos lleven al paredón. Somos, lo sabemos, los condenados de la tierra y así escribimos, como alucinados. Somos las Locas de la Plaza de Mayo en torno a quienes se hace el silencio todos los jueves. Nadie se asoma a la Plaza a la hora en que se reúnen y sacan sus pañuelos blancos y las maltratadas fotografías de sus hijos, de sus hijas, con las esquinas 145 dobladas por el uso. Escribimos en América Latina para reclamar un espacio, para descubrirnos ante los demás, ante la comunidad humana, para que nos vean, para que nos quieran, para integrar la visión del mundo, para adquirir alguna dimensión, para que no se nos borre con tanta facilidad. Escribimos para no desaparecer.

150 Quizás esto no tenga que ver con la literatura; no he hablado de estilos ni de características, ni siquiera he mencionado a muchas autoras. No disertaré acerca de las dos ramas de la literatura; la realista y la fantástica, la marxista o la estructuralista. Nunca he sabido dividir absolutamente nada, nunca he podido acomodar temas en sus distintas categorías. De hecho no soy capaz 155 de analizar tendencias, corrientes, variantes críticas, metodologías. Ni siquiera sé bien lo que digo o lo que hago porque no tengo imágenes preconcebidas ni de mí misma, ni de los demás, ni del mundo que nos rodea. No les pregunté a ustedes: ¿Son woolfianas°? ¿Son proustianas°?" Sólo puedo hablar de lo obvio, pegar mis cuernos a la tierra, embarrar mis 160 belfos° de lodo. Por eso aventurar° que América Latina es un continente expuesto, un continente en peligro y en el cual peligra la vida de los hombres. Son muchos los genocidios invisibles en África, en América Latina, además de los visibles en El Salvador, en Guatemala, que ya están escandalizando al mundo. También hay genocidios inaudibles° contra el 165 pueblo, a través de la fractura grotesca de su economía. Son sus palabras mudas y sus voces airadas las que recogemos, por eso la escritura de América Latina, y sobre todo la de las mujeres, es ya la de los de a pie, las de los que comen tierra, la de los desamparados, la literatura de los que tienen más de cien años de atraso y también, ¿por qué no?, la literatura de los que se 170 levantan en armas, la del fusil en la mano, la de la rabia.

°*woolfianas: que siguen las ideas o teorías de la escritora inglesa Virginia Woolf (1882–1941)*

°*proustianas: que siguen las ideas o teorías del escritor francés Marcel Proust (1871–1922)*

°*belfo: labio, generalmente del caballo*

°*aventurar: proponer una idea arriesgada*

°*inaudible: que no se oye o escucha*

PARA COMENTAR

Trabajando en parejas contesten las siguientes preguntas. Justifiquen su opinión cuando sea necesario. Luego pueden comparar sus respuestas con las de otros compañeros.

1. ¿Por qué quiere la autora convertir el tema de la literatura femenina en América Latina en un "leitmotif, un ritornello"?
2. ¿En qué se diferencia, según Poniatowska, la pobreza en Hispanoamérica de la de Europa?
3. ¿Qué relación puede hallar entre lo que Poniatowska cuenta sobre Sor Juana y lo que la poetisa misma refiere en los versos suyos estudiados anteriormente?
4. En la anécdota de Domitila que se incluye, ¿por qué dice al final la narradora "que los problemas que yo planteaba servían ... para volverme un personaje de teatro al cual se debía aplaudir"?

5. Escribe la autora: "Por eso escribimos". ¿Cómo se vincula la realidad de Hispanoamérica (torturas, hambre, secuestros, violencia), según la autora, con la literatura que producen las escritoras del continente?
6. Cuando Poniatowska escribe, "no les pregunté a ustedes: '¿son woolfianas? ¿son proustianas?'", parece que se dirige únicamente a un público femenino. ¿Cree usted que el tema tratado en el escrito es importante también para un público masculino? Explique porqué.
7. **Pregunta opcional. Opinión.** ¿Piensa usted que la literatura femenina en Estados Unidos tiene una motivación diferente a la de América Latina? ¿Abogan por diferentes cosas las autoras?

PARA ESCRIBIR

Escriba en uno o dos párrafos su reacción ante el ensayo de Poniatowska. Escoja una de las dos preguntas de abajo.

1. ¿Está usted de acuerdo o en desacuerdo con la autora en cuanto a cuál debe ser el tema central de la literatura femenina en América Latina?
2. ¿Cree usted que son diferentes o iguales las preocupaciones, las aspiraciones, las metas de las mujeres y de los hombres? Explique.

Mujer de Tehuantepec, *foto tomada por la fotógrafa Tina Modotti, 1929*

Ensayo

Mercedes Ballesteros es una ensayista, novelista y cuentista española de familia aristocrática, nacida en 1913, en Madrid. Después de estudiar filosofía y letras en la Universidad de Madrid, comenzó a publicar principalmente artículos humorísticos en periódicos y revistas de la época. Sus novelas y cuentos se centran en la mujer y los niños españoles, hacia los cuales Ballesteros muestra gran simpatía. Eso se aprecia en el siguiente ensayo breve, donde la escritora hace uso de un fino sentido del humor y de ironía.

ANTES DE LEER

A. *Hagan la siguiente encuesta en parejas. Tomen notas de las respuestas de su compañero(a). Luego, compartan los resultados de la encuesta con otras parejas. Pueden hacer una gran tabla en la pizarra con los resultados de toda la clase.*

1. ¿Cuál ha sido el libro que más le ha impactado, y por qué? Comente sobre el tema, la trama, el mensaje y los personajes.
2. Qué prefiere leer: ¿cuentos, biografías, historias de misterio, de amor, de ciencia ficción, de aventuras?
3. ¿Qué autoras ha leído en inglés o en español?
4. ¿Está suscrito(a) a algún club de libros por correspondencia?
5. ¿Compra libros a menudo? ¿Frecuenta las librerías de libros nuevos o prefiere las de libros usados? ¿Cuál es su librería favorita?
6. ¿Cuáles son los tópicos que más le interesan?
7. ¿Marca o señala usted sus libros cuando encuentra una idea interesante?
8. ¿Les presta sus libros a amigos y familiares?
9. ¿Se deshace del libro una vez que lo lee? ¿Lo vende, lo regala? ¿Lo presta ?
10. ¿Qué opina usted de la gente que bota los libros? ¿Qué otro uso podría darse a estos libros que no tienen otro destino mejor?

B. *En grupos de tres o cuatro estudiantes comenten lo siguiente. Compartan después sus observaciones con el resto de la clase.*

1. Según su opinión, ¿existen todavía áreas de la vida cotidiana, cultural o profesional que son sólo dominio del hombre, y otras sólo de la mujer?
2. ¿A quién le gusta más la lectura, a su padre o a su madre? ¿A sus hermanos o hermanas? ¿A qué lo atribuye?
3. ¿Por qué razón se le hacía dificultoso a la mujer en el pasado el acceso a los estudios de nivel superior?
4. ¿Qué se puede adquirir a través de la lectura y del estudio de libros, además de conocimiento e información y una profesión o un oficio?
5. ¿Por qué diría usted que los libros son tan importantes en la vida moderna?
6. ¿Conoce o ha usado usted los libros electrónicos? ¿Qué sabe de ellos? ¿Qué ventajas y desventajas ofrecen a lectores modernos? ¿Cuál cree usted que es el futuro del libro, en vista de los rápidos cambios tecnológicos que están ocurriendo?

LA MUJER Y LOS LIBROS

El índice de analfabetismo femenino entre la clase media española fue muy crecido hasta el pasado siglo. Tan penoso estado de cosas se superó a principios de éste, pero sin mayor provecho. Las mujeres sabían leer, pero no leían. La sirvienta nueva, al llegar a una casa, solía preguntar qué
5 procedimiento debía usar para limpiar "los libros del señor". No se le pasaba por las mientes° que la señora usase la biblioteca. El libro se consideraba un objeto específicamente masculino, como podría serlo un frac°.

Cierto que alguna que otra dama leía las *Rimas de Bécquer*°, las *Doloras de Campoamor*° y hasta las había tan cultas que se sabían tiradas° de versos de
10 "El tren expreso" de Espronceda°; pero de ahí no pasaban.

Muy culpables de semejante atraso fueron los varones pertenecientes a esa generación que se regía° por el cortés precepto de la "mujer honrada, la pata quebrada y en casa". Y ya se sabe que la mujer española de la clase media es especialmente virtuosa y, en consecuencia, se pasaba el día encerrada,
15 con las zapatillas del marido debajo del brazo por si al rey del hogar se le ocurría venir a deshora° y no encontraba a punto la cómoda pantufla° con la que descansar de sus viriles quehaceres. No hay que olvidarse de que también era peculiaridad muy destacada del marido chapado° a la antigua tener un genio de todos los demonios y si no se le rendía el reverente
20 acatamiento° a que estaba acostumbrado —índice de que la mujer no tenía aún la pata bastante quebrada— se la quebraba él de motu propio°.

Frotando dorados y haciendo empanadillas y labores de aguja° se le pasaba la vida a la dama de antes, de la cual solía decir su marido con orgullo de sultán "es una santa" y de paso le proporcionaba todos los medios para
25 alcanzar la santidad.

°pasar por las mientes: ocurrírsele, considerarlo
°frac: chaqueta de hombre
°Gustavo Adolfo Bécquer: (1836–1870) poeta español, famoso por su poesía amorosa
°Ramón de Campoamor: (1817–1901), poeta español muy popular en su tiempo
°tirada: serie de palabras
°José de Espronceda: (1808–1842), poeta romántico español
°regirse: guiarse
°a deshora: tarde, no a la hora acordada
°pantufla: zapatilla
°chapado: educado, formado
°acatamiento: respeto, obediencia
°motu propio: a su manera
°labores de aguja: labores para coser o bordar algo

Alejandra,
Bernadita Zegers, 1994

°*osada: atrevida, valiente*

°*rapar: arrebatar, quitar violentamente*

°*aguantar la mecha: soportarlo todo*

°*zurcir: remendar, arreglar una prenda de vestir con hilo y aguja*

°*achicharrado: quemado*

En las casas entraba la prensa, pero ya se sabía que era "el periódico del señor" y la mujer más osada° no se habría atrevido a echarle una ojeada a las noticias. Si alguna se arriesgaba a hacerlo, su esposo la reconvenía rapándole° el papel: "Tú de eso no entiendes", y le daba a cambio una patata para que la pelara.

30 Después de pasarse la mencionada esposa siglo tras siglo aguantando mecha°, con una resignación y una paciencia que al mismo Job le harían ponerse colorado, llegó un día en que dijo: "Basta". Tiró por la ventana el calcetín que estaba zurciendo° y echó una mirada alrededor para ver qué era eso que les hacía decir a los hombres que la vida era una cosa tan agra-
35 dable. Cogió un libro, se interesó en su lectura y sólo se decidió a soltarlo cuando la empezaba a ahogar la humareda que salía de la cocina. La pierna de cordero se había achicharrado°; pero la mujer había dado un paso de gigante en el camino de la civilización. El paso de gigante le costó una buena bronca; pero ya se sabe que las broncas alegran la vida del matrimonio.

PARA COMENTAR

Trabajando en parejas, contesten las siguientes preguntas sobre ***La mujer y los libros.*** *Justifiquen su opinión cuando sea necesario. Luego pueden comprobar sus respuestas con las de otros compañeros.*

1. ¿Por qué, ya sabiendo leer la mujer española a principios de este siglo, no leía o leía poco?
2. ¿Qué significa el dicho "la mujer honrada, la pata quebrada y en casa" según la lectura?
3. ¿Cómo se puede relacionar el acatamiento (obediencia) que el hombre esperaba de su mujer en la casa, con el hecho de que la mujer no tenía acceso a los libros o no tenía la costumbre de leer?
4. ¿Cómo explica usted la siguiente afirmación irónica de Ballesteros: "solía decir su marido con orgullo de sultán 'es una santa'"?
5. ¿Por qué, al empezar a leer con libertad, ha dado la mujer "un paso de gigante en el camino de la civilización"?
6. ¿Hasta qué punto es similar la situación narrada aquí con la que existía o existe en muchos países de Hispanoamérica, o en algunas comunidades de los Estados Unidos?
7. ¿Qué hay detrás de la afirmación "las broncas alegran la vida del matrimonio"?

PARA ESCRIBIR

Lea los siguientes temas. Luego escoja el que le interese más para escribir sobre el mismo. Comparta su trabajo con otro(a) compañero(a) e intercambien comentarios sobre lo que han escrito.

1. Escriba uno o dos párrafos acerca de las características que definían en el pasado a la mujer española de clase media. ¿Cuáles eran las limitaciones impuestas por el matrimonio de entonces? ¿Qué esperaba de ella el esposo?

2. Escriba un párrafo sobre un libro que haya leído en español o en inglés, o que le gustaría leer por recomendación de amigos, de familiares o de reseñas en revistas especializadas.
3. Escriba una breve composición de una a dos páginas sobre el tema: "El estudiante hispano en los Estados Unidos y la importancia de la lectura en español".

III. Mundos hispanos

Mercedes Sosa

Mercedes Sosa ha sido llamada "la voz de América Latina", "la diva del folclor" en Hispanoamérica. Ella es en efecto una de las voces más famosas y personales del continente. Su música es tan poderosa y única que a sus conciertos acude un público de variadas tendencias políticas, al cual seduce apasionadamente su arte.

Mercedes Sosa nació en 1935, en la provincia de Tucumán, Argentina, región de ese país donde se mantuvo la población indígena aun después de la colonización y la independencia. Su padre era un trabajador ocasional y su madre lavandera. En ella confluyeron la sangre quechua paterna, y la francesa, materna. Fue a partir de 1962 que se dio a conocer en el mundo de la música, con su participación en el entonces floreciente movimiento

La cantante argentina, Mercedes Sosa

de la nueva canción o nueva trova, de claro tinte político e ideológico. Desde entonces se ha presentado en toda Hispanoamérica, Europa y en los Estados Unidos, con éxito rotundo.

Su música trata principalmente de la injusticia imperante en muchos países de América Latina, y también de la opresión bajo las dictaduras militares, así como de la desigualdad económica y social de su país y de otros del continente. Mercedes Sosa se ha manifestado por un arte en defensa de los derechos humanos y de los oprimidos de cualquier parte del mundo.

Durante la dictadura militar que sufrió Argentina a partir de 1976 Mercedes Sosa continuó cantando en el país, pero su situación se fue volviendo cada vez más precaria y peligrosa, por lo cual decidió abandonar su patria, y exiliarse en Francia y España en 1979. Por tres años actuó en Europa, llevando su voz y su mensaje al público europeo. Cuando la democracia fue reestablecida en su patria la cantante retornó y su regreso se convirtió en una fiesta nacional.

Mercedes Sosa ha interpretado las canciones de los más distinguidos "trovadores" del continente; entre ellos, Chico Buarque, Milton Nascimento, Silvio Rodríguez, Pablo Milanés, y otros. Sus versiones son justamente famosas, porque tanto letra como música adquieren una nueva y potente dimensión en su voz y su personalidad. Su arte conmueve profundamente y traspasa las barreras del idioma, de las ideologías y las culturas.

La cantante ya cuenta con casi setenta años, pero se ha mantenido sumamente activa y realiza a menudo giras continentales, habiendo estado en diferentes ciudades de los Estados Unidos varias veces. Últimamente, aunque sus convicciones políticas no han cambiado, Sosa ha interpretado canciones más convencionales, de amor —uno de sus últimos discos se titula "Gestos de amor"—, pero con la misma pasión y excepcional creatividad de siempre.

En 1995 Sosa recibió el Premio de Aniversario del Fondo de Desarrollo para la Mujer de las Naciones Unidas (UNIFEM), "People Who Have Moved Us", condecoración que celebra su preocupación por divulgar la problemática de la mujer en Hispanoamérica, y sus llamados al desarrollo social y al respeto de los derechos humanos en el mundo.

ACTIVIDAD

En grupos de tres o cuatro estudiantes, o individualmente, traten de escuchar grabaciones de Mercedes Sosa o de ver un video de una de sus actuaciones. Algunos de sus álbumes más conocidos son Mercedes Sosa, en vivo en la Argentina, *y* Escondido en mi país. *Luego, escriban uno o dos párrafos con sus impresiones sobre lo que han visto o escuchado y léanlo en clase. Si trabajan en grupo, combinen sus párrafos con los de sus compañeros(as). Podrán así realizar un breve informe en conjunto y presentarlo oralmente en clase.*

IV. El arte de ser bilingüe

Breves representaciones teatrales

ACTIVIDAD

Basándose en lo leído y comentado en clase a lo largo del capítulo, van a trabajar en parejas para crear diálogos en español basados en las siguientes situaciones redactadas en inglés. Deben seguir estos pasos:

1. Con un(a) compañero(a) de clase, escojan una de las situaciones. Decidan quién va a representar a cada personaje independientemente del sexo de cada uno. (Las mujeres pueden representar a los hombres y viceversa).
2. Lean cuidadosamente la situación escogida y hagan una lista del vocabulario en español que necesitarán para representar esa situación.
3. Escriban entre los dos una sinopsis del diálogo que tendrá lugar entre los dos personajes, dividiéndose entre los dos las palabras anotadas en el paso 2. Tengan en cuenta que algunas de las palabras anotadas pueden ser usadas por ambos(as).
4. Lean individualmente la parte correspondiente al personaje elegido y hagan las correcciones necesarias. Cada uno(a) puede también agregar otros elementos a su parte, si lo considera necesario.
5. Ahora ensayen una lectura del diálogo en pareja. No olviden darle la entonación y los gestos necesarios para hacer "realista" la lectura.
6. Leánle su escena a la clase. Antes de comenzar deberán indicar qué papel representa cada uno, el hombre o la mujer.
7. Presten atención a la lectura de los demás. Se realizará una votación en clase para escoger las dos mejores escenas.

Escena 1: *Your in-laws, who love gourmet food, are coming to dinner and you have an important exam to study for. You had agreed to make a special dinner that evening but suddenly you realize that you need much more time to study. Your partner does not really know how to cook but you need to convince him/her to do the cooking or you won't do well on the test. Your partner refuses even to try because he/she does not want to make a fool of himself/herself. Convince him/her to work it out somehow.*

Escena 2: *You left school in order to marry. You have stayed at home raising three children and they are already going to primary school. Now you want to go back to school to finish your degree. But your partner does not support the idea at all and there have been arguments about this issue. Your partner thinks you should stay home until the kids start high school. You strongly disagree. Convince your partner.*

Escena 3: *Even though you started a full-time job, you have been doing all of the housework. You get home very tired and you have repeatedly asked your partner to do his/her share of the work. Somehow it never gets done, however, and there is always an excuse. This situation is poisoning the relationship. Convince your partner of the need to divide the chores.*

Escena 4: *You have been denied promotion while one of your close work associates of the opposite sex has been promoted. You think you are being discriminated against because of your gender, and you say it directly to your supervisor, who denies it and says that it is all in your mind. Convince your supervisor that he/she has been unjust. Use* usted *form of address.*

Escena 5: *You have a job interview at a big corporation. You are certain you have the qualifications for this post, but you sense that the interviewer thinks otherwise, judging by the questions he/she is asking you. The position requires extensive travel to Latin America and the ability to make executive decisions on the spot. Convince the interviewer that you meet and surpass the qualifications for the job. Use* usted *form of address.*

V. Unos pasos más: fuentes y recursos

A. PARA AVERIGUAR MÁS

Busque uno de los libros indicados a continuación u otro que su profesor o profesora le recomiende. Escoja un capítulo o una sección que le interese y prepare una lista de tres a cinco puntos principales basados en la lectura. Anote sus impresiones generales. Prepárese para compartir esto oralmente en clase.

La mujer—bibliografía selecta

Castillo-Speed, Lillian. *Chicana Studies Index. Twenty Years of Gender Research, 1971–1991.* Berkeley: Chicano Studies Library Publications, 1992.

Chaney, Elsa M. *Muchachas No More: Household Workers in Latin America and the Caribbean.* Philadelphia: Temple University Press, 1989.

Erro-Peralta, Nora and Caridad Silva-Nuñez, eds. *Beyond the Border: A New Age in Latin America's Women's Fiction.* San Francisco: Cleis Press, 1991.

García Lorca, Federico. *La casa de Bernarda Alba* en *Obras completas.* Madrid: Aguilar, 1993.

Marting, Diane E. *Women Writers of Spanish America: An Annotated Bio-Bibliographical Guide.* New York: Greenwood Press, 1987.

Miller, Francesca. *Latin American Women and the Search for Social Justice.* Hanover: University Press of New England, 1991.

Mujica, Bárbara. *La despedida* en *Nosotras, Latina Literature Today.* Tempe: Bilingual Press/Editorial Bilingüe, 1986.

Navarro-Aranguren, Marysa. *Latin American Feminism.* En *Americas: New Interpretive Essays.* Alfred Stepan, ed. New York: Oxford University Press, 1992.

Partnoy, Alicia. *You Can't Drown the Fire. Latin American Women Writing in Exile.* Pittsburgh: Cleis Press, 1998.

Silva-Velázquez, Caridad. *Puerta abierta: La nueva escritora latinoamericana.* México: Joaquín Mortiz, S.A., 1986.

Spanish American Women Writers. New York: Greenwood Press, 1990. (Reference Work).

Autoras hispanas—bibliografía selecta

LATINOAMÉRICA

Allende, Isabel. *La casa de los espíritus.* España: Plaza & Janes, 1983.

Bombal, María Luisa. *La última niebla.* Buenos Aires: Ediciones Andina, 1970.

Cabrera, Lydia. *Cuentos negros de Cuba.* 3ª edición. Miami: Ediciones Universal, 1993.

Castellanos, Rosario. *Álbum de familia.* México: Joaquín Mortiz, 1979.

——. *Meditación en el umbral.* México: Fondo de Cultura Económica,1985.

——. *Oficio de tiniemblas.* México: Joaquín Mortiz, 1972.

——. *Poesía no eres tú: Obra poética 1948–1971.* México: Fondo de Cultura Económica, 1975.

De Vallbona, Rima. *Mujeres y agonías.* Houston: Arte Público Press, 1986

Esquivel, Laura. *Como agua para chocolate.* New York: Doubleday/Bantam Doubleday Publishing Group, 1989.

Ferré, Rosario. *Antología personal: 1992–1976.* Río Piedras: Editorial Cultural, 1994.

——. *Sitio a Eros.* México: Joaquín Mortiz, 1980.

Garro, Elena. *Los recuerdos del porvenir.* Madrid: Ediciones Siruela, 1994.

Naranjo, Carmen. *Mujer y cultura.* Ciudad Universitaria Rodrigo Facio, Costa Rica: Editorial Centroamericana, 1989.

——. *Otro rumbo para la rumba.* Ciudad Universitaria Rodrigo Facio, Costa Rica: Editorial Centroamericana, 1989.

Peri Rossi, Cristina. *El museo de los esfuerzos inútiles.* Barcelona: Seix Barral, 1983.

——. *Otra mirada sobre el mismo paisaje: Encuentro con mujeres escritoras.* Oviedo: Fundación de Cultura/Ayuntamiento de Oviedo, 1995.

Poniatowska, Elena. *Testimonios de una escritora: Elena Poniatowska en micrófono.* En *La sartén por el mango,* editado por Patricia Elena González and Eliana Ortega. Río Piedras, P.R.: Huracán, 1984.

——. *El recado.* En *Cuentistas mexicanos siglo XX.* México: Universidad Nacional Autónoma, 1976, 285–286.

——. *Querido Diego, te abraza, Quiela.* México: Ediciones Era, 1978.

——. *Tinísima: Novela.* México: Ediciones Era, 1992. [Tina Modotti]

Porzencanski, Teresa. *Historias para mi abuela.* Montevideo: Editorial Letras, 1970.

Somers, Armonía. *La inmigrante.* En *Puerta abierta: La nueva escritora Latinoamericana.* Editado por Caridad Silva-Velázquez y Nora Erro-Orthman. México: 1988, 205–222.

LOS ESTADOS UNIDOS

Álarcón, Norma, ed. *Chicana Critical Issues.* Berkeley: Third Woman Press, 1993.

Álvarez, Julia. *How the García Girls Lost Their Accents.* Chapel Hill: Algonquin Books of Chapel Hill, 1991.

Castillo, Ana. *Massacre of the Dreamers: Essays on Xicanisma.* Albuquerque: Univ. of New Mexico, 1994.

——. *The Mixquiahuala Letters.* New York: Anchor Books, Doubleday, 1992.

Chávez, Denise. *Last of the Menu Girls.* Houston: Arte Público Press, 1987.

Hospital, Carolina, Ed. *Los atrevidos: Cuban American Writers.* Ediciones Ellas/Linden Lane Press, 1988.

García, Cristina. *Las hermanas Agüero.* New York: Vintage Español, 1997. (Publicado originalmente en inglés.)

Mohr, Nicholasa. *Nilda.* Houston: Arte Público Press, 1986.

——. *Rituals of Survival. A Woman's Portfolio.* Houston: Arte Público Press, 1985.

Morraga, Cherríe. *This Bridge Called My Back: Writings by Radical Women of Color,* 1981. [La traducción al español se titula: *Este puente, mi espalda: voces de mujeres tercermundistas en los Estados Unidos.* Cherrie Moraga y Ana Castillo, Eds. Traducido por Ana Castillo y Norma Alarcón. San Francisco: ISM Press, 1988.]

Obejas, Achy. *We Came All the Way from Cuba so You Could Dress Like This?* San Francisco: Cleis Press, 1994.

Rebolledo, Tey Diana, and Eliana S. Rivero, eds. *Infinite Divisions: An Anthology of Chicana Literature.* Tucson: Arizona University Press, 1993.

——. *Women Singing in the Snow: A Cultural Analysis of Chicana Literature.* Tucson: University of Arizona Press, 1995.

B. PARA DISFRUTAR Y APRENDER

Con uno, dos o más compañeros(as) de clase, escojan y vean una de las películas recomendadas de la lista a continuación. Consulten las indicaciones dadas en el capítulo 4 para escribir individualmente una breve reseña de un mínimo de dos páginas y un máximo de tres. Entregue el trabajo a máquina. Consulte con su profesor(a) acerca de la posibilidad de hacer un informe oral para la clase.

Películas

FILMES

Amores perros (México), 2000, 147 min.
¡Ay Carmela! (España), 1991, 105 min.
Bodas de sangre (España), 1981, 71 min.
Como agua para chocolate (México), 1992, 105 min.
Cría cuervos (España), 1977, 115 min.
Danzón (México), 1992, 103 min.
El nido (España), 1987, 109 min.
Eva Perón (Argentina), 1996, 97 min.
Flores amarillas en la ventana (Argentina), 1996, 95 min.
Fortunata y Jacinta (España), 1969, 108 min.
Frida (México), 1984, 108 min.
La Belle Époque (España), 1993, 109 min.
La flor de mi secreto (España), 1996, 107 min.
La historia oficial (Argentina), 1985, 110 min.
La mitad del cielo (España), 1986, 127 min.
La regenta (España), 1974, 90 min.
Lucía (Cuba), 1985, 160 min.
Mujeres al borde de un ataque de nervios (España), 1988, 88 min.
Retrato de Teresa (Cuba), 1979, 119 min.
Secretos del corazón (España), 1996, 101 min.
Susana (España), 1951, 87 min.
Tristana (España), 1970, 98 min.
Viridiana (España), 1961, 1980 (VHS), 90 min.

FILMES RECOMENDADOS DE MARÍA LUISA BEMBERG:

Camila (Argentina), 1984, 105 min.
Miss Mary (Argentina), 1986, 102 min.
Yo, la peor de todas (México), 1990, 107 min.
De eso no se habla (Argentina), 1994, 102 min.

DOCUMENTALES

Mujeres de América Latina, 1997. Serie interesante de 13 videos disponibles en español o en inglés, que nos deja ver cómo es la vida en diferentes países de Latinoamérica. Producido por RTVE, cada video dura 58 minutos. Distribución: *Films for the Humanities.*

In Women's Hands. 60 minutos, 1993. Video de excelente calidad, de la serie de 10 videos llamada *Americas,* televisada en PBS. Narrado por Raúl Juliá. Para más información, llamar a *The Annenberg/CPB* (1-800-LEARNER).

Miss Universe in Perú. 32 minutos, 1986. Sobre el concurso de belleza de 1982, muestra los grandes contrastes que existen en la sociedad peruana: la belleza del concurso se opone a la pobreza y la miseria de la mayoría de las mujeres. Para más información, llamar a *Women Make Movies* (212-925-0606).

Women of Hope: Latinas abriendo camino. 29 minutos, 1996. Trata de los logros de mujeres latinas de los Estados Unidos. Entre las mujeres que hallamos en el filme están la puertorriqueña congresista Nydia Velázques, la escritora chicana Sandra Cisneros y muchas más. Contiene mucha información histórica. Producido por el *Bread and Roses Cultural Project* y distribuida por *Films for the Humanities.* En inglés.

The Status of Latina Women. 26 minutos, 1991. Explora las diferencias entre las latinas de Estados Unidos y las mujeres de Latinoamérica. Distribuido por *Films for the Humanities.* En inglés.

Recursos de la red (WWW)

Si desea explorar la red, vaya a http://www.wiley.com/college/roca, donde encontrará una lista de sitios relacionados con el tema de este capítulo. Abajo puede empezar a explorar los siguientes sitios.

Centro Cultural Sor Juana Inés de La Cruz
http://www.arts-history.mx/ccsorjuana/index.html

Agenda de las Mujeres—El Portal de las Mujeres Argentinas, Iberoamericanas y del MERCOSUR
http://agendadelasmujeres.com.ar/

United Nations Inter-Agency Network on Women and Gender Equality (IANWGE)
http://www.un.org/womenwatch

WHRnet Women's Human Rights Net (AWID)
http://www.whrnet.org/es/index.html

MADRE, Organización Internacional de Derechos Humanos de la Mujer
http://www.madre.org/articles_sp.htm

Capítulo Ocho

Cruzando puentes: El poder de la palabra, la imagen y la música

Las últimas noticias están a su alcance por el World Wide Web—*tanto en español como en inglés. Explore periódicos, revistas y programas de noticias en español por medio del Internet.*

PARA ENTRAR EN ONDA

Para ver cuánto sabe del tema del capítulo, responda a este cuestionario lo mejor que pueda. Escoja la respuesta apropiada. Luego compruebe sus conocimientos, consultando la lista de respuestas que aparecen invertidas al pie de este ejercicio.

1. María Hinojosa es
  a. una destacada especialista en tecnología.
  b. una conocida periodista.
  c. una famosa muralista mexicana.

2. De las múltiples cadenas nacionales de televisión de Estados Unidos, dos son de habla hispana.
  a. verdadero **b.** falso

3. *Televisa* es una de las productoras de televisión más grandes del mundo y forma el conglomerado más importante de medios de comunicación en español.
  a. verdadero **b.** falso

4. Editorial América, que publica las revistas *Vanidades, Hombre, Mecánica Popular* y *Cosmopolitan en español,* está ubicada en
  a. Nueva York. **c.** Los Ángeles.
  b. Bogotá. **d.** Miami.

5. Oprah Winfrey ha dicho que ella es la "Cristina en inglés", refiriéndose a Cristina Saralegui, locutora del programa *El Show de Cristina.*
  a. verdadero **b.** falso

6. ¿Qué universidad estadounidense (fuera de Puerto Rico) fue la primera en ofrecer una maestría (*masters degree*) en periodismo en español?
  a. La Universidad de California en Los Ángeles
  b. La Universidad de Nuevo México en Albuquerque
  c. La Universidad Internacional de la Florida en Miami
  d. No se otogran títulos de periodismo en español en los Estados Unidos

7. Shakira, Carlos Vives y Juanes
  a. son cantantes mexicanos.
  b. son cantantes dominicanos.
  c. son cantantes colombianos.

8. Para el año 2020 se calcula que uno de cada ______ adolescentes (*teenagers*) de la población en Estados Unidos va a ser latino; eso quiere decir que este segmento de la población hispana va a aumentar un 60 por ciento.
  a. 3
  b. 5
  c. 10

Respuestas: 1b, 2a, 3a, 4d, 5a, 6c, 7c, 8b

I. Conversación y cultura

¡EXTRA! ¡PALABRAS, IMÁGENES Y MÚSICA POR EL INTERNET!

Las nuevas tecnologías son maravillosas, ¿verdad? Por ejemplo, ¿le gustaría poder leer la edición eléctronica del periódico argentino llamado *Clarín* o prefiere leer *La Nación*? ¿Es usted un colombiano que vive en Estados Unidos y quisiera leer noticias de su país diariamente? ¿Sabía que puede leer *El Espectador* o *El Tiempo* (de Bogotá) y muchos más periódicos de Colombia en la red? ¿Tal vez usted es cubanoamericano y quisiera aventurarse a leer por curiosidad la prensa internacional sobre Cuba y desde Cuba, y las noticias publicadas en Miami donde hay tantos cubanos? Eche un vistazo a *Cubanews, Notinet, Radio y TV Marti, CubaPress, Granma* (periódico comunista de Cuba) y *El Nuevo Herald* (periódico en español del *Miami Herald*). Puede leer diferentes puntos de vista, los del mundo que tiene la libertad de prensa y los que no la permiten. Compruebe usted mismo.

Si le gusta leer periódicos y revistas y disfruta de estar al tanto de eventos y espectáculos de música, teatro y de cine que ocurren tanto en su ciudad como en otras partes del mundo, podrá buscar información fácilmente por medio del Internet. Por ejemplo, ¿qué películas serias o divertidas del momento o de hace años hay para escoger con la actuación del famoso Antonio Banderas? Siendo él un ejemplo de un actor que hace películas tanto en español como en inglés, podemos buscar información sobre sus filmes hechos en Estados Unidos y otros hechos en España, su país de origen.

Hoy día podemos mantenernos más al tanto de lo que ocurre en otras partes del mundo, no sólo sobre eventos y noticias, sino también de lo que está pasando en las artes en las grandes y pequeñas ciudades, gracias a los medios de comunicación electrónicos y a los avances de la tecnología. Podemos traer a las pantallas en nuestros hogares o lugares de trabajo, tanto noticias y otros escritos de periódicos y revistas de otras ciudades y países, como

Tanto el World Wide Web *como el uso de la computadora para escribir y mandar artículos por correo electrónico, ya forman parte de una tecnología indispensable para los que trabajan en los diversos medios de comunicación.*

videos, libros-en-línea, artículos en un sin fin de tópicos, filmes, y música de estaciones de radio de diferentes países. A través de sitios en la red disfrutamos música a la medida, lo mismo la clásica que la popular, jazz o folclórica y programas en diferentes lenguas.

En el siglo XXI más y más personas dependemos del uso de la computadora para buscar información, planear viajes, entretenernos. Por ejemplo, ¿planea usted un viaje a España y quisiera informarse acerca de lo que está pasando en el país antes de partir? Busque *El País Digital, La Vanguardia, El ABC, El correo gallego,* etc. ¿Su familia es mexicana y quisiera mantenerse en contacto con las noticias de México? ¿Sabía que puede leer fácilmente *El Nacional, El Excelsior, El Diario de Yucatán, La Opinión, El Heraldo de Chihuahua* y muchos más? ¿Le gusta el cine y quiere ver información sobre festivales por si logra ir a alguno de ellos, como el *Miami International Film Festival* o el *Latino International Film Festival* en Los Ángeles?

Para encontrar rápidamente en Internet las noticias de periódicos y revistas de Latinoamérica, clasificadas por país, sólo tiene que llegar a la siguiente dirección de la red por medio de su computadora: http://latinworld.com. kiosco.htm. Verá lo fácil que le será leer las noticias del momento de los países que escoja. Por ejemplo, ¿ha visto por televisión o ha visitado por computadora la página del programa noticiero de Telemundo? Si se conecta con la dirección siguiente, podrá ver a quién han entrevistado, leer entrevistas que se le han hecho a presidentes de Latinoamérica y ver videos del programa. Vaya a: http://www.telemundo.com. Y si es música lo que le interesa más, explore los sitios de diferentes cantantes y grupos que sean sus preferidos. ¡Diviértase! ¡Explore en español y en inglés sus nuevos mundos!

Los estudios de CNN en español, canal de noticias que se ve en España, Latinoamérica y Estados Unidos

MESA REDONDA

A. *En parejas, hagan la siguiente encuesta. Tomen nota de las respuestas de su compañero(a).*

1. ¿Dónde tiene usted acceso al Internet? ¿Cuánto tiempo hace que la usa?
2. ¿La usa en su casa, en la universidad, o en ambos lugares?
3. ¿Qué periódicos o revistas lee en la red? ¿Con qué frecuencia?
4. ¿En qué idioma los lee? ¿En inglés o en español? ¿En los dos?
5. ¿Tiene sitios favoritos que usa con frecuencia? ¿Cuáles son?
   Para las noticias
   Para oír música latina
   Para saber más sobre temas de negocios
   Para saber más sobre temas de su especialidad
   Para encontrar información sobre películas y espectáculos
6. ¿Ve películas en su computadora? ¿Cómo las consigue? ¿Qué ha visto recientemente en español? ¿Prefiere ver filmes en casa o en el cine? Explique.
7. ¿Quiénes son sus actrices o actores favoritos que sean de habla hispana y que han hecho películas en inglés y en español? ¿Qué más admira de ellos o ellas?

B. *Compartan los resultados de la encuesta anterior con otras parejas.*

C. *Observen individualmente los resultados de la encuesta. Compartan sus observaciones con la clase.*

II. Lectura

ANTES DE LEER

En grupos de tres o cuatro estudiantes comenten lo siguiente. Compartan después sus observaciones con el resto de la clase.

1. ¿Qué tipo de música le gusta más a usted? Si estaba escuchando algo antes de venir a clase, ¿qué era?
2. ¿Escucha usted más música en inglés o en español? ¿Cuáles son sus bandas o cantantes favoritos?
3. ¿Cómo prefiere escuchar la música —por Internet, por la radio o por otros medios?
4. Si usted fuera cantante profesional, ¿cantaría en inglés, en español o en ambos idiomas?

MÚSICA SIN FRONTERAS

Hay más de una manera de cruzar un puente, y si ese puente le lleva a uno al mayor éxito en el difícil pero enorme mercado de música en Estados Unidos, ¡cuidado con el tráfico de ambos lados! El término *crossover hit* no tuvo su origen para describir a los artistas latinos que buscan conquistar nuevos mercados cantando en inglés, sino cuando artistas de música *country* empezaron a grabar canciones dirigidas al público más amplio de música *pop*. Desde entonces, cantantes como Shania Twain, Faith Hill y hasta el venerado Johnny Cash (que era tal vez el único septuagenario que había grabado un tema de los *Nine Inch Nails*) han podido hacer el "cruce" con éxito. Otro posible *crossover* es el del *rap* hacia la música popular, lo cual han hecho artistas tan disímiles como Ice-T y Vanilla Ice. O, como indicamos anteriormente, puede referirse a los muchos artistas hispanohablantes de hoy día, que deciden tomar el arriesgado paso de sacar un disco compacto en inglés. Triunfar en el mercado angloparlante en Estados Unidos es una de las metas a que se han dedicado estrellas latinas como Ricky Martin, Shakira y Enrique Iglesias. Hasta Thalía, la conocidísima cantante mexicana, ha probado las aguas del tentador mercado estadounidense.

Enrique Iglesias, hijo de Julio Iglesias, cantante popular, igual que su padre

Para la dinastía musical de los Iglesias, anhelar esta manzana dorada no es nada nuevo. Hace unos veinte años Julio Iglesias grabó con Willy Nelson el tema *To All the Girls I've Loved Before*. ¿Quién hubiera pensado que un muchacho madrileño que soñaba con una carrera de futbolista iba en 1984 a ganar el premio de mejor canción del año de la *American Academy of Country Music*? Su hijo Enrique no se queda corto en sus deseos de igualar los logros de su padre. En 1999 grabó *Enrique*, su primer disco compacto en inglés. Aunque en él no canta en su idioma natal, el rasgueo de una guitarra española en el fondo logra señalar claramente que nunca dejará atrás ese ángel latino que le llevó al triunfo internacional.

El ejemplo femenino por excelencia de este fenómeno ha sido la colombiana Shakira. Como su *pedigrí* de roquera es impecable —se crió escuchando la música de Led Zeppelin y los Rolling Stones— para ella, el reto mayor fue aprender el inglés. Y como no sólo interpreta sino también escribe su propio material, tuvo que sumergirse en los ritmos de los versos norteamericanos, lo cual hizo estudiando a maestros tan variados como el poeta Walt Whitman y el cantautor Leonard Cohen. ¿El resultado? *Laundry Service*, su primer álbum con canciones en inglés, vendió más de 10 millones de copias.

Como todo puente, hay los de ambos lados que quieren llegar a la otra orilla. Cantantes latinos que se identifican por completo con el mercado en inglés se tientan por captar su pedacito del creciente mercado disquero latino. El hecho de que sean bilingües y biculturales les ofrece unas enormes ventajas tanto profesionales como personales, ya que pueden moverse entre dos lenguas y dos mundos que tienen tanto que ofrecer.

Linda Rondstadt hizo su arranque cantando música *folk-rock* en los años 60, pero tiene una voz tan grande y tantos intereses musicales que nunca fue fácil de clasificar: Ha grabado en géneros desde *country* hasta música de

45 *Broadway*, y en 1988 regresó a sus raíces chicanas cuando grabó una colección de rancheras llamada *Canciones de mi padre.* Jennifer López, una mujer con ambiciones tan grandes como el famoso diamante que le regaló Ben Affleck, buscó la ayuda de nadie menos que el rey de la salsa, Marc Anthony, cuando por fin decidió hacer el cruce, o *crossover.* Juntos grabaron 50 *No me ames*, de lo cual es seguro que ninguno de los dos se ha arrepentido —López logró con ese disco el hecho extraordinario de tener un disco número uno en ventas en el mercado latino, mientras que otro tema suyo, *If You Had My Love*, era el primero en el mercado angloparlante.

Shakira, famosa cantante colombiana, que canta en inglés y en español

Una que, al igual que Shakira, tuvo que romper la barrera del idioma antes 55 de entrar en un nuevo mercado, fue Christina Aguilera. Aunque es latina, en su casa no hablaban español, así que tuvo que aprender el idioma antes de grabar el disco *Mi reflejo* en el año 2000. Algunas de las canciones, como *Genio atrapado*, son traducciones de sus éxitos en inglés, pero otras son composiciones nuevas escritas en español.

60 ¿Por qué tanto énfasis en el mercado latino por parte de artistas y productores? La población latina está creciendo a un paso de galope, mientras que el resto de la población se queda atrás: se calcula que para el año 2020 la población hispana adolescente se habrá incrementado un sesenta por ciento, mientras que la población adolescente en general tan 65 sólo crecerá un ocho por ciento. Y el mercado adolescente es el mercado que manda: tienden a tener dinero disponible para comprar discos compactos, ropa, videos y, en muchos casos, son los jóvenes quienes determinan qué marca de ropa va a estar de moda y quién va a ser la próxima megaestrella de la música o del cine. El mercado de jóvenes latinos 70 no es fácil de captar; como los artistas latinos del canto se resisten a las clasificaciones fáciles, y como se han criado con influencias fuertes de ambas culturas, disfrutan la nueva realidad hispana en Estados Unidos de poder tener lo mejor de dos mundos sin decidirse sólo por un lado o por el otro.

ACTIVIDADES

1. **Canciones en inglés y en español.** Escoja una canción favorita en inglés e intente hacer una traducción al español que funcione con la música. ¿Será fácil o difícil la tarea? ¿Qué canciones populares conoce que han tenido éxito tanto en un idioma como en otro?
2. **Cantantes favoritos.** Prepare un breve informe biográfico para la clase sobre uno o dos de sus cantantes latinos favoritos. Seleccione un tema de un disco compacto, haga copias de la letra para la clase y tóquelo para ellos para que sigan la letra. Traiga una foto del artista, si es posible.
3. **La música y el mercado latino.** Explore el mercado musical latino en su comunidad. ¿Hay tiendas de música que se dedican a vender discos compactos en español? ¿Hay estaciones de radio en español? ¿Cuántas, y qué tipo de música tocan? ¿Ofrecen noticias o algún otro servicio en español a los radioyentes hispanos?

4. **Medios de comunicación.** Investigue el mercado del mundo de espectáculos o el de los medios de comunicación en los Estados Unidos. ¿Qué estrategias usan para intentar captar el creciente mercado latino en este país? Puede concentrarse en el mercado de los negocios, del cine, de las grandes cadenas de distribución de videos y discos compactos (DVD) como Blockbuster, las estaciones de televisión como ABC, NBC, CBS, Fox, Univisión, Telemundo, CNN, o explorar otro sector del mundo de la farándula y sus estrellas.
5. **El mundo de la publicidad.** Observe algunos anuncios en español que se ven en la televisión o en carteles en su comunidad. Escuche algunos anuncios por radio. Ahora prepare un anuncio para la radio (30 segundos) y uno para la televisíon (60 segundos). Escoja el producto o servicio.

Narrativa biográfica

ANTES DE LEER

Contesten las preguntas siguientes en grupos de dos a cuatro estudiantes. Compartan después sus observaciones con el resto de la clase.

1. ¿Cómo se imagina que es la vida de un cantante internacional? ¿Cómo sería un día de trabajo? ¿Cuán duro cree que han tenido que trabajar los artistas que han llegado a fama mundial? ¿Tiene algunos ejemplos?
2. ¿Le gustaría a usted llevar el tipo de vida de la gente famosa? ¿Le gusta viajar mucho y vivir en hoteles gran parte del tiempo? ¿Cómo lidiaría con la prensa? ¿Los evitaría de vez en cuando o no le molestarían mucho los periodistas?
3. ¿Ha visto alguna actuación de Chayanne, bien sea en telenovelas, películas o espectáculos? Si su respuesta es afirmativa, comparta sus impresiones con sus compañeros.

Chayanne, el famoso cantante y actor puertorriqueño

BIOGRAFÍA: CHAYANNE[1]

Nombre: Elmer Figueroa de Arce

Nacimiento: 28 de junio 1968

Lugar: San Lorenzo, Puerto Rico

Paso a paso, Chayanne ha construido una carrera artística a prueba de bombas. Su trayectoria musical se ha ido desarrollando con una solidez poco común entre los artistas que, como él, iniciaron su camino en la música apenas siendo niños. Cada uno de sus discos ha sido un escalón hacia la cumbre, perfectamente estructurado, que le ha brindado la experiencia y la seguridad que ahora se (5) manifiesta de manera sorprendente.

[1] El artículo viene del sitio de la red de Chayanne, de Sony: http://www.chayanne.net/artists/chayanne.nsf/html/spanish_bio.html

Desde sus comienzos, Chayanne ha dado muestras de tener una innata capacidad artística que le ha permitido llegar a ser uno de los nombres de primera fila en el espectáculo latino internacional. Su pasado y su presente de éxitos se proyectan, irremediablemente, hacia un futuro tan brillante como esa mirada que refleja la ilusión, la esperanza y la decisión.

Responsable por impresionantes presentaciones en Puerto Rico y América Latina, que a menudo comienzan y terminan con el uso de tres helicópteros como transporte, Chayanne es un volcán de talento al borde de erupción. Con más de 49 discos de oro y platino desde su debut como solista en el año 1986, Chayanne, quien tomó sus primeros pasos dentro de la industria cinematográfica estadounidense en 1998 junto a Vanessa Williams en el éxito "Dance with Me" (*Baila Conmigo*), está listo para convertirse en la próxima revelación latina que logre el éxito dentro del territorio *crossover*.

Famoso por sus giras internacionales, que cuentan con coreógrafos de la altura de Kenny Ortega (Michael Jackson, Cher) y Vince Paterson (Madonna, Michael Jackson), el estallido de Chayanne es casi inevitable, no sólo por su demostrada aptitud dentro del mercado, su enorme talento y su presencia escénica, sino también por su energía y dedicación sin límite.

Peter Watrous, del *New York Times*, expresó lo siguiente refiriéndose a un espectáculo de Chayanne en Nueva York, que se vendió por completo: "Chayanne y sus seis bailarines ofrecieron una presentación espectacular con máquinas de humo y rayos láser, reproduciendo la coreografía de un video y a la vez la estimulación visual del mismo... pandemonio incitante".

La demanda por Chayanne se esparce por todo el mundo y alcanza lugares remotos como Turquía, Australia, Francia, Suiza, Luxemburgo, etc. En toda América Latina es capaz de llenar estadios de fútbol. En los Estados Unidos, sus conciertos se agotan constantemente en escenarios como el *Radio City Music Hall* de Nueva York, el *Chicago Theatre* de Chicago, *Universal Ampitheater* de Los Ángeles, el *Dallas Star Plex* de Texas, etc. Ha ofrecido más de 240 presentaciones electrizantes, cada una con un público promedio de 30,000 admiradores. Los números hablan por sí mismos. Quien en una ocasión se refirió a James Brown como el hombre más trabajador dentro del mundo del espectáculo, podría recapacitar si tuviera un encuentro con Chayanne.

"Siempre me enfoco en mi trabajo. Me dedico a él 24 horas al día," dijo Chayanne recientemente en una entrevista desde su oficina en Miami. "Lo hago para crecer, lo hago con entusiasmo, lo hago porque me encanta. Creo que si amas tu trabajo y lo haces con entusiasmo es cuando la gente cree o deja de creer. Si la gente cree que eres un falso, no vas a durar mucho". Afortunadamente, el público estadounidense conoce que la autenticidad de Chayanne no se limita a su lengua natal.

Aunque tradicionalmente ha interpretado sus canciones en español, Chayanne se ha dedicado continuamente a incrementar su repertorio en inglés. En cuanto a la pregunta de por qué el mundo le ha colocado los ojos al pop latino en este momento, Chayanne se encoge de hombros y especula. "Existe una onda latina, pero esto ocurre porque existe una calidad en la música, porque cuando uno de nosotros está en un escenario se presencia algo que ha sido perfeccionado, no es algo que estamos haciendo por primera vez. También me gusta que hay mucha sensualidad sin la necesidad de ser vulgar".

No hay duda que Chayanne ha resistido la prueba del tiempo —comenzó su carrera a la edad de 10 años cuando dejó atrás su pueblo natal de San Lorenzo, Puerto Rico, para formar la agrupación adolescente *Los Chicos*. Mientras el grupo alcanzó éxito considerable en América Central y el Caribe, Chayanne nunca olvidó sus raíces.

"Mi niñez consistió en la familia, las tradiciones, a las que me he apegado más y más," dijo el cantante, quien en 1993 fue nombrado una de las 50 personas más bellas del mundo, por la revista *People*. El camino ha resultado largo y gratificador para la personalidad que hizo historia en 1989 al aparecer en un comercial de Pepsi, el primero en español televisado en cadenas estadounidenses.

Cuando cumplió 17 años, Chayanne se mudó a México para comenzar una carrera como solista, que ya ha dado muchos frutos. Participó en varias telenovelas y en la película *Linda Sara* del director nominado para Oscar, Jacobo Morales. Su papel principal en *Dance With Me* junto a Vanesa Williams logró el elogio general de los críticos. "*Dance With Me* fue una experiencia única y maravillosa. Fue mi primera experiencia con el mercado americano a ese nivel de actuación," dijo Chayanne. "Aprendí lo increíble que es el cuerpo, ser capaz de dejar tu cuerpo y dejar que otro espíritu te lo llene. Cuando comienzas a actuar y hablar como la persona en tu tiempo libre y estás completamente sumergido en el personaje, es maravilloso, fascinante y me encanta".

Chayanne se somete a un largo proceso para completar cada álbum. "Tengo un equipo de personas que me ayudan a lograr la labor, aunque yo tengo la última palabra," dice Chayanne. "Escucho todas las canciones y exploro las posibilidades. Después decidimos las canciones que aparecerán en el álbum. Escogemos un concepto general, si va a ser mas romántico, pop, pop caribeño, el cual es mi estilo y tengo que sentirlo". Lo que sea que el futuro guarde para Chayanne, él sabe que fluirá de la misma manera que él vive su vida, estrictamente desde el corazón.

PARA COMENTAR

Trabajando en parejas, contesten las siguientes preguntas sobre ***Biografía: Chayanne.*** *Justifiquen su opinión cuando sea necesario. Luego pueden comprobar y comparar sus respuestas con las de otros compañeros.*

1. ¿De dónde es Chayanne originalmente y cuál era su nombre de pila antes de usar un nombre artístico?
2. ¿Cómo y cuándo empezó su carrera artística?
3. Según Chayanne, ¿a qué le debe su éxito en el mundo del espectáculo?
4. ¿Qué quiere decir él cuando habla sobre "la onda latina" y la posibilidad de ser sensual sin ser vulgar?

PARA ESCRIBIR

Lea los siguientes temas. Luego escoja el que le interese más para escribir sobre el mismo. Comparta su trabajo con otro(a) compañero(a) e intercambien comentarios sobre lo que han escrito.

1. Después de buscar suficiente información sobre un artista o actor de Estados Unidos, América Latina o España, escriba un brevísimo informe sobre él o ella y su desarrollo artístico, su discografía o filmografía, según sea el caso, siguiendo el modelo del artículo de Chayanne.
2. Chayanne también ha trabajado en telenovelas. Investigue la situación, calidad y el mercado de las telenovelas en español, sea en Estados Unidos,

Latinoamérica o España. ¿Por qué son tan populares? ¿Cuáles son algunas telenovelas famosas y cuáles son algunas de las que ven hoy millones de televidentes? ¿En qué difieren de las telenovelas (*soap operas*) estadounidenses? ¿Cree que atraen las telenovelas a un público bilingüe y joven, o sólo atraen a televidentes mayores de edad? Escriba sus apuntes y haga un breve resumen sinóptico que le sirva para informar a la clase sobre sus hallazgos.

Cuento

Isabel Allende (1942– , Perú) es una conocidísima autora de ascendencia chilena que reside en Estados Unidos y que ha escrito muchas novelas y cuentos. Su obra se ha traducido a más de 25 idiomas. Entre los títulos más conocidos, hallamos *La casa de los espíritus, De amor y de sombra, Eva Luna, Cuentos de Eva Luna, El plan infinito,* y *Paula.* El siguiente cuento se ha tomado de *Cuentos de Eva Luna.*

Isabel Allende, novelista y cuentista chilena

ANTES DE LEER

En grupos de tres o cuatro estudiantes comenten lo siguiente. Compartan después sus observaciones con el resto de la clase.

1. ¿Cuándo aprendió a leer y a escribir en español? Si fue después de aprender a leer y escribir en inglés, ¿cómo compararía las dos experiencias?
2. ¿Qué papel (*rol*) tiene la palabra escrita en su vida? ¿Le gusta leer o escribir como pasatiempo? ¿Qué lee o escribe?
3. Recientemente, muchos políticos se han dado cuenta de la importancia del voto hispano y se dirigen a públicos hispanos en español. ¿Qué opina usted de este fenómeno?
4. ¿Cuáles son las dos palabras que más le gusta escuchar a usted?

DOS PALABRAS

Tenía el nombre de Belisa Crepusculario, pero no por fe de bautismo o acierto de su madre, sino porque ella misma lo buscó hasta encontrarlo y se vistió con él. Su oficio era vender palabras. Recorría el país, desde las regiones más altas y frías hasta las costas calientes, instalándose en las ferias y en los mercados, donde montaba cuatro palos con un toldo de lienzo, bajo el cual se protegía del sol y de la lluvia para atender a su clientela. No necesitaba pregonar su mercadería, porque de tanto caminar por aquí y por allá, todos la conocían. Había quienes la aguardaban de un año para otro, y cuando aparecía por la aldea con su atado bajo el brazo, hacían cola frente a su tenderete. Vendía a precios justos. Por cinco centavos entregaba versos de memoria, por siete mejoraba la calidad de los sueños, por nueve escribía cartas de enamorados, por doce inventaba insultos para enemigos irreconciliables. También vendía cuentos, pero no eran cuentos de fantasía, sino largas historias verdaderas que recitaba de corrido, sin saltarse nada. Así llevaba las nuevas de un pueblo a otro. La gente le pagaba por agregar una o dos líneas: nació un niño, murió fulano, se casaron nuestros hijos, se quemaron las cosechas. En cada lugar se juntaba una pequeña multitud a su alrededor para oírla cuando comenzaba a hablar y así se enteraban de las vidas de otros, de los parientes lejanos, de los 20 pormenores de la Guerra Civil. A quien le comprara cincuenta centavos, ella le regalaba una palabra secreta para espantar la melancolía. No era la misma para todos, por supuesto, porque eso habría sido un engaño colectivo. Cada uno recibía la suya con la certeza de que nadie más la empleaba para ese fin en el universo y más allá.

25 Belisa Crepusculario había nacido en una familia tan mísera, que ni siquiera poseía nombres para llamar a sus hijos. Vino al mundo y creció en la región más inhóspita, donde algunos años las lluvias se convierten en avalanchas de agua que se llevan todo, y en otros no cae ni una gota del cielo, el sol se agranda hasta ocupar el horizonte entero y el mundo se convierte en un 30 desierto. Hasta que cumplió doce años no tuvo otra ocupación ni virtud que sobrevivir al hambre y la fatiga de siglos. Durante una interminable sequía le tocó enterrar a cuatro hermanos menores y cuando comprendió que llegaba su turno, decidió echar a andar por las llanuras en dirección al mar, a ver si en el viaje lograba burlar a la muerte. La tierra estaba erosionada, 35 partida en profundas grietas, sembrada de piedras, fósiles de árboles y de abrustos espinados, esqueletos de animales blanqueados por el calor. De vez en cuando tropezaba con familias que, como ella, iban hacia el sur siguiendo el espejismo del agua. Algunos habían iniciado la marcha llevando sus pertenencias al hombro o en carretillas, pero apenas podían mover sus 40 propios huesos y a poco andar debían abandonar a sus cosas. Se arrastraban penosamente, con la piel convertida en cuero de lagarto y los ojos quemados por la reverberación de la luz. Belisa los saludaba con un gesto al pasar, pero no se detenía, porque no podía gastar sus fuerzas en ejercicios de compasión. Muchos cayeron por el camino pero ella era tan tozuda que consiguió 45 atravesar el infierno y arribó por fin a los primeros manantiales, finos hilos de agua, casi invisibles, que alimentaban una vegetación raquítica, y que más adelante se convertían en riachuelos y esteros.

Belisa Crepusculario salvó la vida y además descubrió por casualidad la escritura. Al llegar a una aldea en las proximidades de la costa, el viento 50 colocó a sus pies una hoja de periódico. Ella tomó aquel papel amarillo y quebradizo y estuvo largo rato observándolo sin adivinar su uso hasta que la curiosidad pudo más que su timidez. Se acercó a un hombre que lavaba un caballo en el mismo charco turbio donde ella saciara su sed.

—¿Qué es esto? —preguntó.

55 —La página deportiva del periódico —replicó el hombre sin dar muestras de asombro ante su ignorancia.

La repuesta dejó atónita a la muchacha, pero no quiso parecer descarada y se limitó a inquirir el significado de las patitas de mosca dibujadas sobre el papel.

60 —Son palabras, niña. Allí dice que Fulgencio Barba noqueó el Negro Tiznao en el tercer *round*.

Ese día Belisa Crepusculario se enteró que las palabras andan sueltas sin dueño y cualquiera con un poco de maña puede apoderárselas para comerciar con ellas. Consideró su situación y concluyó que aparte de prostituirse o emplearse como sirvienta en las cocinas de los ricos, eran pocas las ocupaciones que podía desempeñar. Vender palabras le pareció una alternativa decente. A partir de ese momento ejerció esa profesión y nunca le interesó otra. Al principio ofrecía su mercancía sin sospechar que las palabras podían también escribirse fuera de los periódicos. Cuando lo supo calculó las infinitas proyecciones de su negocio, con sus ahorros le pagó veinte pesos a un cura para que le enseñara a leer y escribir y con los tres que le sobraron se compró un diccionario. Lo revisó desde la A hasta la Z y luego lo lanzó al mar, porque no era su intención de estafar a los clientes con palabras envasadas.

Varios años después, en una mañana de agosto, se encontraba Belisa Crepusculario en el centro de una plaza, sentada bajo su toldo vendiendo argumentos de justicia a un viejo que solicitaba su pensión desde hacía diecisiete años. Era día de mercado y había mucho bullicio a su alrededor. Se escucharon de pronto galopes y gritos; ella levantó los ojos de la escritura y vio primero una nube de polvo y enseguida un grupo de jinetes que irrumpió en el lugar. Se trataba de los hombres del Coronel, que venían al mando del Mulato, un gigante conocido en toda la zona por la rapidez de su cuchillo y la lealtad hacia su jefe. Ambos, el Coronel y el Mulato, habían pasado sus vidas ocupados en la Guerra Civil y sus nombres estaban irremisiblemente unidos al estropicio y la calamidad. Los guerreros entraron al pueblo como un rebaño en estampida, envueltos en ruido, bañados de sudor y dejando a su paso un espanto de huracán. Salieron volando las gallinas, dispararon a perderse los perros, corrieron las mujeres con sus hijos y no quedó en el sitio del Mercado otra alma viviente que Belisa Crepusculario, quien no había visto jamás al Mulato y por lo mismo le extrañó que se dirigiera a ella.

—A ti te busco —le gritó señalándola con su látigo enrollado y antes que terminara de decirlo, dos hombres cayeron encima de la mujer atropellando el toldo y rompiendo el tintero, la ataron de pies y manos y la colocaron atravesada como un bulto de marinero sobre la grupa de la bestia del Mulato. Emprendieron galope en dirección a las colinas.

Horas más tarde, cuando Belisa Crepusculario estaba a punto de morir con el corazón convertido en arena por las sacudidas del caballo, sintió que se detenían y cuatro manos poderosas la depositaban en tierra. Intentó ponerse de pie y levantar la cabeza con dignidad, pero le fallaron las fuerzas y se desplomó con un suspiro, hundiéndose en un sueño ofuscado. Despertó varias horas después con el murmullo de la noche en el campo, pero no tuvo tiempo de descifrar esos sonidos, porque al abrir los ojos se encontró ante la mirada impaciente del Mulato, arrodillado a su lado.

—Por fin despiertas, mujer —dijo alcanzándole su cantimplora para que bebiera un sorbo de aguardiente con pólvora y acabara de recuperar la vida.

Ella quiso saber la causa de tanto maltrato y él le explicó que el Coronel necesitaba sus servicios. Le permitió mojarse la cara y enseguida le llevó a un extremo del campamento, donde el hombre más temido del país reposaba en una hamaca colgada entre árboles. Ella no pudo verle el

110 rostro, porque tenía encima la sombra incierta del follaje y la sombra imborrable de muchos años viviendo como un bandido, pero imaginó que debía ser de expresión perdularia si su gigantesco ayudante se dirigía a él con tanta humildad. Le sorprendió su voz, suave y bien modulada como la de un profesor.

115 —¿Eres la que vende palabras? —preguntó.

—Para servirte —balbuceó ella oteando en la penumbra para verlo mejor.

El Coronel se puso de pie y la luz de la antorcha que llevaba el Mulato le dio de frente. La mujer vio su piel oscura y sus fieros ojos de puma y supo al punto que estaba frente al hombre más solo de este mundo.

120 —Quiero ser Presidente —dijo él. Estaba cansado de recorrer esa tierra maldita en guerras inútiles y derrotas que ningún subterfugio podía transformar en victorias. Llevaba muchos años durmiendo a la intemperie, picado de mosquitos, alimentándose de iguanas y sopa de culebra, pero esos inconvenientes menores no constituían razón suficiente para cambiar 125 su destino. Lo que en verdad le fastidiaba era el terror en los ojos ajenos. Deseaba entrar a los pueblos bajo arcos de triunfo, entre banderas de colores y flores, que lo aplaudieran y le dieran de regalo huevos y pan recién horneado. Estaba harto de comprobar cómo a su paso huían los hombres, abortaban de susto las mujeres y temblaban las criaturas; por eso había 130 decidido ser presidente. El Mulato le sugirió que fueran a la capital y entraran galopando al Palacio para apoderarse del gobierno, tal como tomaron tantas otras cosas sin pedir permiso, pero al Coronel no le interesaba convertirse en otro tirano, de esos ya habían tenido bastantes por allí y, además, de ese modo no obtendría el afecto de las gentes. Su 135 idea consistía en ser elegido por votación popular en los comicios de diciembre.

—Para eso necesito hablar como un candidato. ¿Puedes venderme las palabras para un discurso? —preguntó el Coronel a Belisa Crepusculario.

Ella había aceptado muchos encargos, pero ninguno como ése; sin embargo 140 no pudo negarse, temiendo que el Mulato le metería un tiro entre los ojos o, peor aún, que el Coronel se echara a llorar. Por otra parte, sintió el impulso de ayudarlo, porque percibió un palpitante calor en su piel, un deseo poderoso de tocar a ese hombre, de recorrerlo con sus manos, de estrecharlo entre sus brazos.

145 Toda la noche y buena parte del día siguiente estuvo Belisa Crepusculario buscando en su repertorio las palabras apropiadas para un discurso presidencial, vigilada de cerca por el Mulato, quien no apartaba los ojos de sus firmes piernas de caminante y sus senos virginales. Descartó las palabras ásperas y secas, las demasiado floridas, las que estaban desteñidas 150 por el abuso, las que ofrecían promesas improbables, las carentes de verdad y las confusas, para quedarse sólo con aquéllas capaces de tocar con certeza el pensamiento de los hombres y la intuición de las mujeres. Haciendo uso de los conocimientos comprados al cura por veinte pesos, escribió el discurso en una hoja del papel y luego hizo señas al Mulato para que 155 desatara la cuerda con la cual la había amarrado por los tobillos a un árbol.

La condujeron nuevamente donde el Coronel, y al verlo ella volvió a sentir la misma palpitante ansiedad del primer encuentro. Le pasó el papel y aguardó, mientras él lo miraba sujetándolo con la punta de los dedos.

—¿No sabes leer?

160 —Lo que yo sé hacer es la guerra —replicó él.

Ella leyó en alta voz el discurso. Lo leyó tres veces, para que su cliente pudiera grabárselo en la memoria. Cuando terminó vio la emoción en los rostros de los hombres de la tropa que se juntaron para escucharla y notó que los ojos amarillos del Coronel brillaban de entusiasmo, seguro de que 165 con esas palabras el sillón presidencial sería suyo.

—Si después de oírlo tres veces los muchachos siguen con la boca abierta, es que esta vaina sirve, Coronel —aprobó el Mulato.

—¿Cuánto te debo por tu trabajo, mujer? —preguntó el jefe.

—Un peso, Coronel.

170 —No es caro —dijo él abriendo la bolsa que llevaba colgada del cinturón con los restos del ultimo botín.

—Además tienes derecho a una ñapa. Te corresponden dos palabras secretas —dijo Belisa Crepusculario.

—¿Cómo es eso?

175 Ella procedió a explicarle que por cada cincuenta centavos que pagaba un cliente, le obsequiaba una palabra de uso exclusivo. El jefe se encogió de hombros, pues no tenía ni el menor interés en la oferta, pero no quiso ser descortés con quien lo había servido tan bien. Ella se aproximó sin prisa al taburete de suela donde él estaba sentado y se inclinó para entregarle 180 su regalo. Entonces el hombre sintió el olor de animal montuno que desprendía de esa mujer, el calor de incendio que irradiaban sus caderas, el roce terrible de sus cabellos, el aliento de hierbabuena susurrando en su oreja las dos palabras secretas a las cuales tenía derecho.

—Son tuyas, Coronel —dijo ella al retirarse—. Puedes emplearlas cuanto 185 quieras.

El Mulato acompañó a Belisa hasta el borde del camino, sin dejar de mirarla con ojos suplicantes de perro perdido, pero cuando estiró la mano para tocarla, ella lo detuvo con un chorro de palabras inventadas que tuvieron la virtud de espantarle el deseo, porque creyó que se trataba de alguna 190 maldición irrevocable.

En los meses de setiembre, octubre y noviembre el Coronel pronunció su discurso tantas veces, que de no haber sido hecho con palabras refulgentes y durables, el uso lo habría vuelto ceniza. Recorrió el país en todas direcciones, entrando a las ciudades con aire triunfal y deteniéndose también 195 en los pueblos más olvidados, allá donde sólo el rastro de basura indicaba la presencia humana, para convencer a los electores que votaran por él. Mientras hablaba sobre una tarima al centro de la plaza, el Mulato y sus hombres repartían caramelos y pintaban su nombre con escarcha dorada en las paredes, pero nadie prestaba atención a esos recursos de mercader, 200 porque estaban deslumbrados por la claridad de sus proposiciones y la lucidez poética de sus argumentos, contagiados de su deseo tremendo de corregir los errores de la historia y alegres por primera vez en sus vidas. Al terminar la arenga del Candidato, la tropa lanzaba pistoletazos al aire y encendía petardos, y cuando por fin se retiraban, quedaba atrás una estela de esperanza que perduraba muchos días en el aire, como el recuerdo magnífico de un cometa. Pronto el Coronel se convirtió en el político más popular. Era un fenómeno nunca visto, aquel hombre surgido de la Guerra Civil, lleno de cicatrices y hablando como un catedrático, cuyo prestigio se regaba por el territorio nacional conmoviendo el corazón de la patria. La prensa se ocupó de él. Viajaron los periodistas para entrevistarlo y repetir sus frases, y así creció el número de sus seguidores y de sus enemigos.

—Vamos bien, Coronel —dijo el Mulato al cumplirse doce semanas de éxitos.

Pero el candidato no lo escuchó. Estaba repitiendo sus dos palabras secretas, como hacía cada vez con mayor frecuencia. Las decía cuando lo ablandaba la nostalgia, las murmuraba dormido, las llevaba consigo sobre su caballo, las pensaba antes de pronunciar su célebre discurso y se sorprendía saboreándolas en sus descuidos. Y en toda ocasión en que esas dos palabras venían a su mente, evocaba la presencia de Belisa Crepusculario y se le alborotaban los sentidos con el recuerdo del olor montuno, el calor de incendio, el roce terrible y el aliento de hierbabuena, hasta que empezó a andar como un sonámbulo y sus propios hombres comprendieron que se le terminaría la vida antes de alcanzar el sillón de los presidentes.

—¿Qué es lo que te pasa, Coronel? —le preguntó muchas veces el Mulato, hasta que por fin un día el jefe no pudo más y le confesó que la culpa de su ánimo eran esas dos palabras que llevaba clavadas en el vientre.

—Dímelas, a ver si pierden su poder —le pidió su fiel ayudante.

—No te las diré, son sólo mías —replicó el Coronel.

Cansado de ver a su jefe deteriorarse como un condenado a muerte, el Mulato se echó el fusil al hombro y partió en busca de Belisa Crepusculario. Siguió sus huellas por toda esa vasta geografía hasta encontrarla en un pueblo del sur, instalada bajo el toldo de su oficio, contando su rosario de noticias. Se le plantó delante con las piernas abiertas y el arma empuñada.

—Tú te vienes conmigo —ordenó.

Ella lo estaba esperando. Recogió su tintero, plegó el lienzo de su tenderete, se echó el chal sobre los hombros y en silencio trepó al anca del caballo. No cruzaron ni un gesto en todo el camino, porque al Mulato el deseo por ella se le había convertido en rabia y sólo el miedo que le inspiraba su lengua le impedía destrozarla a latigazos. Tampoco estaba dispuesto a comentarle que el Coronel andaba alelado, y que lo que no habían logrado tantos años de batallas lo había conseguido un encantamiento susurrado al oído. Tres días después llegaron al campamento y de inmediato condujo a su prisionera hasta el candidato, delante de toda la tropa.

—Te traje a esta bruja para que le devuelvas sus palabras, Coronel, y para que ella te devuelva la hombría —dijo apuntando el cañón de su fusil a la nuca de la mujer.

El Coronel y Belisa Crepusculario se miraron largamente, midiéndose desde la distancia. Los hombres comprendieron entonces que ya su jefe no podía deshacerse del hechizo de esas dos palabras endemoniadas, porque todos pudieron ver los ojos carnívoros del puma tornarse mansos cuando ella 250 avanzó y le tomó la mano.

PARA COMENTAR

Trabajando en parejas contesten las siguientes preguntas sobre ***Dos palabras.*** *Justifiquen su opinión cuando sea necesario. Luego pueden comparar sus respuestas con las de otros compañeros.*

1. Belisa Crepusculario se gana la vida yéndose de pueblo en pueblo, contándole a la gente analfabeta las últimas noticias de los pueblos vecinos. ¿En qué se diferencia una noticia de un chisme?
2. La protagonista del cuento también vende palabras mágicas. ¿En qué se diferencia un hechizo de una maldición? ¿Cree usted que las palabras pueden tener tanta fuerza como sugiere Allende en el cuento? Piense en algunos ejemplos de palabras o frases realmente poderosas.
3. ¿Ha tenido alguna vez un secreto que le pesaba? ¿Acabó contándoselo a alguien, o lo mantuvo secreto? Si se lo contó a alguien, ¿cómo se sintió después?
4. En su opinión, ¿cuáles eran las dos palabras que Belisa Crepusculario le susurró al oído del Coronel? ¿Por qué tenían tanto poder sobre él?

PARA ESCRIBIR

Lea los siguientes temas. Luego escoja el que le interese más para escribir sobre el mismo. Comparta su trabajo con otro(a) compañero(a) e intercambien comentarios sobre lo que han escrito.

1. Como bien sabe el Coronel, la imagen es de prima importancia en la política. Describa a una figura histórica que ha usado (o que ha cambiado) su imagen —de intelectual, de guerrero(a), de hombre o mujer del pueblo— para triunfar en la política. Puede relacionar su ensayo al cuento si desea.
2. En la esfera política mundial, ¿son mas importantes las armas o el diálogo? Explique su opinión usando ejemplos de la historia, bien sea reciente o lejana. Relacione sus ideas al cuento.
3. Si la confesión tiene un papel de importancia en su religión, explíquelo. Incluya en su ensayo su opinión de por qué tiene tanta importancia esta comunicación entre individuos.
4. El lenguaje separa a los seres humanos de los demás animales. Explique la diferencia entre la comunicación y el habla. Use ejemplos del mundo de los animales.
5. Explique de qué manera inventa Belisa Crepusculario su propio destino. Dé ejemplos específicos del texto.

Ensayo

Gabriel García Márquez (1928–), el renombrado novelista y periodista colombiano, ganador del Premio Nobel de Literatura en 1982. Su novela más conocida es Cien años de soledad, *la cual se ha traducido a muchísimos idiomas.*

Gabriel García Márquez (1928– ,Colombia) es considerado por la crítica como uno de los novelistas más importantes del siglo XX, no sólo en español, sino en cualquier idioma. Inició su carrera de escritor trabajando como periodista en Cartagena y Bogotá. Su novela más conocida es *Cien años de soledad* (1967), un magnífico ejemplo del estilo conocido como realismo mágico. Ganó el Premio Nobel de Literatura en 1982. Siguió escribiendo y publicando ininterrumpidamente a través de los años, aun en su vejez. Su libro de memorias, *Vivir para contarla* (2002), ha sido un *bestseller* en español y en inglés (*Live to Tell the Tale*).

ANTES DE LEER

1. En una hoja aparte haga una lista de las diez palabras en español que usa con más frecuencia. Intercámbiela con un(a) compañero(a).
2. Lea la lista de su compañero(a) y observe las semejanzas y diferencias que existen con las palabras que usted ha incluido. ¿Tienen las listas palabras en común? ¿Cuántas? ¿Cuáles son?
3. ¿En qué situaciones usa usted las palabras incluidas en su lista? ¿Se refieren esas palabras a algún tema especial? ¿A cuál?
4. ¿Tiene usted problemas con la ortografía cuando escribe en español? ¿Y con la gramática? ¿Cuáles? Haga una lista de cuatro o cinco problemas.
5. ¿Qué propondría usted para simplificar la gramática y la ortografía españolas? Haga una breve lista de cuatro o cinco puntos. Intercámbiela con su compañero(a).
6. Proceda de la misma forma que en el punto 2, observando en este caso las sugerencias de su compañero(a).

BOTELLA AL MAR PARA EL DIOS DE LAS PALABRAS

A mis 12 años de edad estuve a punto de ser atropellado por una bicicleta. Un señor cura que pasaba me salvó con un grito: "¡Cuidado!" El ciclista cayó a tierra. El señor cura, sin detenerse, me dijo: "¿Ya vio lo que es el poder de la palabra?" Ese día lo supe. Ahora sabemos, además, que los mayas
5 lo sabían desde los tiempos de Cristo, y con tanto rigor que tenían un dios especial para las palabras.

Nunca como hoy ha sido tan grande ese poder. La humanidad entrará en el tercer milenio bajo el imperio de las palabras. No es cierto que la imagen esté desplazándolas ni que pueda extinguirlas. Al contrario, está
10 potenciándolas: nunca hubo en el mundo tantas palabras con tanto alcance, autoridad, y albedrío como en la inmensa Babel de la vida actual. Palabras inventadas, maltratadas o sacralizadas por la prensa, por los libros desechables, por los carteles de publicidad; habladas y cantadas por la radio, la televisión, el cine, el teléfono, los altavoces públicos; gritadas a brocha
15 gorda en las paredes de la calle o susurradas en las penumbras del amor.

No: el gran derrotado es el silencio. Las cosas tienen ahora tantos nombres en tantas lenguas que ya no es fácil saber cómo se llaman en ninguna. Los idiomas se dispersan sueltos de madrina, se mezclan y confunden, disparados hacia el destino ineluctable de un lenguaje global.

20 La lengua española tiene que prepararse para un oficio grande en ese provenir sin fronteras. Es un derecho histórico. No por su prepotencia económica, como otras lenguas hasta hoy, sino por su vitalidad, su dinámica creativa, su vasta experiencia cultural, su rapidez y su fuerza de expansión, en un ámbito propio de 19 millones de kilómetros cuadrados y 400 millones 25 de hablantes al terminar este siglo. Con razón un maestro de letras hispánicas en Estados Unidos ha dicho que sus horas de clase se le van en servir de intérprete entre latinoamericanos de distintos países. Llama la atención que el verbo *pasar* tenga 54 significados, mientras en la Républica de Ecuador tienen 105 nombres para el órgano sexual masculino, y en 30 cambio la palabra *condoliente*, que se explica por sí sola, y que tanta falta nos hace, aún no se ha inventado. A un joven periodista francés lo deslumbran los hallazgos poéticos que encuentra a cada paso en nuestra vida doméstica. Que el niño desvelado por el balido intermitente y triste de un cordero dijo: "Parece un faro". Que una vivandera de la Guajira 35 colombiana rechazó un cocimiento de toronjil porque le supo a Viernes Santo. Que don Sebastián de Covarrubias, en su diccionario memorable, nos dejó escrito de su puño y letra que el amarillo es "la color" de los enamorados. ¿Cuántas veces no hemos probado nosotros mismos un café que sabe a rincón, una cerveza que sabe a beso?

40 Son pruebas al canto de la inteligencia de una lengua que desde hace tiempo no cabe en su pellejo. Pero nuestra contribución no debería ser la de meterla en cintura, sino al contrario, liberarla de sus fierros normativos para que entre en el siglo ventiuno como Pedro por su casa. En ese sentido me atrevería a sugerir ante esta sabia audiencia que simplifiquemos la 45 gramática antes de que la gramática termine por simplificarnos a nosotros. Humanicemos sus leyes, aprendamos de las lenguas indígenas a las que tanto debemos lo mucho que tienen todavía para enseñarnos y enriquecernos, asimilemos pronto y bien los neologismos técnicos y científicos antes de que se nos infiltren sin digerir, negociemos de buen 50 corazón con los gerundios bárbaros, los qués endémicos, el dequéismo parasitario, y devuélvamos al subjuntivo presente el esplendor de sus esdrújulas: váyamos en vez de vayamos, cántemos en vez de cantemos, o el armonioso muéramos en vez del siniestro muramos. Jubilemos la ortografía, terror del ser humano desde la cuna, enterremos las haches rupestres, 55 firmemos un tratado de límites entre la ge y jota, y pongamos más uso de razón en los acentos escritos, que al fin y al cabo nadie ha de leer lagrima donde diga lágrima ni confundirá revólver con revolver. ¿Y qué de nuestra be de burro y nuestra ve de vaca, que los abuelos españoles nos trajeron como si fueran dos y siempre sobra una?

60 Son preguntas al azar, por supuesto, como botellas arrojadas a la mar con la esperanza de que le lleguen al dios de las palabras. A no ser que por estas osadías y desatinos, tanto él como todos nosotros terminemos por lamentar, con razón y derecho, que no me hubiera atropellado a tiempo aquella bicicleta providencial de mis 12 años.

PARA COMENTAR

Trabajando en parejas, contesten las siguientes preguntas sobre ***Botella al mar para el dios de las palabras.*** *Justifiquen su opinión cuando sea necesario. Luego pueden comprobar sus respuestas con las de otros compañeros.*

1. ¿Quién casi atropella al autor cuando tenía doce años? ¿Cómo se salvó?
2. ¿Qué quiere decir García Márquez cuando se refiere a haber aprendido "el poder de la palabra"?
3. ¿Por qué cree usted que le gustaría al escritor simplificar la gramática y la ortografía españolas? ¿Está de acuerdo o no?
4. ¿Qué le parece la idea del autor de enterrar la letra h? ¿Por qué cree que esta idea sería o no aceptada por la Real Academia de la Lengua? ¿Por los hispanohablantes?
5. ¿Cómo cree que reaccionó la gente cuando "quitaron" la CH y la LL como letras del alfabeto? ¿Sería más difícil quitar la H? Explique sus ideas y opiniones.
6. ¿Piensa usted que vamos hacia un lenguaje global? ¿Por qué sí? ¿Por qué no?
7. ¿Ha tenido usted problemas para comunicarse con hispanohablantes de otros países? ¿Cuáles problemas? Al final, ¿entendió? Explique.

PARA ESCRIBIR

Escriba un breve ensayo de 150 a 200 palabras sobre uno de los siguientes temas. Comparta su trabajo son otros(as) compañeros(as) e intercambien comentarios sobre lo que han escrito. Puede corregir su trabajo después de escuchar las observaciones de sus compañeros(as) y antes de entregárselo a su profesor.

1. En el caso de los hispanos en los Estados Unidos, y sabiendo que el desarrollo de la primera lengua ayuda al desarrollo de la segunda ¿cree usted que hay suficientes oportunidades en las escuelas para que los niños desarrollen el español? Investigue la importancia para los Estados Unidos de poder llegar a ser una sociedad competente en español y otras lenguas, aparte del inglés.
2. ¿Qué importancia le presta la sociedad al arte de escribir bien? Incluya por lo menos tres razones por las cuales se debería hacer un esfuerzo por mejorar la escritura y cómo se puede mejorarla gradualmente. Refiérase a la importancia que ha tenido la lectura, en inglés o en español, en su propio caso.
3. Investigue el nivel de analfabetismo en este país y el porcentaje de estudiantes que no terminan la escuela secundaria. ¿Hay mucha variación entre los diferentes grupos étnicos o clases socioeconómicas? ¿Entre varones y hembras? ¿Qué posibilidades le brinda la educación a las personas de bajos recursos en este país? Escriba un ensayo que explique la importancia de recibir una educación formal.

III. Mundos hispanos

Cristina Saralegui (1948– , La Habana, Cuba) es la conocida periodista del programa de televisión, *El Show de Cristina*, trasmitido desde Miami y visto por más de cien mil millones de personas a nivel internacional, haciéndolo el programa televisivo de mayor audiencia en el mundo entero. Cristina estudió comunicaciones en la Universidad de Miami y muy pronto comenzó a trabajar con Editorial América en revistas tales como *Vanidades* y *Cosmopolitan* en español. En la siguiente selección de su autobiografía, *¡Cristina! Confidencias de una rubia* (1998), cuenta sobre la época de sus estudios universitarios, sobre el desarollo de sus destrezas lingüísticas en español y sobre las variedades léxicas que encontramos en la lengua.

La periodista cubanoamericana Cristina Saralegui, animadora del programa de televisión Cristina. *¿Ha visto el programa alguna vez?*

¡Cristina! Confidencias de una rubia

Me matriculé en la Universidad de Miami, estudiando comunicaciones, con una segunda especialización —lo que los norteamericanos llaman un *minor*— en redacción creativa (o *creative writing*). Durante el último año de estudios, la universidad requería un internado en alguna publicación: todos mis compañeros decidieron hacer este internado en el diario principal de la ciudad, *The Miami Herald*, pero yo quise hacerlo en *Vanidades*, porque me avergonzaba haber perdido tanto el español. Era capaz de hablarlo en la casa pero no de escribirlo, porque es importante aclarar que mi educación fue en inglés.
[...]

La directora de *Vanidades* era Elvira Mendoza, una periodista colombiana sumamente inteligente y de un sarcasmo acerbo cuando se trataba de criticar a un empleado... Aunque Elvira había descartado mi primer artículo durante mi internado, mi salvación fue que al menos le gustaba mi estilo
15 y mi manera de formular las preguntas en las entrevistas. Debido a ello... me asignaba algunos artículos para la revista, por los cuales me pagaba una pequeña suma aparte. Por supuesto, yo los escribía en inglés, y ella a su vez se los mandaba a traducir al jefe de redacción. Un buen día se hartó del procedimiento, porque aquello le estaba costando doble. Veredicto: O
20 aprendía a escribir en español, o no podía seguir en *Vanidades*.

Yo tenía ventitrés años cuando eso. Sin otra alternativa, me senté ante una máquina de escribir, con un diccionario de inglés a español y otro de sinónimos para tratar de redactar un artículo de belleza... y lo escribí en español, aunque posiblemente en un español totalmente inventado por mí.
25 Para mi alivio y desagravio, cuando se lo entregué a Elvira, le encantó. ¡Y me quedé en *Vanidades*! De más está decir que tuve que aprender al trote y sobre la marcha con Elvira Mendoza. Pasé los mayores sustos de mi vida durante esos primeros tiempos, pero permanccí veinte años en esa empresa.

Hoy puedo decir que fue en *Vanidades*, en 1970, donde me inicié en el
30 periodismo. Aprendí a redactar todo tipo de artículos, desde temas de belleza y modas, hasta noticias internacionales. Considero que mi mayor logro durante esa etapa fue la adquisición de un vocabulario panamericano, que fue lo que más me sirvió para conseguir el trabajo que ahora desempeño en la televisión.

Vanidades circula en veintitrés países, y en cada uno se habla un español
35 diferente, sin que necesariamente sea el castellano correcto. Siempre me ha maravillado que en algunos de nuestros países la gente piense que ellos son los únicos poseedores de la verdad gramatical y de vocabulario con respecto a nuestro idioma, cuando al español correcto se lo llevó el viento, y ahora se encuentra en las páginas "vetustas" de un gigantesco mataburros°
40 de la Real Academia. Y esto lo menciono para todos los idiotas que se pasan la vida corrigiendo al vecino.

°*mataburros: término despectivo y en* slang *que aquí se refiere al diccionario de la RAE.*

Utilizar el vocabulario panamericano consiste, por ejemplo, en poder escribir una receta de cocina de un plato que se come en toda la América Latina, como los frijoles en cubano, y saber que en Puerto Rico se les llama
45 habichuelas, que en Venezuela se les dice caraotas, que en Chile se les conoce por porotos, y que en México se varía su pronunciación a fríjoles. ¡Y sólo me refiero a la palabra frijoles! Así, durante mis años en *Vanidades* aprendí a expresarme en un español que no se encuentra en ningún lado, pero que tiene la enorme ventaja de que todo el mundo lo entiende. Ahora pienso
50 que ese factor también me ayudó a convertirme en una buena comunicadora en la televisión. Igualmente aprendí —aunque en privado soy bastante mal hablada— a no decir determinadas palabras que son obscenidades en otros países; detrás de mi buró, como si fuese el onceavo mandamiento, colgué la frase NO COGER. A pesar de que los cubanos y los españoles utilizamos el
55 verbo en su acepción correcta (como sinónimo de asir, agarrar, sujetar, tomar), en México significa "tener relaciones sexuales". Los mexicanos

utilizan los sinónimos, pero nunca "coger". Ellos no "cogen", y si "cogen", no lo cuentan. Ahora imagínese nuestra expresión cubana "coger la guagua", que quiere decir "tomar el omnibus". En Chile "guagua" significa "bebé". Así que, entre Chile y México, "coger la guagua" quiere decir "tener relaciones sexuales con un bebé". ¡Y ya bastante se dice de *El Show de Cristina* sin que yo meta la pata debido a todas estas cuestiones idiomáticas!

ACTIVIDADES

1. **Intercambio y conversación.** Pregunte a un(a) compañero(a) acerca de los trabajos que ha tenido hasta ahora. ¿Cuál fue su primer trabajo? ¿Cuántos años tenía entonces? ¿Qué aprendió de él? ¿Cuál ha sido su trabajo preferido, y por qué? Finalmente, ¿qué piensa hacer en el futuro, y cómo figura su conocimiento del español en ese empleo?
2. ***El Show de Cristina.*** En grupos de tres o cuatro estudiantes o individualmente vea *El Show de Cristina.* Tome notas del desempeño de la conductora del programa y de los puntos más importantes del mismo. Escriba uno o dos párrafos con sus impresiones y léalo en clase. Si trabaja en grupo, combine sus párrafos con los de los demás miembros del grupo para realizar un informe en conjunto y leánlo en clase.
3. **Autobiografía.** Siguiendo el modelo de la autobiografía de Cristina, escriba su propia biografía, en breve. Incluya los siguientes puntos y añada los que crea apropiados:
   - **a.** Lugar de nacimiento y estudios realizados.
   - **b.** Sus conocimientos de español y la utilidad que tuvieron en su primer trabajo (si necesitó emplearlo).
   - **c.** Algún episodio gracioso o importante de su primer trabajo.
   - **d.** Los logros que ha tenido en su vida hasta ahora. Cómo sus conocimientos de español han ayudado para obtener esos logros.
   - **e.** Cómo piensa seguir practicando y desarrollando sus conocimientos de español después de terminar este curso. Mencione tres actividades, como mínimo, que piensa llevar a cabo.

IV. El arte de ser bilingüe

CÓMO PREPARAR UN RESUMÉ EN ESPAÑOL

Si piensa buscar trabajo en el mercado hispanoparlante de España, Latinoamérica o de los Estados Unidos, le será necesario poder preparar su resumé (*curriculum vitae*) en español. Para hacerlo necesitará tener en cuenta la información general siguiente, que pudiera usar para hacer un primer borrador de su resumé o *vita.*

DATOS PERSONALES

Apellido(s): Nombre:
Lugar y fecha de nacimiento:
Nacionalidad:
Dirección de domicilio y teléfonos:
Nombre del lugar donde trabaja actualmente:
Dirección y teléfono: Fax:
Correo electrónico:
Nombre, relación y teléfonos de la persona a contactar en caso de emergencia:

PUESTO AL QUE ASPIRA

ESTUDIOS Y EXPERIENCIA PROFESIONAL

Estudios realizados y títulos

Fechas — Diplomas o títulos recibidos y los nombres de las instituciones

Experiencia profesional o empleo

Fechas — Puestos y compañías; cargo que tuvo o descripción de responsabilidades

CONOCIMIENTOS O DESTREZAS ADICIONALES

Es importante incluir aquí que usted es bilingüe y explicar más o menos sus habilidades en los dos idiomas, o sea, que puede no sólo conversar sino también leer y escribir en los dos. ¿Qué otras destrezas podría incluir? ¿Manejo de una computadora? ¿Programas específicos que podría mencionar, como Microsoft Office, Lotus, Power Point, etc.

ASOCIACIONES PROFESIONALES

Lista de organizaciones profesionales a las que pertenece

SERVICIO Y AYUDA A LA COMUNIDAD

¿Es voluntario en alguna organización de su comunidad? ¿Participa en alguna junta directiva, comité o consejo de las escuelas o de alguna empresa no lucrativa?

PASATIEMPOS

¿Cine? ¿Deportes? ¿Instrumentos que toca? ¿Leer? ¿Cocinar? ¿Hacer ejercicios? ¿Coleccionar algo en particular? ¿Viajar? ¿Estudiar idiomas?

REFERENCIAS

Nombres de personas y/o compañías, con información para comunicarse con ellos; o sea, dirección o correo electrónico y teléfonos

ACTIVIDADES

A. Proyecto: Hacer un resumé

1. Lea con cuidado la información anterior. Cópiela luego en una hoja aparte. Trate de completar los datos que se le piden lo más detalladamente posible y adapte el formato a sus necesidades según convenga o sea necesario.
2. Intercambie lo que ha escrito con un(a) compañero(a). Corrija todos los errores de ortografía, puntuación y gramática de su compañero(a) y devuélvaselo. Intercambie sugerencias para mejorar la presentación, apariencia, contenido y orden de la información del borrador del resumé.
3. Lea con cuidado las correcciones que su compañero(a) ha hecho. Recuerde que ese resumé puede ayudarlo(la) a obtener el trabajo que usted desea.
4. Pase en limpio la versión final de su resumé. Haga una buena corrección de pruebas.

B. La entrevista de trabajo: ¡Vamos a practicar!

1. Imagine que usted es el jefe o la jefa de personal de una compañía latinoamericana en particular y que va a entrevistar a una persona que busca trabajo (un compañero de clase será quien hace el papel de la persona que está solicitando trabajo). Fije en su mente para propósitos de este ejercicio qué tipo de compañía o empresa es la suya. Pónganse de acuerdo antes de empezar el pequeño intercambio formal.
2. Piense en las preguntas que le haría al solicitante, basadas en el resumé que él o ella ha escrito y en el puesto que le podría ofrecer (decida de antemano cuáles son los puestos que se han anunciado en el periódico y revistas profesionales).
3. Si hace el rol de la persona que solicita trabajo, piense y prepare las preguntas que le haría a usted su posible empleador y en las respuestas que usted le daría. Así podrá ir a la entrevista con más confianza y mejor preparado. Ahora piense y prepare algunas preguntas que usted podría hacerle a la persona que le va a entrevistar. ¿Qué más cree que podría hacer para prepararse para una entrevista de trabajo? ¿Cómo podría averiguar más sobre la compañía o institución donde busca empleo?
4. Ahora represente con su compañero(a) la posible entrevista para practicar. Recuerde que cada uno(a) va a turnarse para representar al empleador y al solicitante de trabajo, en diferentes circunstancias y situaciones de empleo. Sean creativos.

   ¡Buena suerte! ¡Ojalá consiga el puesto!

ACTIVIDAD: PROYECTO COMUNITARIO

Las librerías y las bibliotecas de su comunidad

Hoy día tanto las grandes librerías como *Borders* y *Barnes & Noble,* como librerías independientes más pequeñas, incluyen en sus estantes libros, revistas, periódicos y hasta discos y filmes en español, para el creciente número de lectores-consumidores que también desean comprar libros, discos y películas en su idioma heredado. El factor que hace esto una realidad es la gran demanda por parte del consumidor latino, algo que se traduce en ganancias significativas para estas empresas que están al tanto y escuchan lo que quiere el mercado hispano. Sin embargo, siempre se puede mejorar la selección que se ofrece a los consumidores.

Averigüe la situación de las librerías y las bibliotecas en su comunidad o ciudad. ¿Qué ofrecen o no ofrecen a la comunidad latina? Por ejemplo, tienen periódicos y revistas en español de otros países? ¿Cuáles? ¿Qué otros les podría recomendar que incluyeran en sus estantes? ¿Ofrecen en sus librerías y bibliotecas comunitarias lecturas u otras actividades (presentaciones de libros, discusión sobre novelas populares u obras clásicas, presentaciones de películas, seguidas de análisis y discusión en grupo con el público)? Averigüe lo que pueda y tome apuntes. Luego haga una lista de:

1) los puntos más importantes sobre lo que halló;
2) las recomendaciones concretas que podría hacerles a las bibliotecas o librerías de su comunidad en términos de un posible mejor servicio a la comunidad latina: materiales específicos que quisiera que adquirieran y programación de actividades artísticas o comunitarias relacionadas a las culturas hispánicas (lecturas, actividades para niños bilingües, exhibiciones de arte y de fotografías, actuaciones de música o de obras teatrales, películas, reuniones de grupos u organizaciones de la vecindad, etc.).

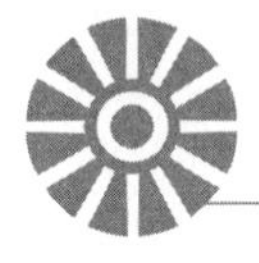

V. Unos pasos más: fuentes y recursos

A. PARA AVERIGUAR MÁS

Busque una de las publicaciones indicadas a continuación u otra que su profesor o profesora le recomiende. Escoja un artículo en español que le interese y prepare una lista de tres a cinco puntos basados en la lectura. Anote sus impresiones generales. Prepárese para compartirlas oralmente en clase. Si tiene acceso al Internet, podrá explorar muchas de las siguientes publicaciones por medio de sus sitios en la red.

Periodismo: bibliografía seleccionada

Alcayaga, Cristina. *Agenda de la democracia.* Serie: Sección de Periodismo y Ensayo. México: Publicaciones Mexicanas, 1993.

Argudin, Yolanda. *Historia del periodismo en México.* Con la colaboración de María Luna Argudin. México: Panorama Editorial, 1987.

González, Aníbal. *Journalism and the Development of Spanish American Narrative.* Cambridge and New York: Cambridge University Press, 1993.

Gutiérrez Palacio, Juan. *Periodismo de opinión, redacción periodística, editorial, columna, artículos, crítica, selección de textos.* Madrid: Parnunfo, 1984.

Hinestrosa, Andrés. *Periódicos y periodistas de Hispanoamérica.* México: Publicaciones Mexicanas, 1990.

Iglesias Prieto, Norma. *Medios de comunicación en la frontera norte.* México: Fundación Manuel Buendía: Programa Cultural de las Fronteras, 1990.

Koch, Tom. *Journalism for the 21st Century: On Line Information, Electronic Databases, and the News.* New York: Greenwood Press, 1991.

Martín-Barbero, Jesús, et al. *Periodismo y cultura.* Bogotá: Tercer Mundo Ediciones, 1991.

Ordoñez, Jaime, ed. *Periodismo, derechos humanos y control del poder político en Centroamérica.* San José: Instituto Interamericano de Derechos Humanos, 1994.

Pulso del periodismo. Revista sobre periodismo. Miami: Programa de Periodismo de la Universidad Internacional de la Florida, 1990 [Vol. 1, no 1 (enero/marzo 1990)].

Saez, José L. *Periodismo e independencia en América Latina.* Santo Domingo: Ediciones MSC, 1990.

Sims, Robert Lewis. *El primer García Márquez: Un estudio de su periodismo de 1948–1955.* Potomac: Scripta Humanística, 1991.

Torres, Micha. *Manual de periodismo ambiental.* San Isidoro: Fundación para la Conservación de la Naturaleza, 1994.

Periódicos

ABC (Madrid, España)
Actualidad Internet (España)
El Economista (México)
El Nacional (México)
El Espectador (Colombia)
La Nación (Costa Rica)
La Nación (Argentina)
El Nuevo Herald (Miami)
El País (España)
El País (Montevideo, Uruguay)
El Tiempo (Colombia)

Revistas

Américas (revista de la Organización de Estados Americanos—OEA)
Cristina
Hola
Mecánica Popular
National Geographic en español
Newsweek en español
People en español
Selecciones del Readers Digest
Time en español
Vanidades

B. PARA DISFRUTAR Y APRENDER MÁS

Mire unos anuncios de televisión hechos en español para el mercado hispanohablante. Observe las diferencias entre estos anuncios y los que usted ha visto en la televisión en inglés. ¿Cómo varían los anuncios de los mismos productos para estos dos públicos diferentes? ¿Qué percepciones acerca de la sociedad hispana revelan? ¿Qué revelan de la sociedad angloparlante los anuncios dirigidos hacía la población general?

Haga unos apuntes sobre estas preguntas mientras ve los anuncios y discútanlos en clase con sus compañeros.

Recursos de la red (WWW)

Si desea explorar la red, vaya a http://www.wiley.com/college/roca, donde encontrará una lista de sitios relacionados con el tema de este capítulo. Abajo puede empezar a explorar los siguientes sitios.

Medios de Comunicación
http://www.espanol.dir.yahoo.com/Medios_de_comunicacion/

CNNenEspañol.com
http://www.cnnenespanol.com

Pulso del periodismo
http://www.pulso.org/

María Hinojosa, Host of Latino USA, Nacional Public Radio (NPR)
http://www.npr.org./about/people/bios/mhinojosa.htm

Chayanne
http://www.portalmix.com/chayanne

Enrique Iglesias Club Official del Artista
http://www.enrique.launch.yahoo.com/

Gabriel García Márquez—Macondo
http://www.themodernworld.com/gabo

Isabel Allende en ClubCultura.Com
http://www.clubcultura.com/prehomes/isabel.php

Centro Virtual Cervantes
http://www.cvc.cervantes.es/obres/

Apéndice A

Recursos del español para profesores y estudiantes

DICCIONARIOS

Alvar, Manuel. Vox. *Diccionario actual de la lengua española.* Barcelona: Vox, 1996.

Bleznick, Donald W. *A Sourcebook for Hispanic Literature and Language: A Selected, Annotated Guide to Spanish, Spanish-American, and United States Hispanic Bibliography, Literature, Linguistics, Journals, and Other Source Materials.* Lanham and London: Scarecrow Press, 1996.

Campos, Juana G. y Ana Barella. *Diccionario de refranes.* Madrid: Espasa Calpe, 1993.

Carbonell Basset, Delfín. *A Dictionary of Proverbs, Sayings, Saws, Adages: English and Spanish / Diccionario de refranes, proverbios, dichos, adagios: castellano e inglés.* Barcelona: Ediciones del Serbal, 1996.

Corominas, Joan. *Breve diccionario etimológico castellano e hispánico.* Madrid: Ediciones Gredos, 1987.

Deneb, León. *Diccionario de equívocos: definiciones, expresiones, frases y locuciones.* Madrid: Biblioteca Nueva, 1997.

Diccionario de expresiones idiomáticas / Dictionary of Idioms. Inglés-Español / Español-Inglés. Londres: Harrap's Books, Ltd., 1990.

Kaplan, Steven M. *Wiley's English-Spanish, Spanish-English Business Dictionary.* New York: John Wiley & Sons, Inc., 1996.

Larousse. *Concise Spanish-English / English-Spanish Dictionary.* New York and France: 2002.

Mántica, Carlos. *El habla nicaragüense y otros ensayos.* San José: Libro Libre, 1989.

Martínez de Sousa, José. *Diccionario de ortografía de la lengua española.* Madrid: Editorial Paraninfo, 1996.

Newton, Harry. *Newton's Telecom Dictionary. Spanish / Diccionario de telecomunicaciones.* New York: Flatiron, 1995. Translation by Luis Lazo and Daisy Ardois.

Orellana, Marina. *Glosario internacional para el traductor: Glossary of Selected Terms Used in International Organizations.* Santiago de Chile: Editorial Universitaria, 1990.

Real Academia Española. *Diccionario de la lengua española.* Madrid: Espasa Calpe, 2003.

Seco, Manuel. *Diccionario de dudas y dificultades de la lengua española.* Madrid: Espasa Calpe, 1998.

Smith, Colin, et al. *Collins Spanish-English, English-Spanish Dictionary: Unabridged.* New York: Harper Collins, 1997.

The Oxford Spanish Dictionary. Spanish-English/English-Spanish. New York: Oxford University Press, 1997.

Vollnhals, Otto. *Dictionary of Information Technology: English-Spanish, Spanish-English.* Barcelona: Herder, 1997.

LIBROS DE GRAMÁTICA, DE TEXTO Y DE REFERENCIA

Canteli Dominicis, María y John J. Reynolds. *Repase y escriba: Curso avanzado de gramática y composición.* New York: John Wiley & Sons, Inc., 1998.

Fernández Ramírez, Salvador. *Gramática española.* 2da edición. 6 tomos. Madrid: 1991.

Gile Gaya, Samuel. *Ortografía práctica española.* Barcelona: Plaza Mayor, 2002.

Lapesa, Rafael. *Historia de la lengua española.* Octava edición. Madrid: Gredos, 1980.

Moreno Cabrera, J.C. *Fundamentos de sintaxis general.* Madrid: Síntesis, 1987.

Mozas, Antonio Benito. *Gramática práctica.* Madrid: Editorial EDAF, 1992.

Onieva Morales, Juan Luis. *Fundamentos de gramática estructural del español.* Madrid: Editorial Playor, 1986.

Real Academia Española. *Ortografía de la Real Academia Española. Edición revisadas por las Academias de la Lengua Española.* Madrid: Espasa, 2000.

Seco, Manuel. *Gramática esencial del español: introducción al estudio de la lengua.* Madrid: Espasa Calpe, 1994.

Solé, Yolanda R. y Carlos A. Solé. *Modern Spanish Syntax: A Study in Contrast.* Lexington, MA: D.C. Heath, 1977.

Vivaldi, Gonzalo Martín. *Curso de redacción: Teoría y práctica de la composición y del estilo.* Paraninfo/Thompson Learning, 2000.

EL ESPAÑOL EN ESPAÑA, AMÉRICA LATINA Y LOS ESTADOS UNIDOS

Alvar, Manuel, con la colaboración de A. Llorente y G. Salvador, ed. *Atlas lingüístico y etnógrafo de Andalucía.* Madrid: Arco Libros, 1991.

_____. *El español en dos mundos.* Madrid: Ediciones Temas de Hoy, 2000.

_____. *Manual de dialectología hispánica: El español de América.* Barcelona: Editorial Ariel, 1996. Reimpreso en 2000.

_____. *Lenguas peninsulares y proyección hispánica.* Madrid: South American Cooperation Institute, 1986.

Canfield, Lincoln D. *Spanish Pronunciation in the Americas.* Chicago: University of Chicago Press, 1981.

Dalbor, John B. *Spanish Pronunciation: Theory and Practice.* New York: Holt, Reinhart and Winston, 1997.

Entwistle, William J. *Las lenguas de España: castellano, catalán, vasco y gallego-portugués.* Madrid: Istmo, 1982.

Elías-Olivares, Lucía, et al, eds. *Spanish Language Use and Public Life in the United States.* Berlin and New York: Mouton de Gryuter, 1985.

Fontanella de Weinberg, María Beatriz. *El español de América.* Madrid, 1993.

Instituto Cervantes. *El español en el mundo 2003: Anuario del Instituto Cervantes.* Barcelona: Plaza Janés Editores, 2003.

Klee, Carol A. and Luis A. Ramos-García, eds. *Sociolinguistics of the Spanish-Speaking World: Iberia, Latin America, United States.* Tempe: Bilingual Review Press, 1991.

Lapesa, Rafael. *Historia de la lengua española.* Madrid: Gredos, 1986.

Lipski, John M. *El español de América.* Traducido del inglés, publicado por Longman en 1994. Madrid: Ediciones Cátedra, 1996.

Lope Blanch, Juan, ed. *El español hablado en el suroeste de los Estados Unidos.* México: Universidad Autónoma de México, 1990.

Mar-Molinero, Clare. *The Spanish Speaking World.* London and New York: Routledge, 1997.

Peñalosa, Fernando. *Chicano Sociolinguistics.* Rowley, MA: Newbury House, 1980.

Penny, Ralph. *A History of the Spanish Language.* Cambridge: Cambridge Univ. Press, 1991.

Ramírez, Arnulfo. *El español de los Estados Unidos: el lenguaje de los hispanos.* Madrid: MAPFRE, 1994.

Resnick, Melvyn C. *Introducción a la historia de la lengua española.* Washington, D.C.: Georgetown Univ. Press, 1981.

Roca, Ana. *Research on Spanish in the United States: Linguistic Issues and Challenges.* Somerville: Cascadilla Press, 2000.

Roca, Ana and John B. Jensen, eds. *Spanish in Contact: Issues in Bilingualism.* Somerville: Cascadilla Press, 1996.

Roca, Ana and John M. Lipski, eds. *Spanish in the United States: Linguistic Contact and Diversity.* Berlin and New York: Mouton de Gruyter, 1993.

Rosenblat, Angel. *El castellano de España y el castellano de América: unidad y diferenciación.* Caracas: Instituto Andrés Bello, 1962.

Salvador, Salvador, et al. *Mapa lingüístico de la España actual.* Madrid, 1986.

_____. *Spanish in Four Continents: Studies in Language Contact and Bilingualism.* Washington: Georgetown University Press, 1995.

Sánchez, Rosaura. *Chicano Discourse: Socio-historic perspectives.* Rowley, MA: Newbury House, 1983.

Seco, Manuel y Gregorio Salvador. *La lengua española de hoy.* Madrid: Fundación Juan March, 1995.

Siguan, Miguel. *Multilingual Spain. European Studies on Multilingualism.* Amsterdam: Swets & Zeitlinger, 1993.

_____. *España plurilingüe.* Madrid: Alianza, 1992.

Silva-Corvalán, Carmen. *Language Contact and Change: Spanish in Los Angeles.* Oxford: Clarendon Press, 1994; New York: Oxford University Press, 1994.

Teschner, Richard V., Garland D. Bills and J. Craddock, eds. *Spanish and English of United States Hispanos: A Critical, Annotated Linguistic Bibliography.* Arlington: Center for Applied Linguistics, 1975.

Varela, Beatriz. *El español cubanoamericano.* New York: Senda Nueva de Ediciones, 1992.

Zentella, Ana Celia. *Growing Up Bilingual.* Oxford: Blackwell, 1997.

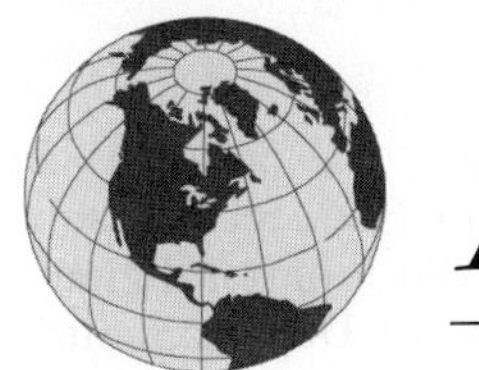

Apéndice B

La red en español: direcciones útiles

Altavista. Un buscador (*search engine*) muy popular que permite buscar sitios en muchos idiomas.
http://www.altavista.digital.com/

Diccionario Anaya
http://www.anaya.es/diccionario/diccionar.htm

España hoy: noticias
http://www.ucm.es/OTROS/Periodico

Espéculo. Revista literaria (Departamento de Filología Española III, Universidad Complutense de Madrid)
http://www.ucm.es/OTROS/especulo/numero2/index.htm

The Human Language Page. Buscador disponible en español, inglés, francés, italiano, etc. Información sobre idiomas, diccionarios, servicios de traducción, lecciones de idiomas por el Internet, academias de idiomas.
http://www.june29.com/HLP/

Instituto Cervantes Centro. Patrocinado por el gobierno español, ofrece una fuente de información cultural y académica. Provee gratuitamente al público libros, videos y otros materiales educacionales. Número de teléfono en Nueva York: (212) 689-4232. Número de fax: (212) 545-8837.
http://www.cervantes.org/

Internet Resources for Hispanists
http://www.humnet.ucla.edu/humnet/spanport/hisplink.html

Internet Resources for Latin America, Spain, and Portugal
http://www.dizy.library.arizona.edu/users/ppromis/patricia.htm

Langenscheidt's New College Spanish Dictionary (125,000 references)
http://www.gmsmuc.de/english/look.html

La página del idioma español. Contiene literatura; el I Congreso de la Lengua, ponencias de Cela, García Márquez, Octavio Paz; debates sobre temas de actualidad y sobre la lengua; una selección de diccionarios digitales; gramática; prensa en español, textos seleccionados por el Departamento de Español Urgente de EFE, enlaces y más.
http://www.webcom.com/rsoca/index.html

Library of Congress
http://lcwb.loc.gov/rr/hispanic/catalog.html

¡Olé! Un buscador (*search engine*) de España.
http://www.ole.com

Online Dictionaries, Translation Sources, and Language Learning Assistance, Florida International University
http://www.fiu.edu/,library/internet/subjects/languages/translat.htm

Pulso del periodismo. Mecanismos de búsqueda, referencias, datos para negocios, estadísticas, y múltiples otros enlaces útiles para académicos, periodistas, y estudiantes.
http://www.fiu.edu/,imc/recursos.htm

The Wall Street Journal Américas. Noticias finacieras en español.
http://www.interactive.wsj.com/americas

Webspañol. Spanish Language Resources on Line
http://www.cyberramp.net/,mdbutler/

Yahoo! En Español Un buscador (*search engine*) muy popular.
http://español.yahoo.com

Apéndice C

Otros recursos: películas

Film and Video Distributors and Producers compiled by the library at the University of California, Berkeley. Links to film and video producers and distributors, PBS, Arts in Entertainment, broadcast programming.
http://www.lib.berkeley.edu/MRC/Distributors.html

Web Site Vendor Catalogs. A site at the University of Wisconsin which provides multiple links to media information sites at other universities, as well as information about film and video vendors for titles which can be rented or purchased.
http://www.uwm.edu/Library/Info/catalogs.html

Facets Multimedia. Phone: (800) 331-6997. Facets Video, 1517 W. Fullerton Ave., Chicago, IL 60614.
http://www.facets.org

Films for the Humanities & Sciences. Phone: (800) 257-5126. PO Box 2053, Princeton, NJ 08543-2053.
http://www.films.com

The Mexican Film Resource Page. A page of information and links to Internet sources on Mexican cinema.
http://www.wam.umd.edu/~dwilt/mfb.html

Instituto Cervantes. The Institute lends videos, DVDs and other materials for the cost of mailing, to members. Individual annual membership is about $50 and well worth it if you use their materials throughout the year. Online catalogs available and there are three Institutes in the United States (in New York, Chicago, and New Mexico).
http://www.cervantes.org/

Organization of American States. (OAS) TV Videos Phone: (202) 458-3985. Offers copies of materials from its video archives, covering culture, history, politics, the arts, and others. Charges only for the cost of duplications, tapes, and mailing.
http://www.oas.org/SP/PINFO/vinfo.htm

Claqueta: Semanario de cine español y latinoamericano
http://www.claqueta.com/n36/pp.htm

SALALM. Resources for Locating and Evaluating Latin American Videos. Offers guides, lists of distributors, recommended readings, general resources listed by country, film collections in American universities, and information about film festivals.
http://www.library.cornell.edu/colldev/LatinAmericanVideos.htm

Latin American Video Archives (LAVA). A project to help facilitate the distribution of Latin American and U.S. Latino films and videos in the United States. Phone: 212-243-4804; fax: 212-243-2007; E-mail: info@lavavideo.org.
http://www.lavavideo.org/Welcome

Apéndice D

Teaching Spanish as a Heritage Language: Recommended Readings

American Association of Teachers of Spanish and Portuguese. Spanish for Native Speakers Committee. *Spanish for Native Speakers: AATSP Professional Development Series Handbook for Teachers K-12. A Handbook for Teachers.* Vol 1, Orlando, FL: Hartcourt College Publishers, 2000.

Aparicio, Frances R. "Diversification and Pan-Latinity: Projections for the Teaching of Spanish to Bilinguals." *Spanish in the United States: Linguistic Contact and Diversity.* Eds. Ana Roca and John M. Lipski. Berlin: Mouton, 1991.

_____. "La enseñanza del español para hispanohablantes y la pedagogía multicultural." M. Cécilia Colombi and Francisco X. Alarcón. 222–32.

Benjamin, Rebecca. "What Do Our Students Want? Some Reflections on Teaching Spanish as an Academic Subject to Bilingual Students." *ADFL Bulletin (Association of Departments of Foreign Languages/Modern Language Association).* 29.1 (Fall 1997): 44–47.

Carrasquillo, Angela and Segan, Philip, eds. *The Teaching of Reading Spanish to the Bilingual Student. La enseñanza de la lectura en español para el estudiante bilingüe.* 2nd ed., Mahwah, New Jersey: 1998.

Carreira, María. "Preserving Spanish in the U.S.: Opportunities and Challenges in the New Global Economy." In Lacorte, Manel and Cabal Krastel, Teresa, eds. *Romance Languages and Linguistic Communities in the United States.* [Selected Papers Presented at the Colloquium, 2000, at The Univ. of Maryland]. College Park: MD: Latin American Studies Center, University of Maryland, 2002.

_____. "Validating and Promoting Spanish in the U.S.: Lessons from Linguistic Science." *Bilingual Research Journal,* 24, (3) (2000): 423–442.

Colombi, M. Cécilia and Francisco X. Alarcón, eds. *La enseñanza del español a hispanohablantes: Praxis y teoría.* Boston: Houghton Mifflin, 1997.

Gutiérrez, John R. "Teaching Spanish as a Heritage Language: A Case for Language Awareness." *ADFL Bulletin.* 29.1 (Fall 1997): 33–36.

Krashen, Stephen D., Tse, Lucy, and McQuillan, Jeff. *Heritage Language Development.* Culver City: Language Education Associates, 1998.

MacGregor, Patricia. "*Aquí no se habla español:* Stories of Linguistic Repression in Southwest Schools." *Bilingual Research Journal.* (Fall 2000): Issue on *Heritage Language Instruction in the United States.*

Merino, Barbara J., Henry T. Trueba and Fabián Samaniego, eds. *Language and Culture in Learning: Teaching Spanish to Native Speakers of Spanish.* Washington, D.C. and London: The Falmer Press/Taylor & Francis, 1993.

Peyton, Joy Kreeft, Ranard, Donald A., and McGinnis, Scott, eds. *Heritage Languages in America: Preserving a National Resource.* Washington, D.C.: Center for Applied Linguistics and Delta Systems, 2001.

Potowski, Kim. "Experiences of Spanish Heritage Speakers in University Foreign Language Courses and Implications for Teacher Training." *ADFL Bulletin* (Spring 2002): 35–42.

Roca, Ana. "Retrospectives, Advances, and Current Needs in the Teaching of Spanish to United States Hispanic Bilingual Students." *ADFL Bulletin.* 29.1 (Fall 1997): 37–44.

_____. *Teaching Spanish as a Heritage Language.* Hoboken, NJ: John Wiley & Sons, Inc. In preparation.

Roca, Ana. and Colombi, M. Cecilia. *Mi lengua: Spanish as a Heritage Language in the United States.* Washington, D.C.: Georgetown Univ. Press, 2003.

Roca, Ana, Marcos, Kathleen, and Winke, Paula. *Teaching Spanish to Spanish Speakers (Resource Guide Online).* Washington, D.C.: Center for Applied Linguistics and ERIC Clearinghouse on Languages and Linguistics. http://.www.cal.org.resources/faqs/rgos/sns.htm.

Valdés, Guadalupe. "Bilinguals and Bilingualism." *International Journal of the Sociology of Language* (IJSL). 127. (1997): 25–52.

_____. "Heritage Language Students: Profiles and Possibilities." In J.K. Peyton, D. Ranard, & S. McGinnis, eds., *Heritage Languages in America: Preserving a National Resource.* Washington, D.C.: Center for Applied Linguistics and Delta Systems, 2001, 37–77.

_____. "The Teaching of Minority Languages as Academic Subjects: Pedagogical and Theoretical Challenges." *The Modern Language Journal.* 79.3 (Fall 1995): 299–328.

_____. "The Teaching of Minority Languages as 'Foreign' Languages: Pedagogical and Theoretical Challenges." *Modern Language Journal,* 79.3 (1995): 299–328.

_____. "The Teaching of Spanish to Bilingual Spanish Students: Outstanding Issues and Unanswered Questions." M. Cécilia Colombi and Francisco X. Alarcón. 8–44.

Valdés, Guadalupe, and Lozano, Anthony A., and García-Moya, Rodolfo, eds. *Teaching Spanish to the Hispanic Bilingual in the United States: Issues, Aims, and Methods.* New York: Teachers College Press, 1981.

Valdés, Guadalupe and Geoffrion-Vinci, M. "Chicano Spanish: The Problem of the 'Underdeveloped' Code in Bilingual Repertoires." *Modern Language Journal.* 82.4 (1998): 473–501.

Webb, John B. and Miller, J. Barbara, eds. *Teaching Heritage Language Learners: Voices from the Classroom.* Yonkers, NY: American Council on the Teaching of Foreign Languages, 2000.

Mapas

España
MAR CANTÁBRICO
10°
5°
FRANCIA
La Coruña
Santander
San Sebastián
Bilbao
Santiago
Vitoria
ANDORRA
León
Pamplona
PIRINEOS
Burgos
Río Ebro
Río Duero
Zaragoza
Barcelona
Porto
Taragona
Segovia
Salamanca
PORTUGAL
Ávila
Madrid
MENORCA
40°
E S P A Ñ A
MALLORCA
Río Tajo
Toledo
Valencia
IBIZA
ISLAS BALEARES
Lisboa
Río Guadiana
Alicante
MAR MEDITERRÁNEO
Río Guadalquivir
Córdoba
Sevilla
Granada
SIERRA NEVADA
Cádiz
Málaga
Estrecho de Gibraltar
Algeciras
OCÉANO
ATLÁNTICO
35°
ARGELIA
MARRUECOS
0
100
200 Millas
0
100
200 Kilómetros

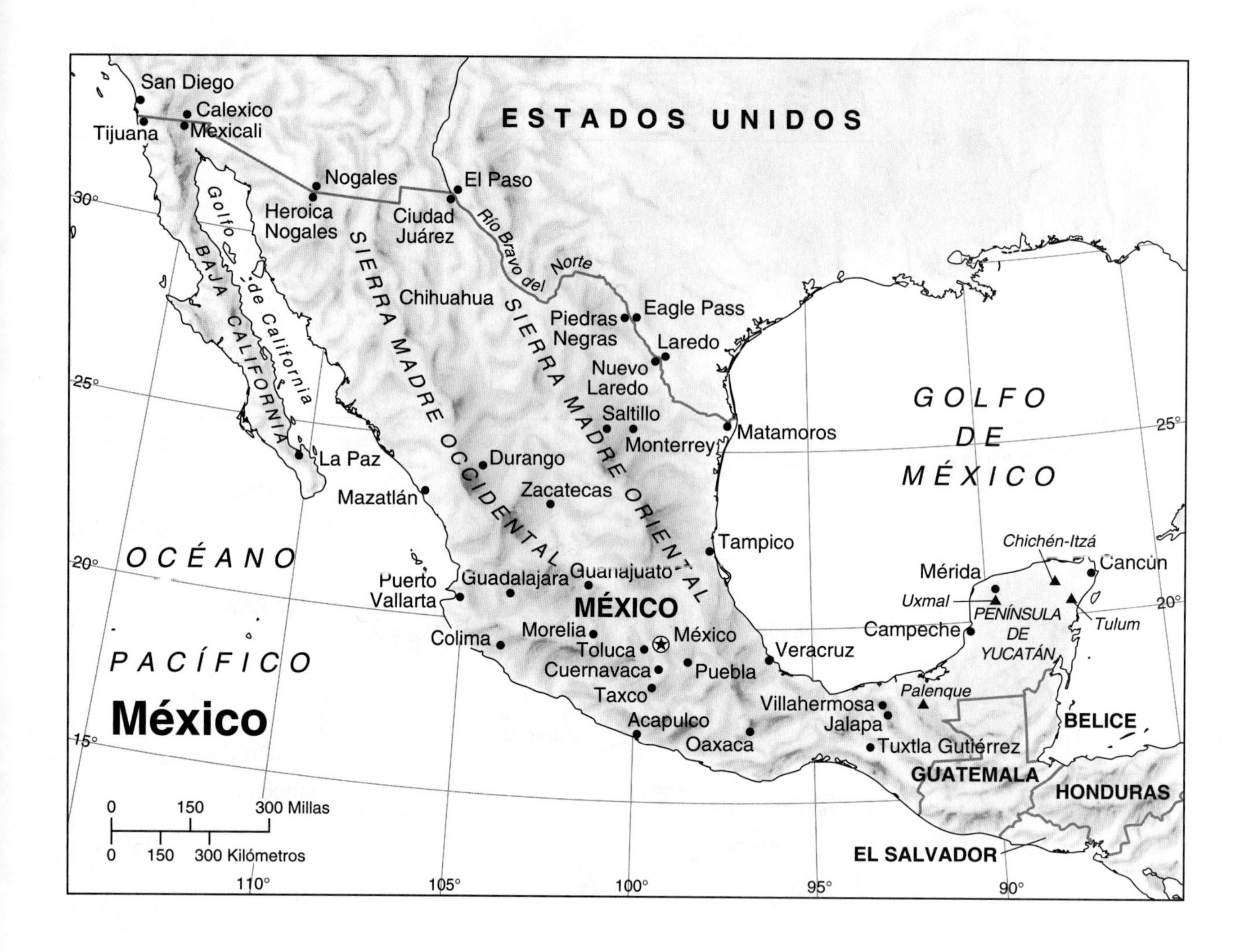

San Diego
Calexico
Tijuana
Mexicali
ESTADOS UNIDOS
Nogales
El Paso
Heroica Nogales
Ciudad Juárez
Golfo de California
BAJA CALIFORNIA
SIERRA MADRE OCCIDENTAL
SIERRA MADRE ORIENTAL
Río Bravo del Norte
Chihuahua
Piedras Negras
Eagle Pass
Laredo
Nuevo Laredo
Saltillo
Monterrey
Matamoros
GOLFO DE MÉXICO
La Paz
Durango
Mazatlán
Zacatecas
Tampico
OCÉANO PACÍFICO
Puerto Vallarta
Guadalajara
Guanajuato
MÉXICO
Chichén-Itzá
Mérida
Cancún
Uxmal
PENÍNSULA DE YUCATÁN
Tulum
Campeche
Colima
Morelia
México
Toluca
Cuernavaca
Puebla
Veracruz
Taxco
Palenque
Villahermosa
Jalapa
Acapulco
Oaxaca
Tuxtla Gutiérrez
BELICE
GUATEMALA
HONDURAS
EL SALVADOR
México
0 150 300 Millas
0 150 300 Kilómetros
110° 105° 100° 95° 90°
30° 25° 20° 15°

La América Central y Las Antillas
0 125 250 Millas
0 125 250 Kilómetros
GOLFO DE MÉXICO
FLORIDA
ISLAS BAHAMAS
OCÉANO ATLÁNTICO
La Habana
CUBA
PENÍNSULA DE YUCATÁN
MÉXICO
ANTILLAS MAYORES
REPÚBLICA DOMINICANA
HAITÍ
Santo Domingo
San Juan
PUERTO RICO
ANTILLAS MENORES
JAMAICA
BELICE
GUATEMALA
HONDURAS
EL SALVADOR
NICARAGUA
MAR CARIBE
COSTA RICA
PANAMÁ
MARGARITA
TOBAGO
TRINIDAD
OCÉANO PACÍFICO
COLOMBIA
VENEZUELA
90°
85°
80°
75°
70°
65°
60°
25°
20°
15°
10°

MAR DEL CARIBE
Barranquilla
Maracaibo
Caracas
Río Orinoco
Río Magdalena
Medellín
VENEZUELA
GUYANA
GUAYANA FRANCESA
SURINAM
Bogotá
Cali
COLOMBIA
OCÉANO ATLÁNTICO
Quito
ECUADOR
Guayaquil
Japurá
Río Negro
Putumayo
Manaus
Río Amazonas
Equator
Belém
Iquitos
Marañón
Tapajós
Río Madeira
BRASIL
ANDES
PERÚ
Lima
Lago Titicaca
La Paz
BOLIVIA
Brasilia
Arrequipa
Arica
Sucre
Lago Poopó
Iquique
Río Paraguay
Río Paraná
PARAGUAY
Antofagasta
São Paulo
Santos
Río de Janeiro
Trópico de Capricorno
CHILE
Asunción
Tucumán
ARGENTINA
ANDES
Córdoba
URUGUAY
Rosario
OCÉANO PACÍFICO
Mendoza
Buenos Aires
La Plata
Montevideo
Río de la Plata
Valparaíso
Santiago
Concepción
OCÉANO ATLÁNTICO
Bahía Blanca
Puerto Montt
América del Sur
ISLAS MALVINAS
0 300 600 Millas
0 300 600 Kilómetros
Estrecho de Magallanes
Punta Arenas
Cabo de Hornos
TIERRA DEL FUEGO
80° 70° 60° 50° 40° 30° 20° 90°
10° 0° 10° 20° 30° 40° 50°

Photo Credits

Chapter 1 Opener: Pedro Coll/Age Fotostock America, Inc. Page 3: Corbis-Bettmann. Page 4: Hulton Archive/Getty Images. Page 8: © Hernán Henríquez. Page 10: Chuck Savage/Corbis Images. Page 12: © AP/Wide World Photos. Page 17: J. Emilio Flores/Getty Images News and Sport Services. Page 21: © Cynthia Farah, courtesy Joshua Odell Editions. Page 25: Hazel Hankin. Page 26: Jaime Colson, *Merengue,* 1937. Photograph provided courtesy of Museo Bellapart, Santo Domingo, Dominican Republic. Reproduced with permission. Page 29: José Gil de Castro, *Simón Bolivar en Lima,* 1825. Courtesy Biblioteca Nacional de Venezuela. Page 32: Diego Rivera, *Flower Day,* 1925. Los Angeles County Museum of Art, Los Angeles County Fund. © 1998 Museum Associates. Reproduced also with permission of Banco de Mexico Diego and Frida Kahlo Museums Trust, © 2003.

Chapter 2 Page 39: Frida Kahlo, *The Bus,* 1929. © Banco de Mexico Trust/Schalkwijk/Art Resource, NY. Page 41: Daniel Desiga, *Campesino,* 1976. Collection of Alfredo Aragón. Photo courtesy of UCLA Hammer Museum. Page 43: Michael J. Howell/Liaison Agency, Inc./Getty Images. Page 44: Courtesy Rosaura Sanchez. Page 57: Stone Les/Corbis Images. Page 61: Lesly Zavar. Page 62: Hulton-Deutsch Collection/ Corbis Images. Page 63: Frederick M. Brown/Getty Images News and Sport Services. Page 64: Courtesy Georges Borchardt, Inc.

Chapter 3 Opener: Stephen Chernin/Getty Images News and Sport Services. Page 75: Ramón Frade, *El Pan Nuestro,* 1905. Courtesy Instituto de Cultura Puertorriqueña. Page 76: Corbis Digital Stock. Page 77: Hazel Hankin. Page 78: Reuters NewMedia, Inc/Corbis Images. Page 79: Robert Frerck/Odyssey Productions. Page 80: AFP/Corbis Images. Page 82: Parte del equipo de trabajo de DIÁLOGO, Universidad de Puerto Rico de izquierda a derecha: Hermes Ayala, estudiante redactor, Odalys Rivera, reportera-redactora y Mario Roche, reportero-redactor. Foto cortesia DIÁLOGO-UPR por Ricardo Alcaraz Díaz. Page 84: Courtesy José Olmo and Centro de Estudios Puertorriqueños Archives, Hunter College, CUNY. Page 86: © Frank Cantor. Page 93: Photofest. Page 95: Courtesy of the Office of Congresswoman Nydia Velázquez, ranking Democrat on the House Small Business Committee. Page 101: The Kobal Collection, Ltd.

Chapter 4 Opener: © AP/Wide World Photos. Page 105: Courtesy University of South Florida. Page 106: Courtesy Ballantine Books. Reproduced with permission. Page 106: Courtesy Vintage Books. Reproduced with permission. Page 107: Ron Watts/Corbis Images. Page 108: Abbas/Magnum Photos, Inc. Page 109: Courtesy University of Miami Library, Coral Gables. Page 112: Prensa Latina/Archive Photos/Getty Images. Page 115: Sophie Bassouls/Corbis Sygma. Page 118: © AP/Wide World Photos. Page 122: Ken Probst/Outline/Corbis Images. Page 125: Courtesy Camillus House, Inc. Page 128: AP/Wide World Photos.

Chapter 5 Opener: Courtesy Ana Roca. Page 139: Mark Antman/The Image Works. Page 140: Robert Frerck/Odyssey Productions. Page 142: Ulrike Welsch Photography. Page 144: Tomas Svoboda/Liaison Agency, Inc./Getty Images. Page 145: Pablo Picasso, *Guernica*, 1937/Giraudon/Art Resource/Artists' Rights Society. Page 147: Doug Scott/Age Fotostock America, Inc. Page 149: Juan Fernandez-Oronoz. Page 150: Fotografía de Rogelio Robles Romero Saavedra, courtesy Fundación Frederico Garcia Lorca. Page 153: Aguililla & Marín/Age Fotostock America, Inc. Page 154: Photofest. Page 156: Julio Donoso/Corbis Sygma.

Chapter 6 Opener: © AP/Wide World Photos. Page 165: Agence France Presse/Corbis Images. Page 167: Courtesy Amnesty International. Page 169: Andersen/Gaillarde/Liaison Agency, Inc./Getty Images. Page 173: Rupert Garcia, *El Grito de Rebelde*, 1975. © 1998 Rupert Garcia. Photo courtesy of the Rena Bransten Gallery, San Francisco, CA, and the Galerie Claude Samuel, Paris, France. Page 174: David Alfaro Siqueiros, *The Sob*, 1939. The Museum of Modern Art, New York. Given anonymously. Photograph © 1998 The Museum of Modern Art, New York/Art Resource. Page 176: Photo © Esteban Peréz, courtesy Luisa Valenzuela. Page 178: Peter Menzel/Stock, Boston. Page 181: Fernando Botero, *Self Portrait*, 1994, courtesy Marlborough Gallery, NY. Reproduced with permission. Page 184: Paul S. Howell/Liaison Agency, Inc./Getty Images. Page 187: Photo courtesy Ofelia Muños Castillo, *El Espectador*. Reproduced with permission. Page 189: Annie Griffiths Belt/Corbis Images.

Chapter 7 Opener: Diego Rivera, *Open-Air School*, 1932. The Museum of Modern Art, New York. Gift of Abby Aldrich Rockefeller. Photograph © 1998 The Museum of Modern Art, New York/Art Resource. Page 197: Frida Kahlo, *Self-Portrait with Cropped Hair*, 1940. The Museum of Modern Art, NewYork. Gift of Edgar Kaufmann, Jr. Photograph © 1998 The Museum of Modern Art/Art Resource. Page 201: Ted Horowitz/Corbis Stock Market. Page 203: Yolanda M. Lopez, *Portrait of the Artist as the Virgin of Guadalupe*, 1978. Page 204: Fernando Botero, *The Maid*, 1974, courtesy Marlborough Gallery, NY. Reproduced with permission. Page 206: Miguel Cabrera, *Sor Juna Ines de la Cruz*, 1780, Photo courtesy Instituto Nacional de Antropología e Historia, Mexico. Page 209: Courtesy Alejandro Alfonso Storni. Page 212: Rogelio Cuellar. Page 220: Courtesy Alfaguara, Mexico.

Page 225: Tina Modotti, *Woman of Tehuantepec*, 1929. Courtesy Philadelphia Museum of Art. Gift of Mr. and Mrs. Carl Zigrosser. Page 227: Bernardita Zegers/SUPERSTOCK. Page 229: Globe Photos, Inc.

Chapter 8 Opener: Harry Bartlett/Taxi/Getty Images. Page 239: Courtesy Data Press Multimedia. Page 240: © CNN en Español All rights reserved. Page 242: Reuters NewMedia, Inc/Corbis Images. Pages 243 and 244: © AP/Wide World Photos. Page 247: Szenes Jason/Corbis Sygma. Page 254: Timothy Ross/The Image Works. Page 257: Courtesy Cristina Saralegui Enterprises, Inc.

Credits

Chapter 1 "En un barrio de Los Ángeles" by Francisco X. Alarcón; from *Body in Flames/Cuerpo en llamas.* Copyright © 1990 Francisco X. Alarcón. Used with permission of Chronicle Books LLC, San Francisco. / "Mi nombre" by Sandra Cisneros; from *La casa en Mango Street.* Copyright © 1984 Sandra Cisneros. Published by Vintage Español, a division of Random House Inc. Translation copyright © 1994 by Elena Poniatowska. Reprinted by permission of Susan Bergholz Literary Services, New York. All rights reserved. / "Un sándwich de arroz" by Sandra Cisneros; from *La casa en Mango Street.* Copyright © 1984 Sandra Cisneros. Published by Vintage Español, a division of Random House Inc. Translation copyright © 1994 by Elena Poniatowska. Reprinted by permission of Susan Bergholz Literary Services, New York. All rights reserved. / "El labertino" by Jorge Ramos; from *La otra cara de América: Historias de inmigrantes latinoamericanos que están cambiando a los Estados Unidos.* Mexico: Editorial Grijalbo, 2000, p. 271–274. / "Latinos en Estados Unidos" song lyrics by Titti Sotto.

Chapter 2 "Se arremangó las mangas" by Rosaura Sánchez; from *Hispanics in the United States: An Anthology of Creative Literature,* Volume II, edited by Francisco Jiménez and Gary Keller. Copyright © 1982 Bilingual Press (Editorial Bilingue), Arizona State University, Tempe, AZ. Reprinted with permission. / "Homenaje a los padres chicanos" by Alberado Delgado; from *It's Cold* by Abelardo Delgado. Copyright © 1975 Barrio Publications. / Excerpts from *Hunger of Memory* by Richard Rodríguez. Copyright © 1982 Richard Rodríguez. Reprinted by permission of David R. Godine, Publisher, Inc.

Chapter 3 "La carta" by José Luis González; from *Antología personal.* Copyright © 1990 José Luis González. / "A José Martí" from *Julia de Burgos: Yo mismo fui mi ruta,* Ediciones Huracan. / "Prólogo: cómo se come una guayaba" and "Ni te lo imagines" from *Cuando era puertorriqueña/When I was Puerto Rican* by Esmerelda Santiago. Copyright © 1993 Vintage Books and Esmerelda Santiago.

Chapter 4 "Mi raza" from *Lecturas hispanicas* by José Martí. Copyright © 1974. Reprinted with permission of Editorial Edil, Inc. / "Balada de los dos abuelos" by Nicolás Guillén. Reprinted with permission of heirs of

Nicolás Guillén and Agencia Literaria Latinoamericana. / Excerpts from *Antes que anochezca* by Reinaldo Arenas. Copyright © 1992 Tusquets Editores. / "La Torre de Babel" by Belkis Cuza Malé. Reprinted with permission of *The Miami Herald.*

Chapter 5 "Calés y payos" by Juan de Dios Ramírez Heredia, from *¡Aqui Sí!* by García Serrano et al. Copyright © 1993 Heinle and Heinle Publishers. Reprinted with permission. / "La Guitarra" and "Canción del jinete" by Federico García Lorca. Reprinted with permission of the heirs of Federico García Lorca and Mercedes Cansanovas Agencia Literaria S.C.

Chapter 6 "Esperanza," "Pastel de choclo," and "Dos más dos," from *Pruebas al canto,* by Ariel Dorfman. Copyright © 1980 Editorial Nueva Imagen. / "Esa tristeza que nos inunda" from *Esa tristeza que nos inunda.* Copyright © 1985 Ángel Cuadra Landrove. Reprinted with permission of the author. / "Canción del presidio político" from *La voz inevitable.* Copyright © 1994 Angel Cuadra Landrove. Reprinted with permission of the author. / "Los mejor calzados" from *Aquí pasan cosas raras* by Luisa Valenzuela. Copyright © 1975 Ediciones de la Flor, Buenos Aires, Argentina. / "Espuma y nada más" by Hernando Téllez, from *Cenizas para el viento y otras historias.* Copyright © 1950 Bogota. / Excerpt from *Me llamo Rigoberta Menchú y así me nació la consciencia* by Elizabeth Burgos. Copyright © 1993 Elizabeth Burgos. Reprinted with permission of Agencia Literaria Carmen Balcells, S.A.

Chapter 7 "¿Iquales o diferentes? El feminismo que viene" by Amanda Paltrinieri, from *Nueva,* August 6, 1997. / "Tú me quieres blanca," "Peso ancestral," and "Hombre pequeñito," by Alfonsina Storni. Reprinted with permission of Alejandro Alfonso Storni. / "Kinsey Report No. 6" from *Meditación en el umbral: Antología poética* by Rosario Castellanos. Copyright © 1985 Fondo de Cultura Económica de México. Reprinted with permission. / "Lección de cocina" from *Álbum de familia* by Rosario Castellanos. Copyright © 1990 Editorial Joaquín Mortíz, SA. / "Elena Poniatowska. Citado en Puerta abierta. La nueva escritora latino-ameriacana" by Caridad L. Silva-Velázquez and Nora Erro-Orthman printed in *Eco.* Copyright © 1986 by Carmen Silva-Velázquex and Nora Erro-Orthman. Reprinted with permission of Editorial Joaquín Mortiz S.A. / "La mujer y los libros" from *El Personal* by Mercedes Ballesteros. Copyright © 1975 by Mercedes Ballestros.

Chapter 8 "El futuro del periodismo" by John Virtue; from *Pulso del Periodismo.* Copyright © 1996 International Media Center. Reprinted with permission. / "Biografia: Chayanne" by Elmer Figueroa de Arce, from Averlo.com Argentina (www.averlo.com). Reprinted with permission. / "Dos palabras" from *Cuentos de Eva Luna* by Isabel Allende. Copyright © 1989 by Isabel Allende. Reprinted with permission of Harper Collins. All rights reserved. / "Botella al mar para el dios de las palabras"by Gabriel García Márquez. Copyright © 1997 Gabriel García Márquez, from *El pais digital* (www.elpais.com). Reprinted with permission of Agencia Literaria Carmen Balcells, SA. / Excerpt from *¡Cristina! Confidencias de una rubia* by Cristina Saralegui. Copyright © Cristina Saralegui. Reprinted with permission of Little, Brown and Company.